Michael Heilemann & Gabriele Fischwasser-von Proeck

Gewalt wandeln: Das Anti-Aggressivitäts-Training AAT

Über die Autoren

Dr. Michael Heilemann (48) hat als Psychologieoberrat in der niedersächsischen Justiz das „Hamelner Modell" entwickelt und auf präventive Bereiche adaptiert. Als Vortragsredner, Fernsehexperte und Personaltrainer ist er unter anderem mit Veröffentlichungen zum „opferorientierten Strafvollzug", zur Ethikerziehung, zum Offensivitätspostulat, zum Charisma-Training und zum Kommunikations-Training für „Knackis" aufgefallen. Seit 13 Jahren leitet er eine kassenzugelassene psychotherapeutische Praxis. Momentaner Arbeitsschwerpunkt: Qualifikationserweiternde Seminare für Sozialpädagogen, Psychologen und Lehrer.

Gabriele Fischwasser-von Proeck (47) ist als Mitbegründerin des AAT seit 1985 in Deutschland wohl die erste „Frontfrau" im Anti-Gewalt-Training. Die Diplom-Sozialwissenschaftlerin ist mit Veröffentlichungen zum Persönlichkeitsprofil von AAT-Trainern hervorgetreten. Als Beamtin im Strafvollzug steht sie des Weiteren für „sozialtherapeutische Behandlung" auf der Grundlage von „Opferstärkung" ein.

Michael Heilemann
Gabriele Fischwasser – von Proeck

Gewalt wandeln:

Das Anti-Aggressivitäts-Training AAT

PABST SCIENCE PUBLISHERS

Anschrift der Autoren:
Dr. Michael Heilemann
Gabriele Fischwasser von Proeck
Domeierstr. 6
31785 Hameln

Lektorat: Gerhard Tinger

Die Deutsche Bibliothek – CIP-Einheitsaufnahme

Heilemann, Michael; Fischwasser-von Proeck, Gabriele:
Gewalt wandeln: Das Anti-Aggressivitäts-Training AAT. – Lengerich ;
Berlin ; Riga ; Rom ; Viernheim ; Wien ; Zagreb : Pabst Science Publishers, 2001
  ISBN 3-935357-53-2

Alle Rechte, insbesondere das Recht der Vervielfältigung, Verbreitung und Übersetzung, vorbehalten. Kein Teil des Werkes darf in irgendeiner Form (durch Fotokopie, Mikrofilm oder ein anderes Verfahren) ohne schriftliche Genehmigung des Verlages reproduziert oder unter Verwendung elektronischer Systeme verarbeitet, vervielfältigt oder verbreitet werden.

© 2001 Pabst Science Publishers, Lengerich
http://www.pabst-publishers.de

ISBN 3-935357-53-2

DIESES BUCH IST DEN „JUNGMÄNNERN" FABIAN, FERRY, TIMO UND DER „JUNGEN FRAU" ANNE GEWIDMET:

DAS FRIEDVOLLE UM DICH HERUM ENTSPRINGT DEM FRIEDEN IN DIR.

DANK

Dank gebührt den weiteren Pionieren und Protagonisten des Hamelner Modells: Jens Weidner, Jörg Wolters, Burkhard Röske, vor allem auch unserem Freund Jörg Murken. Danke an Sabine Lamberty, Günter Schrade und Martin Baumgartner-Heppner für ihre emotionale, tatsächliche und schriftstellerische Unterstützung: Dies gilt in besonderer Weise für Thomas Ramm und ganz besonders für Britta Kleine. Erwähnt werden soll die konstruktive, fachliche Zusammenarbeit mit dem CJD, Deutschland und hier insbesondere mit unserem „Mitstreiter" Christian Scholz. „Chefsekretärin" Sabine Zink und Assistentin Sabine v. Hagen haben sich Tag und Nacht die Finger wundgeschrieben. Danke. Ohne die redaktionelle Bearbeitung von Ulle und Wolla Truchseß wäre dieses Buch nicht zustande gekommen. Die administrative Grundlage für die hier dargestellte „Friedensarbeit" ist in der innovativen Justizpolitik des Landes Niedersachsen und der Gestaltungskraft des Anstaltleiters Hans-Jürgen Eger und seines Vorgängers Gerhard Bulczak zu finden.
Wir bedanken uns bei allen, die uns in den letzten fünf Jahren gefühlsmäßig aufgefangen, die uns ermuntert, unser Kraftreservoir aufgefüllt, die uns und die „Idee", trotz des manchmal schon unmenschlichen Druckes nicht verraten haben ...
Dank an all die Täter, die sich beworben, die teilgenommen und die sich für dieses Projekt nach innen und außen engagiert haben.
Danke an die Opfer, die durch ihren Mut die Grundlage für inneren und äußeren Frieden geschaffen haben.
Nicht zuletzt vielen Dank an euch, die ehrenamtlichen MitarbeiterInnen und Gäste, die ihr von „weither" verlässlich und treu – jede Woche wieder aufs Neue – nach Hameln zum AAT gepilgert seid. Danke.
Nun noch ein ganz persönliches Dankeschön an unsere Eltern Erika, Helmut, Paula und Kurt, die uns die Kraft für „das hier" mit auf den Weg gegeben haben und an Holli und Inki, die uns „so" aushalten!

Inhalt

Geleitwort von Prof. Dr. Peter Fiedler 4

1 Vorwort 5

2 Harte Zahlen 8
   2.1 Wie die Zerstörung zunimmt 8

3 Gestalt von Gewalt 17
   3.1 Definitionselemente und Tätertypen 17
   3.2 Definitionsversuch: Destruktive Gewalt 18
   3.3 Klassifikation der Täter 20
   3.4 Die Wiedergutmachungsforderung 22
   3.5 Feigheitspaket 24
   3.6 Legitimationsstrategien 26
      3.6.1 Ablehnung der Verantwortung 26
      3.6.2 Verneinung des Unrechts 26
      3.6.3 Ablehnung des Opfers 26
      3.6.4 Verdammung der Verdammer 26
      3.6.5 Loyalität zum „Ganzen" 27
   3.7 Treueverpflichtung des Gewalttäters 27

4 Sinn-Bestimmung 33
   4.1 Was will der Mensch? 33
   4.2 Psychologische Gesetze 36
   4.3 Die kulturelle Überformung archaischer Gewaltmuster –
       überleben durch Gewalt? 39
   4.4 Entwicklungsphasen 44

5 Zielvision: Lob-Kultur 47
   5.1 Von der Kritikgesellschaft zur Lobhaltung 47
   5.2 Selbstlob als Friedensgrundlage 51
      5.2.1 Thesen zur neuen Beurteilungs-Maxime 54
   5.3 Das Anti-Miesepeter-Programm 55
   5.4 Fremdlob-Abhängigkeit und „falsche" Loyalität 57
   5.5 Die Menschenwürde des Täters 58
   5.6 „Innerer Pazifismus" als Leitidee 63

6 Das Anti-Aggressivitäts-Training (AAT) 67
   6.1 Die Wurzeln des AAT 67
   6.2 Durchführungsmodalitäten 70

6.3	Die vier Phasen des Hamelner Modells	71
	6.3.1 *Biographische Analyse (Deskriptionsphase)*	*71*
	6.3.2 *Konfrontationsphase (Heißer Stuhl)*	*73*
	6.3.3 *Attraktivitäts-Training*	*73*
	6.3.4 *Realisationsphase*	*79*
6.4	Zusatzimplementierung (handlungsorientierter Ansatz)	80
	6.4.1 *Ausgangssituation (was mir passiert)*	*83*
	6.4.2 *Zielverhalten (was ich weiß)*	*84*
	6.4.3 *Denkinhalte (was ich denke)*	*84*
	6.4.4 *Artikulationsebene (was ich sage)*	*85*
	6.4.5 *Ausweichtechniken*	*85*
	6.4.6 *Körperliche Selbstverteidigung (Notwehr)*	*86*
	6.4.7 *Fazit und Grundregel (was ich immer bedenken muss)*	*87*
6.5	Anti-Schläger-Gelübde	88
	6.5.1 *Schläger sind fiese Schweine*	*88*
	6.5.2 *Ich war ein Schläger*	*88*
	6.5.3 *Ich will ein Mensch werden*	*89*
	6.5.4 *Ich will andere Schläger befreien*	*89*
6.6	Evaluation und Supervision	89

7 Therapeutischer Extremismus: Therapeutenvariablen ... 92

7.1	Die Gier nach Wirksamkeit	92
7.2	Stellenwert der ehrenamtlichen Mitarbeiter	96
7.3	Das Menschenbild der Trainerinnen und Trainer	100

8 Professioneller Strafvollzug - LoGo ... 101

8.1	Die Quadratur des Kreises	101
8.2	Das LoGo	102
8.3	Weg vom Wärter	104
8.4	Vollzugsentwicklung	105
8.5	„Flache Hierarchien" in einer „totalen Institution"?	107
8.6	Opferorientierter Strafvollzug	109
8.7	Kundenorientierter Strafvollzug: Wie soll das gehen?	111
8.8	Knast als „therapeutischer Rahmen"	112
8.9	Erwartungen an die Therapie	114
8.10	Zwei Versuche zur Reduzierung von Gewaltbereitschaft im Vergleich	117

9 Hamelner Modell goes Prävention (AAT: Ambulant) ... 123

9.1	Die Weiterentwicklung des stationären AAT: AAT.pro	123
	9.1.1 *Der Offene Vollzug*	*124*

9.1.2 Außenwirkung des AAT.pro *125*
9.1.3 Integration in den Offenen Vollzug *128*
9.1.4 Das therapeutische Dreieck *131*
9.1.5 Rückwirkung auf den klassischen Vollzug *131*
9.1.6 Das AAT in der Bewährungshilfe *133*

10 Opferhilfe **135**
10.1 AAT als „Opfertherapie"? *135*
10.2 Trainingskurse für Opfer *135*
  10.2.1 Was das Opfer fühlt *136*
  10.2.2 Opferarbeit nach der Tat *138*
10.3 Opfertraining – die „Versorgungslücke" wird geschlossen 140

11 Zeitalter der Aufmerksamkeit **142**

12 Grundsätze der Anti-Gewalt-Arbeit in der Zukunft **146**

13 Justizpolitische Einordnung **149**

14 Fazit: Gewalt im Wandel – Gewalt gewandelt ....? **151**

Literatur **159**

Anlage **167**
  Anlage 1
    Funktion und Stellenwert der Gäste 168
  Anlage 2
    Funktion und Stellenwert der ehrenamtlichen Mitarbeiter 169
  Anlage 3
    Trainerausbildung: Didaktische Vermittlung des AAT-
    Trainings-Manuals (Präsentation und Workshops) 170
  Anlage 4
    Trainer-Zertifizierung 171
  Anlage 5
    Übertragbarkeit des AAT auf den schulischen Bereich
    (Beispiel Niedersachsen) 172
  Anlage 6
    Patenschaft für Gewaltopfer 174

Geleitwort
von Prof. Dr. Peter Fiedler

Die Gewälttätigkeiten unter Schülern, Jugendlichen und jungen Erwachsenen nehmen in den letzten Jahren kontinuierlich zu. Und nach wie vor mangelt es an klaren und gut strukturierten Behandlungskonzepten, mit denen kriminelle Gewalttäter und dissoziale Persönlichkeiten erfolgreich behandelt werden können.

„Gewalt wandeln" von Michael Heilemann und Gabi Fischwasser-von Proeck ist da eine wichtige Ausnahme. Mit dem hier vorliegenden Antiagressionstraining soll gewohnheitsmäßigen Schlägertypen das Schlagen abgewöhnt werden. Über mehrere Jahre von dem Autorenpaar entwickelt, konkret in der Arbeit mit Gewalttätern im Gefängnis erprobt und ausgearbeitet, wird das Programm inzwischen in einer Vielzahl von Projekten im Strafvollzug und in der gerichtsnahen Präventionsarbeit eingesetzt. Es hat gute Chancen, eine wichtige Modellfunktion auch für zukünftige Fortentwicklungen zu übernehmen.

Nicht jedem Leser wird es leicht fallen, sich mit dem Engagement anzufreunden, mit dem von dem Autorenpaar durchgängig im Buch für das eigene Konzept geworben wird. Man lasse sich jedoch nicht irritieren. Das gesamte Buch strahlt einen gewissen Optimismus aus, von dem sich Therapeuten, Psychologen, Pädagogen, Sozialarbeiter und Justizvollzugsbeamte durchaus anstecken lassen sollten. Wer nicht an das glaubt, was er sozialtherapeutisch als Behandlungskonzept vertritt, der wird nur selten erfolgreich sein. Dies gilt insbesondere für die Behandlung von gewalttätigen Straftätern. Da ist sich auch unter Forschern unbestritten: Glauben Therapeuten nicht an den Erfolg ihrer Behandlungsmaßnahmen, dann glauben auch die Betroffenen zunehmend weniger daran, dass ihnen effektiv mit psychologisch-psychotherapeutischen Maßnahmen geholfen werden könnte. Und das gilt in besonderem Maße für kriminelle Gewalttäter.

Auch der gelegentlich gewählte Sprachduktus der Autoren sollte den Leser nicht abschrecken. Er wurde teilweise von den Autoren mit Bedacht gewählt, um eine gewisse und teilweise sogar unmittelbare Nähe zu den Sprachgepflogenheiten im Tätermilieu herzustellen.

Ich persönlich wünsche dem Buch viel Erfolg und viele Nachahmer. Die Möglichkeiten Schwerstkriminelle zu behandeln stehen noch so weit am Anfang, dass jedes kreative Behandlungskonzept Beachtung finden sollte, um endlich auf dem Weg zu einer wirksamen Gewaltprävention entscheidende Schritte voranzukommen.

Peter Fiedler
Heidelberg, im Juni 2001

1 Vorwort

Kerim war vom SEK „hochgebombt" worden. Nun ist er in Hameln. Jugendknast. Der größte in Europa. Kein Problem für Kerim? Ausbruchsversuche und Unterdrückung von Mitgefangenen – sein Gewaltspiel ging weiter. Typischer Fall für den „Drehtüreffekt" im Knast. Rein in den Knast – schlimmer im Knast – noch krimineller draußen.

Fernsehstationen, Radiosender und Journalisten drängeln sich ins „Hamelner Modell". Alle wollen wissen, ob es das wirklich gibt - Schläger heilen! Sie treffen im Anti-Aggressivitäts-Training tatsächlich auf Schläger: Die Härtesten der Harten. Durch alle Raster gefallen – und doch oft noch so jung (zwischen 16 und 20 Jahren). Sie treffen aber auch auf Studenten, Erzieher, Pastoren, manchmal Ärzte und Juristen, auf Hausfrauen und Polizisten – eine bunte Mischung quer durch die Gesellschaft. Es sind die ehrenamtlichen Mitarbeiter im Anti-Gewalt-Training. Und sie treffen auf die Profis aus dem Hamelner Modell: Psychologen, Sozialpädagogen – mit allen Wassern gewaschen.

Der Schläger ist radikal – die Trainer müssen radikaler sein ...?

> „Meine Familie", sagt Kerim, der heute 23-jährige Ex-Schläger, „war immer das, was gerade um mich herum war. Eigentlich besteht meine Familie ja aus meinem Vater und meiner Mutter und meinen Geschwistern – die waren aber oft gar nicht bei mir. Mein Vater war in Deutschland, dann war er in der Türkei, dann war ich am Bosporus und er hier und ab und zu waren wir auch mal alle in einer Wohnung. Aber dann musste meine Mutter schon wieder zurück. Die Erziehung haben dann meine Onkel übernommen oder die älteren Brüder – zum Teil auch meine Halbbrüder. Familie heißt für mich: Der, der da ist und der, der mir Vorschriften macht, ist der, der es gut mit mir meint. Mit 12 Jahren war es ein 18-jähriger Türke der mir gezeigt hat, wie ich in die Fresse schlage. Ich hab' davor natürlich selbst viel abbekommen. Gerade weil ich zwischen Deutschland und der Türkei immer hin- und hergependelt bin und in der Türkei dann der Deutsche war, aber in Deutschland der Türke. Hassan hat mir dann gezeigt, wie ich mich an jedem Ort der Welt durchsetzen kann. Seit dieser Zeit geht es mir gut. Nun weiß ich: Meine Familie ist meine Faust. Oder anders ausgedrückt: Alle meine Familienmitglieder, wo immer sie auch verstreut sind, sind in meiner Faust vereinigt."

Kerim wollte nur mitmachen, um auch diese „Crew" zu verarschen. Was sollten sie ihm entgegenhalten? Was können sie ihm bieten? Am Ende – die Prozedur dauerte auch für ihn neun Monate – war er Tutor. Freiwillig. Er hat sich gemeldet und hat gesagt: „Ich bin jetzt auf eurer Seite. Ich will weiter mitmachen.

Bitte nehmt mich." Kerim hat gesagt: „Zum ersten Mal in meinem Leben habe ich da Liebe kennen gelernt."

Was ist das Geheimnis dieser „Schläger-Therapie", nach deren Konzept sich bundesweit Psychologen und Sozialpädagogen „die Finger lecken" und sich ausbilden lassen wollen? Funktioniert das nach dem alten Rezept „Zuckerbrot und Peitsche"?

Eher vielleicht nach dem Rezept „Peitsche und Zuckerbrot". Erst die Konfrontation (der „heiße Stuhl") und dann das Attraktivitäts-Training (täglich trainieren, damit ich stolz auf mich bin). Aber das ist nicht alles – es ist letztlich das **erzwungene Verhalten**, der Zwang, den „Vorgarten des Opfers umgraben zu müssen", der nachhaltig wirkt. Reden ist Silber – Handeln ist Gold. Das ist das Hamelner Motto. „Erst wenn du als Ex-Täter den Schutzschild über deine früheren Opfer hältst – erst dann bist du geheilt."

Das universelle Gesetz der Gewalt bringt Männer seit Urzeiten dazu, die Zerstörung eines Mit-Mannes nicht nur in Kauf zu nehmen sondern aktiv anzustreben.

Der Dominanzanspruch des einzelnen Mannes in seiner jeweiligen Kultur „fordert" von ihm, ein martialisches Unterwerfungsinstrumentarium über den eigenen Körper zu definieren und vom „Mit-Mann" im besten Fall eine Demutsgebärde, im schlimmsten Fall aber das Leben zu fordern. „Es gibt keine erwachsenen Personen, welche nicht schon einmal einem anderen etwas heimgezahlt, einen anderen ausgestoßen, isoliert, verachtet, unter Druck gesetzt oder auf dieselbe Art von anderen geplagt wurden. Alle Menschen sind somit Gewaltexperten."[1]

Unterschiedliche Freiheitsgrade, sich dieser direkten, unmittelbaren und meist körperbezogenen Auseinandersetzung entziehen zu können – mit entsprechender Umwandlung und Ver- drängung der eigenen Angstpotenziale – führen dazu, dass oft eine spezielle soziale Gruppe sich entweder in diesen „Kämpferstatus" fügt oder aber Ausgrenzung und Mobbing erleiden muss.

Der **Gladiator** in diesem Bewusstsein – er oder ich – muss bis zum Äußersten gehen. Und er weiß dabei, dass er sein Überleben trotzdem manchmal nur für einen Tag („Das Licht des nächsten Tages möchte ich noch erleben!") verlängern kann.

Der **Schwarze Ritter** – sich der Tatsache bewusst, das martialische Schwert des Gegners könnte auch ihn köpfen – hat die Ausholbewegung mit dem beidhändig zu führenden Stahlgerät millionenfach geübt – stehend oder zu Pferde. Es gibt nur ein Gefühl, das Freude macht: Die „Gewissheit", dass er die Bewegung schneller und präziser ausführt als sein Gegenüber.

---

[1] Gamper, H.: Schulkultur: Pädagogisch-psychologische Prävention. In: Guggenbühl A.: Dem Dämon in die Augen schauen. Zürich, 1996. S. 111

Es ist die Unterarm-Hand-Augen-Koordination, welche die Endorphine von **Jesse James** und seine Glücksgefühle gesteuert hat. Erst ohne Waffe, dann mit dem angenehm stabilen Schaft- und Machtgefühl der Pistole in der Hand: Immer wieder ziehen, abdrücken und erleichtert ausatmen. Nichts ist für Jesse James wichtiger, als die Perfektionierung dieses automatisierten Bewegungsablaufs. Er hadert mit sich, wenn es der Gegner noch schafft, die Hand an die Pistole zu bekommen, bevor er durch die frühzeitig auf die Bahn geschickte Kugel stirbt – er ist von sich selbst enttäuscht, wenn dem Gegner das Ziehen der Pistole noch gelingt. Was er sich nie verzeihen würde: Der Gegner bringt die Pistole fast in den Anschlag, erreicht beinahe die tödliche Ziellinie – dies wäre ein sicheres Anzeichen für Jesse James: Ich bin alt geworden.

Manfred hat sich den **Hooligans** angeschlossen, weil er immer eins auf die Schnauze bekommen hat. Er wurde verdroschen: von Älteren, von ausländischen Kindern, manchmal sogar von großen Mädchen. Er wurde verhöhnt und beschämt. Er wollte sein kleines Jungen-Leben nicht mehr leben. Er wollte es wegschmeißen. Er hat Leute kennen gelernt, die ihn mitgenommen haben – um den Preis, dass er ungerecht und unfair wird. Dass er bereit ist, mit zehn Mann auf einen zu gehen und diesen halb tot zu schlagen. Und vielleicht auch tot zu schlagen...

Sein Wir-Gefühl, sein Gefühl, endlich eine wirkliche Familie zu haben und sein Gefühl von Überlegenheit und Macht paaren sich zu einem Kontrollerlebnis, das letztlich sein Ich ausmacht. Er hat kein anderes Ich und er hat in seinem Ich nichts anderes. Er weiß nur: Wenn das „**Wenn**" funktioniert – seine von ihm angestrebte Überlegenheit -, dann kommt auch das „**Dann**", seine Zufriedenheit. „Wenn ich das Wenn nicht mehr habe – wozu benötige ich dann noch das Leben." Andere „Wenns" haben aus seiner Sicht nie funktioniert!

Ob linke Gewalt oder rechte Gewalt, ob Gewalt vor tausend Jahren oder Gewalt vor drei Minuten – das universelle Gesetz der Gewalt, der zerstörenden Gewalt, bleibt vorerst eine Konstante. Gewalt legitimiert sich mit immer anderen Scheinmotiven – das Mobbing gegen den Körper des Mitmenschen hat aber immer die gleichen Wurzeln in der zerstörten Psyche des Täters. Feindseligkeit und Zerstörungsbereitschaft basieren auf eigener Zerstörtheit. Die Kompensationswünsche sind die gleichen: „Ich möchte meine Größe spüren und ich will Geborgenheit erleben." Selbst die Geborgenheit in der Einsamkeit („Die anderen bewundern mich aus der Ferne") wirkt stärker als ein untätig Bleiben. Denn: „Zerstören ist das einzige Handwerk, das ich beherrsche. In jedem anderen Handwerk bin ich bisher – leider – ein Stümper geblieben."

Im AAT Hameln treffen sich Gewalttäter als eine **Selbsthilfegruppe der Looser** und der Fehlgeleiteten, der Ausgelieferten, der Hilflosen und letztlich der Verblendeten: Der Gladiator, der Schwarze Ritter, Jesse James und Manfred, der Hooligan!

2 Harte Zahlen

2.1 Wie die Zerstörung zunimmt

Um die Kriminalitätsentwicklung, die einzelnen Arten der Delikte, den Umfang und die Zusammensetzung des Kreises der Tatverdächtigen sowie eine Veränderung von Kriminalitätsquotienten beobachten zu können, wird jährlich eine Polizeiliche Kriminalstatistik (PKS) erstellt. Weitergehend dient diese PKS der „Erlangung von Erkenntnissen für vorbeugende und verfolgende Verbrechensbekämpfung, organisatorische Planungen und Entscheidungen sowie kriminologisch-soziologische Forschungen und kriminalpolitische Maßnahmen"[2].

So wurde unter anderem statistisch erhoben, dass 1999 deutschlandweit 6 302 316 Verstöße gegen die Strafgesetze des Bundes registriert wurden (ohne Verkehrs- und Staatsschutzdelikte). Das waren 2,4 Prozent weniger als im Jahr zuvor; aufgeklärt wurden 3 329 124 Fälle. Umso erschreckender das Ergebnis für den Bereich der Gewaltkriminalität: 1999 beträgt die Anzahl derartiger Straftaten 186 655. Dies bedeutet eine Steigerung um 0,2 Prozent. Mehr als die Hälfte der erfassten Gewaltkriminalität entfällt auf gefährliche und schwere Körperverletzungen. Hier liegt mit 114 516 Straftaten sogar eine Steigerungsrate von 3,8 Prozent vor.

Hervorgehoben wird in der PKS vor allem die Zahl der Tatverdächtigen, die sich von Jahr zu Jahr steigert oder auch - in wenigen Bereichen - reduziert. Hier werden die prozentualen Veränderungen mit großem Interesse wahrgenommen.

In den nachfolgenden Statistiken konzentrieren wir uns in erster Linie auf Tatverdächtige im Alter von 14 bis 25 Jahren.

Tabelle 1 liefert die Übersicht zur Alters- und Geschlechtsstruktur aller Tatverdächtigen. Auffällig ist, dass es in allen Jahrgangsbereichen einen Rückgang im Vergleich zum Vorjahr gibt.

Bei den tatverdächtigen Kindern (bis unter 14 Jahre, vgl. Tabelle 2) sank die Anzahl 1999 um 1,4 Prozent. Die Anzahl der tatverdächtigen deutschen Kinder nahm erstmals seit 1993 um 1,9 Prozent ab, die der nicht-deutschen Kinder nahm dagegen um 0,8 Prozent zu. Dabei ist natürlich zu beachten, dass mit 2,3 Prozent der deutschen Kinder von 8 bis 14 Jahren nur eine kleine Minderheit von der Polizei als einer Straftat verdächtig dokumentiert wurde. Ähnliches dürfte auch auf die nicht-deutschen Kinder zutreffen. Zur Entwicklung der Zahl der tatverdächtigen Kinder in einzelnen Deliktbereichen geht aus Tabelle 2 hervor, dass der höchste prozentuale Anstieg der einer Straftat verdächtigten deutschen Kindern den Deliktbereich Körperverletzung mit 15,6 Prozent und

---

[2] BKA: Polizeiliche Kriminalstatistik. Wiesbaden, 2000

bei den nicht-deutschen Kindern die Deliktbereiche Sachbeschädigung (15,1 Prozent) und Körperverletzung (14,0 Prozent) betrifft.

Tabelle 1:
Alters- und Geschlechtsstruktur der Tatverdächtigen[3]. Bereich: Bundesgebiet

Altersgruppe (Jahre)	insgesamt	Veränderung zum Vorjahr in %	Tatverdächtige				
			Verteilung in %	männlich Anzahl	männlich in %	weiblich Anzahl	weiblich in %
Kinder (bis 14)	150 626	-1,4	6,7	105 168	69,8	45 458	30,2
Jugendliche (14 bis unter 18)	296 781	-1,9	13,1	222 007	74,8	74 774	25,2
Heranwachsende (18 bis 21)	240 109	1,3	10,6	195 649	81,5	44 460	18,5
Erwachsene (21 bis 60 und älter)	1 575 624	-3,2	9,6	1 212 500	77,0	363 124	23,0
Tatverdächtige insgesamt	2 263 140	-2,4	100,0	1 735 324	76,7	527 816	23,2

---

[3] ebd.

Die Zahlen der tatverdächtigen Jugendlichen (14 bis unter 18 Jahre) hat ebenfalls erstmals seit 1993 um 1,0 Prozent abgenommen. Aber auch hier ist auffällig: der stärkste Anstieg der Zahl der Tatverdächtigen wurde mit 8,6 Prozent für den Deliktbereich Körperverletzung festgestellt (Tabelle 3).

Die Entwicklung der Zahl der tatverdächtigen Heranwachsenden (18 bis unter 21 Jahre) zeigt für das Delikt Körperverletzung eine Steigerung von 8,9 Prozent bei den deutschen Heranwachsenden. Bei den nicht-deutschen Altersgenossen wurde für diesen Deliktbereich mit 7,3 Prozent der stärkste Anstieg registriert (Tabelle 4).

Die Entwicklung der Zahl der tatverdächtigen jungen Erwachsenen (21 bis unter 25 Jahre) zeigt (ausschnittweise) Tabelle 5. Beim Delikt Körperverletzung ist eine relativ hohe Steigerung (8,6 Prozent) bei den als tatverdächtig registrierten jungen deutschen Erwachsenen festzustellen. Im Gegensatz dazu steht die Verringerung dieser Zahl bei den nicht-deutschen jungen Erwachsenen um 0,1 Prozent.

Die dargestellten Entwicklungen weisen allerdings ein Problem auf: Die PKS erfasst **nur** die der Polizei bekannt gewordenen Straftaten einschließlich der mit Strafe bedrohten Tatversuche. Die Aussagekraft der PKS ist auf Grund des immensen Dunkelfeldes nur sehr begrenzt. Es ist äußerst schwierig, den Anteil der „angezeigten und bekannt gewordenen" zu den Fällen abzugrenzen, die eben nicht angezeigt wurden. Die Dunkelfeldforschung versucht abzuschätzen, wie viele „Restopfer" die jeweilige „Jahreskriminalität" tatsächlich produziert hat. Oder: Wie viele Menschen es nicht geschafft haben, ihren **Opferstatus** der Polizei oder der Justiz mitzuteilen. Diese Schätzungen oder Hypothesen variieren von Deliktbereich zu Deliktbereich. Klar scheint aber zu sein: Je höher der Gewaltanteil in der Straftat ist, umso geringer ist die Chance, dass das Opfer Anzeige erstattet. Warum? Ganz einfach: Gewalttaten haben einen eingebauten „Servomechanismus" des Nicht-Anzeigens. Der Täter bedient sich am Opfer, saugt es aus, macht es im wahrsten Sinne des Wortes „alle", erlebt im Moment des gewaltsamen Übergriffs eine extreme Euphorie – Endorphine bzw. körpereigene Morphine durchfluten seinen Körper) –, gleichzeitig nimmt er den „Mord an der Seele des Opfers", mindestens aber dessen meist lebenslange Traumatisierung in Kauf. Und er setzt noch einen drauf: Das Opfer wird nach dieser Primärentfernung noch ein zweites Mal in seinem Ich demontiert. Diese Sekundärbestrafung besteht in der Einschüchterung des Opfers für den Fall, dass es wegen des ihm zugefügten Schadens Anzeige erstatten will. Die globale Täterdrohung lautet: „Du kannst alles auf der Welt mit mir machen, nur das eine nicht: Mich anscheißen, mich anschwärzen, mich anzeigen. Wenn du das machst, bist du hundertprozentig tot. Nichts ist so sicher wie die Tatsache, dass ich dies nicht durchgehen lassen werde. Vergiss das nie!"

Tabelle 2
Entwicklung tatverdächtiger Kinder in einzelnen Deliktbereichen[4]. Bereich: Bundesgebiet

Straftaten(gruppe)	deutsche Kinder		Veränderung		nicht-deutsche Kinder		Veränderung	
	1999	1998	absolut	in %	1999	1998	absolut	in %
Straftaten insgesamt	123 351	125 713	-2 362	-1,9	27 275	27 061	214	0,8
Raubdelikte	2 241	2 473	-232	-9,4	1 172	1 176	-4	-0,3
Sachbeschädigung	21 233	20 261	972	4,8	2 610	2 268	342	15,1
Körperverletzung	12 759	11 037	1 722	15,6	3 405	2 987	418	14,0

Tabelle 3
Entwicklung tatverdächtiger Jugendlicher in einzelnen Deliktbereichen[5]. Bereich: Bundesgebiet

Straftaten(gruppe)	deutsche Jugendliche		Veränderung		nicht-deutsche Jugendliche		Veränderung	
	1999	1998	absolut	in %	1999	1998	absolut	in %
Straftaten insgesamt	237 909	240 400	-2 491	-1,0	58 872	62 013	-3 141	-5,1
Raubdelikte	8 647	9 166	-519	-5,7	3 822	4 003	-181	-4,5
- auf Straßen, Wegen oder Plätzen	4 985	5 244	-259	-4,9	2 419	2 594	-175	-6,7
Körperverletzung	40 489	37 273	3 216	8,6	10 396	10 221	175	1,7

---

[4] ebd.
[5] ebd.

Tabelle 4
Entwicklung tatverdächtiger Heranwachsender in einzelnen Deliktbereichen[6].
Bereich: Bundesgebiet

Straftaten(gruppe)	deutsche Heranwachsende		nicht-deutsche Heranwachsende		Veränderung		Veränderung	
	1999	1998	absolut	in %	1999	1998	absolut	in %
Straftaten insgesamt	173 813	168 853	4 960	2,9	66 296	68 220	-1 924	-2,8
Körperverletzung	31 223	28 664	2 559	8,9	8 850	8 250	600	7,3
Sachbeschädigung	20 980	19 946	1 034	5,2	2 302	2 269	33	1,5
Raubdelikte	5 337	5 310	27	0,5	2 138	2 203	65	-3,0

Tabelle 5
Entwicklung tatverdächtiger Jungerwachsener in einzelnen Deliktbereichen.
Bereich: Bundesgebiet

Straftaten(gruppe)	deutsche Jungerwachsene		Veränderung		nicht-deutsche Jungerwachsene		Veränderung	
	1999	1998	absolut	in %	1999	1998	absolut	in %
Straftaten insgesamt	154 535	151 524	3 011	2,0	96 836	103 579	-6 743	-6,5
Körperverletzung	27 794	25 603	2 191	8,6	10 785	10 796	-11	-0,1
Raubdelikte	3 281	3 307	-26	-0,8	1 773	1 962	-189	-9,6

---

[6] ebd.

Für die offiziell registrierten Opfer können unter anderem bezogen auf Alter und Geschlecht für die entsprechenden Deliktgruppen folgende Angaben gemacht werden (Tabelle 6):

Tabelle 6
Opfer nach Alter und Geschlecht[7]. Bereich: Bundesgebiet

	Opfer insgesamt	Geschlecht		Alter				
		männlich	weiblich	Kinder	Jugendliche	Heran-wachsende	Erwachsene 21-60	Erwachsene 60 und älter
	100 %				in %			

Mord und Totschlag

vollendet	1020	57,3	42,7	10,3	2,2	4,9	67,7	14,9
versucht	1869	69,8	30,2	3,5	4,3	8,1	77,6	6,4
insgesamt	2 889	65,4	34,6	5,9	3,6	7,0	74,1	9,4

Straftaten gegen die sexuelle Bestimmung unter Gewaltanwendung oder Ausnutzen eines Abhängigkeitsverhältnisses

vollendet	12 562	9,3	90,7	16,1	27,3	13,2	41,8	1,5
versucht	3 107	4,9	95,1	5,1	21,0	13,8	58,3	1,8
insgesamt	15 669	8,4	91,6	13,9	26,1	13,4	45,1	1,6

Raub, räuberische Erpressung und räuberischer Angriff auf Kraftfahrer

vollendet	55 133	67,7	32,3	8,4	17,0	9,4	53,5	11,7
versucht	13 113	65,7	34,3	14,9	16,8	7,2	48,1	13,0
insgesamt	68 246	67,3	32,7	9,6	16,9	8,9	52,5	12,0

Körperverletzung

vollendet	406 570	65,9	34,1	9,7	13,4	11,4	61,0	4,5
versucht	14 266	72,6	27,4	7,2	7,9	7,8	71,3	5,8
insgesamt	420 836	66,1	33,9	9,6	13,2	11,3	61,3	4,5

Straftaten gegen die persönliche Freiheit

vollendet	141 877	59,4	40,6	5,8	6,7	7,7	73,6	6,2
versucht	4 079	54,7	45,3	11,2	7,8	6,4	69,6	5,1
insgesamt	145 956	59,3	40,7	6,0	6,7	7,6	73,5	6,2

---

[7] ebd.

Bei den Opfern lassen sich ganz deutlich geschlechts- und altersspezifische Unterschiede feststellen:

1. Für die Bereiche Raub, Körperverletzung, Mord- und Totschlag und Straftaten gegen die persönliche Freiheit wurden meist männliche Opfer registriert.
2. Bei Tötungsdelikten, Straftaten gegen die persönliche Freiheit und Körperverletzung überwiegen eindeutig erwachsene Opfer zwischen 21 und 60 Jahren.
3. Bei Sexualdelikten, aber auch bei Raubdelikten, sind Jugendliche (14 bis 18 Jahre) überdurchschnittlich betroffen.
4. Ältere Menschen (ab 60) wurden, prozentual gesehen, außer bei vollendetem Mord und Totschlag sowie Raub verhältnismäßig selten als Opfer erfasst. Am stärksten angestiegen sind seit 1988 die Opferzahlen bei Körperverletzungen (398 058 Opfer). Das ergibt einen Anstieg von 5,7 Prozent.[8]

Die Zahlen der Kriminalstatistik sind insbesondere bei Gewaltstraftaten (und hier insbesondere bei Körperverletzung) zwar valide (gültig), aber auch extrem „unrepräsentativ". Dem Täter gelingt es mit der Tat offenbar, das Opfer zur vollkommenen Aufgabe zu zwingen. Die wenigen Opfer, die dem Druck der Täter widerstehen und trotzdem zur Polizei gehen, haben nach der Anzeige, vor der Gerichtsverhandlung, während des Prozesses und nach der Urteilsverkündung ein extremes Martyrium auszustehen. Plötzlich sind sie für jene Opfer, die **nicht** angezeigt haben, der abschreckende empirische Beweis, dass der Gang zur Polizei sich nicht lohnt. Und damit eine quasi spätere Bestätigung dafür, sich mit dem Täter im Nachhinein „verbrüdert" zu haben, obwohl er dem Opfer das eigene Ich geraubt hat.

Senad ist 18 Jahre und stammt aus Bosnien-Herzegowina. Er hat mehr Tote gesehen als die anderen in der Anti-Schläger-Therapie. Er ist ein Typ mit bulligem Genick, breitem Gesicht, „stählernem Kinn" und dem typischen Kanisterkopp der GI's. Den Kopf nach vorne gebeugt (Eidechseneffekt) – das Kinn immer 10 Zentimeter vor dem Brustkorb. Senads kalter, manchmal starr und hasserfüllter, aber immer „musternder" Blick verrät etwas vom Charme des Krokodils: In der Ruhe liegt die Kraft – wenn ich zubeiße, bist du tot. Senad streift durch das hügelige Harzer Vorland – immer auf der Suche nach Beute. Beute heißt nicht: Rolex-Uhren oder Lederjacken – Beute heißt: Selbstwertgefühl, Ehre und Würde anderer tilgen. Manchmal war er am Samstag schon wieder hungrig, obwohl er am Freitagabend schon drei bis vier Seelen gefressen hatte. Dann ist Senad weiter auf der Lauer. Beute fand er vor allen Dingen vor den Ausgängen der Dis-

---

[8] ebd.

> kotheken – der Sicherheitsabstand zu den „Türstehern" brauchte nicht mehr als 5 Meter zu betragen. Man kannte ihn. Manchmal war es auch ein Türsteher, der dran glauben musste. Die anderen haben dann allerdings nicht eingegriffen, weil sie wussten: Dieses Kinn kann nur von Oskar Bonawena (dem Pelikan) getoppt werden. Senad lacht über die Polizei, aber er lacht noch mehr über die Richter: „Natürlich habe ich mich aufgeregt, dass sie mich verurteilt haben. Ich hab' doch nur drei Mal im Leben zugeschlagen – wenn die wüssten. Wie froh war ich, dass ich nur drei mal erwischt wurde. Wenn es den lieben Gott gäbe und er auf mich herunter gucken könnte, würde er wissen: Es sind 3000 Männer. Das weiß aber nur ich allein ..."

Wenn also in diesem Buch „Kriminalstatistik" präsentiert wird, dann immer nur und ganz verstärkt mit dem Einwand: Das ist nur die Spitze des Eisbergs, die Zahl der schweigenden Opfer ist nicht überschaubar und wohl unermesslich. Die polizeiliche Kriminalstatistik bietet also kein wirklichkeitsgetreues Spiegelbild der realen Kriminalität sondern nur eine je nach Deliktart mehr oder weniger starke Annäherung an sie. Folgende Einflussfaktoren können sich auf die Entwicklung der Zahlen in der PKS auswirken:

- Anzeigeverhalten (z.B. Versicherungsaspekt)
- Polizeiliche Kontrolle
- Statistische Erfassung
- Änderung des Strafrechts
- Echte Kriminalitätsänderung

Bei einer amtlich festgestellten Veränderung der jährlichen Kriminalstatistik wäre auf jeden Fall zu fragen, ob sich neben einer Veränderung des Verhaltens der Gewalttäter vielleicht auch das Anzeigeverhalten der Opfer verändert hat – in die eine oder in die andere Richtung. Gibt es einen Zuwachs an „subjektivem Sicherheitsempfinden" bei Opfern, die bisher nicht angezeigt haben, jetzt anzeigen würden oder es wirklich tun?

Anders ausgedrückt: Die Dunkelfeldforschung soll sich in Zukunft vor allem darum kümmern, die Bedingungen so zu verändern, dass mehr Opfer von Gewaltstraftaten ihren „Ich-Verlust" amtlich melden. Dennoch: Um überhaupt einen Eindruck von der Quantität der Gewaltübergriffe in Deutschland und entsprechende Schätzungen der Zahl der Opfer erhalten zu können, sollen die oben dargestellten Zahlen als Grundlage dienen - immer aber mit der „Relativierung": Letztlich kennen nur die Opfer und die Täter selbst die „wahren" Zahlen. Wir vom AAT wissen, dass ein Täter, der für etwa vier bis zehn Fälle von Körperverletzung verurteilt wird, mit einiger Sicherheit 100 bis 200 Fälle erfolgreich verschwiegen hat. Fast **jeder** Täter.

Extrem irreführend und außerordentlich opferfeindlich werden nun Jahr für Jahr die Kriminalitätsstatistiken interpretiert. So erscheint im Mai 2001 die DPA Meldung[9] über die Kriminalitätsstatistik aus dem Jahr 2000. Es wird dargestellt, dass es in Deutschland „im vergangenen Jahr den seit 1993 niedrigsten Stand der Straftaten und die seit 35 Jahren höchste Aufklärungsquote gegeben hat...". Deutschland gehört laut den Bundesinnenministern zu den sichersten Ländern.

Die Darstellung des Vorsitzenden der Gewerkschaft der Polizei (wer hat wohl zuverlässigere Einblicke in das Dunkelfeld als die Polizei?), wonach die Statistik lediglich den „Hellbereich" aufzeigt, während Zahlen im Dunkelfeld **mindestens** 10 mal höher liegen, weist der Innenminister mit der Begründung zurück, dass es für solche Aussagen keine wissenschaftliche Basis gebe.

Die Aussagekraft von Kriminalstatistiken ist begrenzt und führt bei solchen Interpretationsversuchen immer wieder zur Bagatellisierung des Dunkelfeldes und somit zur Ignoranz gegenüber Opferleid und Opfererleben. Der bei der Begehung von Gewaltstraftaten eingebaute „Servo-Mechanismus der Nichtanzeige" unter Zuhilfenahme brutalster und extrem einschüchternder und lebensbedrohlicher Methoden des Opfermobbing und der Opfereinschüchterung durch die Täter kann somit weiter funktionieren, ohne dass dies die „saubere" Kriminalstatistik in irgeneiner Weise berührt ...

---

[9] Deutsche Presseagentur: Tiefstand bei Straftaten und höchste Aufklärungsquote - Erste Zusammenfassung. Berlin, 22.05.2001.

3 Gestalt von Gewalt

3.1 Definitionselemente und Tätertypen

Schon Jean Paul Sartre sagte: „Gewalt lebt davon, dass sie von den Anständigen nicht für möglich gehalten wird."
Schläger und Körperverletzer sind fast immer Menschen, die in ihrer Kindheit und Jugend sehr viele Zurückweisungen, Demütigungen und Kränkungen erfahren haben. Darüber hinaus wurde ihnen als Scheidungskindern oft die Geborgenheit der Familie und die Illusion entzogen, selbst ein „grandioser Typ" zu sein. Was sich daraus entwickelt, ist mangelhafte Selbstkontrolle, geringe Einsatzbereitschaft für gemeinsame Ziele mit anderen, erhebliche Kontaktängste, geringe Beziehungsfähigkeit und alles in allem ein sozial unsicheres Verhalten: Sie haben Angst vor Blamage und betrachten die anderen Menschen als „Schiedsrichter ihres Wertes".

Über diesen Verlust von Orientierung meint der Psychologe Frehse: „Sodann verflüchtigt sich die Bindungskraft von Verwandtschaften, Nachbarschaften und sonstigen Solidarität gewährenden Gemeinschaften. Auch Kirchen, Gewerkschaften und zuletzt die politischen Parteien klagen über schwindenden Einfluss und den Verlust ihrer integrierenden Kraft. Und nicht zuletzt ist der Wandel der Familie durch Einstrukturierungstendenzen gekennzeichnet... Die Zeiten, in denen Vaters Worte Gesetz waren, sind vorbei. Und im gesamtgesellschaftlichen Bereich nimmt der Bürger immer weniger ohne weiteres hin; selbst Gesetze werden hinterfragt. Der Bürger maßt sich an, zu allem eigene Meinungen zu entwickeln. Infolgedessen gibt es immer weniger Verbindlichkeiten, immer weniger Übereinstimmung, immer weniger Tabus und schon gar keine Heiligtümer mehr. Man spricht von der Pluralisierung der Werte und Lebensstile. Wir erleben eine Atomisierung der Kultur."[10]

Minderwertigkeitsgefühle, innere Unruhe, Angespanntheit, hohe Erregbarkeit und ein extremes Schwanken der Stimmungslage führt letztlich zu dem Bedürfnis, dieses „Scheißleben" („Keiner lobt mich, keiner nimmt mich in den Arm, keiner hält zu mir, nichts gelingt mir") durch vermeintliche Highlights und Thrill-Kicks mindestens kurzfristig vergessen zu können: Der Schläger provoziert ein unschuldiges und oft statushöheres Opfer, nimmt dessen Reaktion als Grundlage, diesen Menschen zusammenschlagen und damit physisch und psychisch beschädigen zu können. Der Schläger selbst versucht dabei, seine Mickrigkeit, seine Hilflosigkeit und die Sinnlosigkeit seines bisherigen Lebens zu kompensieren.

---

[10] Frehse, D.: Sinnvoller Umgang mit straffälligem Verhalten Jugendlicher in einer sich wandelnden Gesellschaft. In DVJJ-Journal 2/1997. S. 115 f.

3.2 Definitionsversuch: Destruktive Gewalt

Es gibt eine **gemeinsame universelle** Ideologie der Gewalttäter. Sie besteht aus Feindseligkeit und dem Drang, bei anderen Menschen Angst hervorzurufen. Aber sie ist immer Ergebnis der vorher erlebten Demontage des eigenen Ichs, wobei die Strategie des Kleinmachens und des Zerstörens anderer Menschen im Rahmen einer „stillen Übereinkunft" bei allen Tätergruppen ähnlich funktioniert.

Die Definition destruktiver Gewalt kann über 10 Elemente erfolgen:

1. **Grunddefinition**
   Destruktive zerstörerische Gewalt ist ein Verhalten, das die Gegenwehr und den Willen sowie das Selbstbestimmungsrecht des Opfers brechen will. Dies geschieht durch das Hervorrufen von Angst, von Schmerzen oder von beidem.

2. **Überlegenheitsgefühl**
   Für den Täter hat Gewalt die Funktion, sein Überlegenheitsgefühl, seinen „Machttrieb" und sein Dominanzstreben während der Tat zu befriedigen.

3. **Kompensation**
   Destruktive Gewalt ist immer eine Kompensation – also ein gefühlsmäßiger Ausgleich – zuvor erlebter und in der Täterseele „eingelagerter" Kränkungen, Herabwürdigungen, Zurückweisungen und Demütigungen des eigenen Ichs. Mit der Ausübung destruktiver Gewalt gelingt es dem Täter, die eigene Mickrigkeit „kurzfristig" zu vergessen.

4. **Körperliche Fitness**
   Die vom Täter angestrebte „kurzfristige persönliche Wiedergutmachung" für sein eigenes „Mickerleben" wird durch extreme Anstrengungen im Bereich der körperlichen Fitness begründet. Er absolviert häufig ein autodidaktisches Körpertraining mit dem Ziel, seinen Körper zu einem „Gewaltinstrument" zu trimmen. Es handelt sich für ihn um eine „Obernorm", die er oft als „Durchsetzungsfähigkeit" definiert (vgl. Hacker).[11]

5. **Opfererleben**
   Bei dem Opfer entstehen eine lebenslange Angst und ein Gefühl von Ohnmacht und Kontrollverlust. Destruktive Gewalt kann auch als „Mord an der Seele des Opfers" beschrieben werden. Im Kopf des Opfers passiert eine „Schuldumkehr": Das Opfer fragt sich immer wieder, was es selbst hätte tun können, um den willkürlich und strategisch inszenierten Übergriff des Täters doch noch abwenden zu können. Beim Opfer entsteht oft

---

[11] vgl. Hacker, M.: Männlichkeit und Gewalt. Eine empirisch-qualitative Studie bei heranwachsenden männlichen Inhaftierten. Göttingen, 1998.

ein grundlegender Zweifel an den bisher geschätzten und gelebten philosophischen Menschlichkeitsnormen (vgl. Fischer G. und Reedesser P.)[12]

6. **Einseitige Beziehung**
   In der Regel geht der Täter zum Opfer eine einseitige Beziehung aktiv ein. Er definiert eine willkürlich aufgebaute Täter-Opfer-Beziehung, wobei er die logischen Folgen für sein Handeln auf Grund seines Kompensationsstrebens weder einsehen noch annehmen kann.

7. **Legitimationsstrategien**
   Um das Hochgefühl nicht zu gefährden und die Euphorie, den Kick und den Thrill nicht abzuschwächen, entwickelt der Schläger raffinierte Legitimationsstrategien, die es für ihn und seine soziale Umwelt nachvollziehbar erscheinen lassen, warum gerade sein letztes Opfer den von ihm inszenierten Bestrafungsakt verdient hat.

8. **Öffentlichkeit**
   Zur Verstärkung seines subjektiven Hochgefühls (der kurzfristigen Identitätsaufwertung) versucht der Schläger Öffentlichkeit herzustellen. Je mehr Zuschauer, umso stärker die erlebte Machtvision und der scheinbar multiplizierbare Heldenmythos.

9. **Kontrasterlebnis**
   Je stärker der Täter das Opfer als „statushoch" bzw. überheblich, arrogant und überlegen einstuft, umso stärker ist das Kontrasterlebnis im Sinne einer der vorher erlebten Unterlegenheiten und der nun gefühlten Überlegenheit (Paternoster-Effekt).

10. **Abwehrarbeit**
    Nach dem Abflauen der Genugtuungsphase fühlt sich der Täter noch mickriger und schuldbeladener. Zur Vermeidung von Strafverfolgung muss er nun extrem viel Energie in „forensische Abwehrarbeit" und in die Reduzierung persönlicher Schuldgefühle investieren. Die dabei gebundene Energie fehlt ihm dann beim Versuch der Erhöhung seiner persönlichen und sozialen Kompetenz.

Dass Heilemann diese Themen auch für andere verständlich darstellen kann, zeigt ein Bericht im „Katholischen Sonntagsblatt": „Um Gewalt begnen zu können, muss man sie erst verstehen. Der Schläger wertet sich durch die Tat auf, er spielt Gott über das Opfer, meinte Heilemann. In jedem Täter steckt ein verletzter kleiner Junge. Körperverletzer suchen den gefühlsmäßigen Ausgleich zu ihren erfahrenen Kränkungen. Wichtig sind für sie auch die Zuschauer der Tat. Ein Schläger braucht Anerkennung. Je ranghöher im Ansehen das Opfer

---

[12] Fischer, G. und Reedesser, P.: Lehrbuch der Psycho-Traumatologie. München, 1998.

steht, desto größer ist die Befriedigung des Täters. Die Kontaktaufnahme läuft äußerst hinterlistig und voller verbaler Tricks."[13]

3.3 Klassifikation der Täter

Auf der Grundlage von Auswertungen forensisch-psychologischer Sachverständigengutachten, aber auch im Rahmen der fortlaufenden vollzugsinternen Begutachtung sind nach juristischen und phänomenologisch nachvollziehbaren Kriterien vorläufig zwei offensive und zwei defensive Typen als die vier Haupttypen bei Wiederholungsgewalttätern und Schwerstgewalttätern zu identifizieren:

1. **Schläger aus Rache (offensiver Typ):**
   Es handelt sich um einen Gewalttäter, der in sensibler und wahrnehmungsgenauer Weise Ungerechtigkeiten in seinem Leben erkennt, der insbesondere die Ausweglosigkeit bzw. die ohnmächtige Lebenssituation eines ihm nahe stehenden Menschen erlebt und stellvertretend darunter leidet. Aus dieser Situation zieht er zwei Schlüsse, die sein Leben bestimmen:

   a) Wenn mein liebster Mensch so leidet, warum sollen andere nicht genauso leiden wie er oder sogar noch stärker, denn er ist doch nicht weniger wert als all die anderen. (Stellvertreterfunktion)

   b) Ich selbst werde mich so autark, so autonom und gegen Verletzungen immun machen, dass mir kein Mensch dasselbe antun kann (Demütigungsprophylaxe).

2. **Gewalttäter zum Zwecke der Statusbalance (offensiver Typ):**
   Es handelt sich um einen Menschen, der bei sich selbst hohe Fähigkeiten in verschiedenen Ich-nahen und kulturell akzeptierten Merkmalsbereichen – körperliche Kraft, Sportlichkeit, intellektuelle Ausstattung, Cleverness, soziale bzw. sexuelle Ausstrahlung usw. – wahrnimmt, sich aber in seinem sozialen Status diesbezüglich nicht gerecht „dargestellt" fühlt. Die Herabstufung statushöherer – insbesondere männlicher – Mitmenschen erlaubt ihm ein „Auftanken" seines geringen Selbstwertgefühles zu Lasten vermeintlich „künstlich aufgewerteter Siegertypen". Die hierdurch kurzfristig geschaffene Selbstwertbalance wird nach kurzer Zeit erneut destabilisiert und muss immer wieder neu „befeuert" werden.

3. **Der aggressionsgehemmte Gewalttäter (defensiver Typ):**
   Er ist ein introvertierter, ernster, gehemmter und zurückhaltender Mensch, der über lange Jahre Kränkungen und Demütigungen in sich gesammelt

---

[13] Mayer, C.: Gesellenbrief für ehemalige Schläger. Das katholische Jugendhilfswerk in Ulm sucht Auswege aus der Jugendgewalt. In: Katholisches Sonntagsblatt vom 11. Juli 1999

hat. Auf Grund seiner nicht vorhandenen spontanen oder flexiblen Reaktionsweisen hat er „emotionale Staus" produziert, die dann in einer „zufällig" auftretenden Provokationssituation oft in einer „verschobenen" massiven Gewalttat enden. Das Opfer übernimmt Stellvertreterfunktion für die Summe der vorher erlebten Demütigungen. Bei diesem Tätertyp sind zusätzlich einengende Lebensvariablen (z. B. Strafvollzug) und enthemmende Variable wie Alkohol und Drogen besonders verhaltensbestimmend.

4. **Körperverletzer aus Konformitätsneigung (defensiver Typ):**
   Dieser Gewalttäter ist ein sozial isolierter, einsamer, oft sprachloser Mensch, der meist mit einer sehr geringen sozialen Kompetenz und insbesondere mit einer verminderten Erstkontaktbefähigung ausgestattet ist. Er versucht, sich krampfhaft einer Gruppe anzuschließen und sich entsprechend „einzukaufen". In dieser Gruppe vollzieht er Handlangerdienste für den Gruppenführer bzw. den Meinungsführer, um dessen Gunst zu gewinnen und sich so als „Werkzeug" in recht exklusiver Weise eine Gruppenfunktion zu sichern. Letztlich hat dieser Gewalttäter überhaupt keinen Bezug zum Opfer oder zur Tatsituation, denn seine persönlichen und individuellen Ziele liegen fast ausschließlich in einem starken Zugehörigkeitswunsch zur auserwählten Bezugsgruppe begründet. Im Nachhinein muss dieser Täter seine schlimme Gewalttat gegenüber dem zufällig ausgewählten Opfer legitimieren. Dazu ordnet er dem Opfer willkürlich „schlechte Merkmale" zu, um eine „post-ex-facto" Handlungsmotivation zu begründen.

Die oben beschriebenen vier Tätertypen werden im Folgenden in einem Vier-Felder-Schema unter Berücksichtigung der Variablen „für sich handelnd" und „stellvertretend (für andere) handelnd" dargestellt:

Täterklassifikation im 4-Felder-Schema

	für sich handelnd	stellvertretend (für andere) handelnd
Offensiver Tätertyp	(2) Gewalttäter zum Zwecke der Statusbalance	(1) Schläger aus Rache
Defensiver Tätertyp	(3) der aggressionsgehemmte Gewalttäter	(4) Körperverletzter aus Konformitätsneigung

Die Psychologen Ingo Kretschmer und Barbara Würkert verwenden in diesem Zusammenhang auch den Begriff „Leitkonflikt": „Von einem Leitkonflikt sprechen wir, wenn zwei Kriterien erfüllt sind:

1. Muss der Inhalt des Konflikts eine subjektiv besonders starke oder die stärkste Belastung für die von der Aggressivität betroffene Person darstellen.
2. Müssten die identifizierten Aggressoren selber bestätigen, dass die Entdeckung und Bearbeitung genau dieser Thematik die Wende bzw. die größte Veränderung in den Lösungsversuchen bringt.

Am häufigsten finden wir Entwicklungskonflikte, sie machen 35 Prozent aller Leitkonflikte aus. Als Entwicklungskonflikt verstehen wir einen deutlichen Widerspruch zwischen den realmöglichen Entwicklungsschritten und den aufgestellten Entwicklungszielen.

Mit 31 Prozent sind Platzkonflikte ebenfalls besonders weit verbreitet. Die Platzfragen beinhalten ein fundamentales Bedürfnis. Habe ich einen eigenen Platz in dieser Welt? Wie sieht mein Platz aus – kann ich ihn gestalten oder wird er von anderen bestimmt? Ist mein Platz sicher? Platzkonflikte beunruhigen und lösen tiefe Ängste aus.

Jeder fünfte Leitkonflikt erweist sich als Methodenproblem. Die Aggressionen sind dann am deutlichsten als Hinweise auf falsche Vorgehensweise der Fachleute und Angehörigen zu verstehen. Immer noch gut zehn Prozent der schweren Aggressionsprobleme beinhalten Achtungskonflikte: Werde ich in meiner Person geachtet und anerkannt? Oder gibt mir jemand zu verstehen, dass ich nicht richtig ticke, also ein Schmarotzer oder ein Simulant o. Ä.. bin? Aggressive Energie wird schnell stimuliert, wenn man von anderen zu einer Person gemacht wird, die man nicht sein will und die man auch nicht ist."[14]

3.4 Die Wiedergutmachungsforderung

Fehlende Anerkennung und fehlende Geborgenheit können zur Folge haben, dass die Bereitschaft zum Schlagen entsteht, Bereitschaft, andere Menschen herabzuwerten mit dem Ziel, momentane Wiedergutmachung zu erhalten. Der Schläger fühlt sich vom Leben verraten und will nun, um für sich individuelle Wiedergutmachung zu erreichen, anderen das Leben vermiesen. Ein Mensch, der glaubt, er habe ein Recht auf Wiedergutmachung durch andere und gleichzeitig auf Grund seiner körperlichen Stärke und einer gewissen Brutalität die

---

[14] Kretschmer, I. und Würkert, B.: Aggression und Rehabilitation. Report Psychologie 12/2000. S. 738 f.

Anlagen zum Schlagen in sich trägt, der kann zum Schläger werden.[15] (vgl: 32/45/46).

Die Gründe, die sich ein Schläger zu Eigen macht, um Wiedergutmachung für sein bisheriges Leben zu fordern, können umfangreich sein. Bei den folgenden Gründen handelt es sich um Variablen, von denen mindestens eine, häufig allerdings mehrere oder gar alle im Leben eines Schlägers vorherrschen. Der Schläger fordert Wiedergutmachung:

1. **Für Einengung**
   Er hat strenge Eltern, die viele (sinnlose) Verbote und Einschränkungen aussprechen. Die Eltern sehen sich nicht als „Coach" des kleinen Jungen, ihres Sohnes, dessen Stärken sie zu fördern haben und über dessen Entwicklung sie sich freuen sollten. Im Gegenteil: Sie verhindern Größe und Einzigartigkeit und schränken seine Entwicklungsmöglichkeiten ein. Der kleine Junge muss vieles heimlich tun, setzt sich frühzeitig ab und geht dann seine eigenen Wege.

2. **Für Mutter- oder Vaterverlust**
   Das Schicksal hat (seltener) die Mutter oder (meistens) den Vater aus dem Leben des Kindes herausgedrückt – und das schon in der frühesten Kindheit. Dem kleinen Jungen wird damit die Möglichkeit zur Identifikation mit dem gleichgeschlechtlichen Elternteil genommen. Wechselnde Stiefväter schleichen sich in das Leben des kleinen Jungen ein. Nur übernehmen sie häufig den Part des Konkurrenten im Wettbewerb um die Liebe der Mutter/Partnerin, die nur einen geringen Teil ihrer Zuneigung und Aufmerksamkeit für den kleinen Jungen übrig hat.

3. **Für zu wenig Liebe von den Eltern**
   Er wird viel weniger gestreichelt, in den Arm genommen und gelobt als andere Kinder. Zuwendung und Liebe muss er sich häufig selbst „abholen".

4. **Für fehlende Anerkennung durch geistig überlegene Mitschüler**
   Anerkennung in der Schule bekommt er höchstens von den anderen (Schul-)Versagern. Von diesen wird er akzeptiert. Die „Hochleister" sehen auf ihn herab und grenzen ihn aus.

5. **Für zu wenig Rückendeckung**
   Bedingungslose und vorbehaltlose Liebe durch die Eltern hat er nie erhalten. Was „die Leute" (z.B. Lehrer, Polizei, Nachbarn) sagen, ist wichtiger

---

[15] Heilemann, M.: Jedes Kind ist großartig. In: Ischilies, R. Vom knallharten Schläger zum Beschützer, Berliner Zeitung 4. August 1998. Höhn, S. u.a.: Die Entstehung, Wahrnehmung und Reaktion auf Gewalt. Hausarbeit, Hildesheim 1997. Kleine, B.: Gewalt an Schulen. Was können wir dagegen tun? In: „Mein Morgen" RTL, 12 Oktober 1999.

als das, was er selbst mitzuteilen hat. Die Eltern glauben ihm nicht und schenken ihm kein Vertrauen.

6. **Für weniger Status als bei anderen Familien**
Seine Familie hat weniger Geld als andere Familien, moderne Klamotten wie statuserhöhende Markenkleidung kann er sich nicht leisten. Voller Neid erlebt er seine Mitschüler, die in teuren Autos zur Schule gefahren werden, die in schönen Häusern wohnen, die regelmäßig in Urlaub fahren.

7. **Für Abwertung wegen seiner Nationalität**
Insbesondere im Schulbereich, aber auch in anderen sozialen Kontexten erlebt er Abwertung und Ausgrenzung wegen seiner Nationalität („Ausländerfeindlichkeit", aber auch im umgekehrten Sinne „Inländerfeindlichkeit").

8. **Für die Ausgrenzung durch statushöhere Mädchen**
Er wird von schulisch erfolgreichen, hübschen, angesehenen Mädchen, die nur Jungs aus ihrer Schicht akzeptieren, ausgegrenzt. Diese Mädchen sehen allerdings nicht nur auf ihn, den Schläger, herab, sondern auch auf die Mädchen, die er in seinem Kreis vorfindet, die in seinem sozialen Umfeld leben. Typisch ist die Abwertung dieser Mädchen von den statushöheren als „blöde Schlampen".

9. **Für den eigenen Opferstatus**
Er selbst wird von den Eltern oder auch von größeren Kindern, teilweise auch von älteren Geschwistern bereits in früher Kindheit geohrfeigt und nicht selten sogar mit Gegenständen geschlagen. Häufig wird er täglich durch Schläge gekränkt und gedemütigt.

R. Eckert sieht eine der Quellen der Gewalt in den Selektionsprozessen des Bildungssystems und des Arbeitsmarktes: „Wo die Mehrzahl der Schülerinnen und Schüler sich auf weiterführende Schulen begibt, wird die Hauptschule an manchen Standorten zur Einrichtungen für die Erfolglosen, in der sich Jugendliche aus problembeladenen Familien sammeln. Nachwachs-Yuppies und No-Future-Punks entstammen dem gleichen Selektionsprozess. Ein hochselektives Schulsystem und ein ebenfalls hochselektiver Arbeitsmarkt erzeugen systematisch nicht nur Frustration, die insbesondere dann, wenn sie als nicht gerecht empfunden wird, zu erhöhter Aggressivität führen."[16]

3.5 Feigheitspaket

Der Täter wertet sich vor sich selbst und vor seinen Freunden auf, indem er sich als Verteidiger der Gerechtigkeit präsentiert. Er stellt sich als ein Typ dar, der

---

[16] Eckert, R.: Gewalt unter Jugendlichen: Probleme und Interventionschancen. In: DVJJ-Journal 2/1997. S. 113

allein oder in Unterzahl hinterhältige Angreifer zurückschlagen musste oder sich für seine Freunde stark gemacht hat, weil diese willkürlich angegriffen wurden. Die **Tatsachenverdrehung** als Grundlage der Legitimationsstrategie des Täters ist in dessen Bewusstsein so stark verankert, dass er „selbst daran glaubt". Anti-Gewalt-TrainerInnen müssen als Erstes das „typische Feigheitspaket" des Täters erkennen und es ihm vorhalten. Erst wenn der Täter seine mickrige Aufwertungsidee selbst erkennt, hat er eine Chance, sich von seinem an sich feigen Verhalten zu distanzieren. In jedem Fall müssen die „Aufdecker" in fester, konsequenter, ja sogar penetranter Form der extremen Tendenz des Täters zur Wirklichkeitsverkehrung lauthals und öffentlich widersprechen. Die Feigheit des Täters muss vom Trainer an die Öffentlichkeit gezerrt werden: Immer und immer wieder... Wie sieht die Verdrehung des Täters aus? Er tut so, als besitze er die Eigenschaften oder nehme die Position des Opfers ein (rechte Spalte) – in Wirklichkeit hat er meistens zwei oder mehr der „Vorteile" (linke Spalte) auf seiner Seite.

Feigheitspaket

	Täter		Opfer
1.	Heimtücke	↔	Arglosigkeit
2.	Mehrere	↔	Einer
3.	Ältere	↔	Jüngerer
4.	Bewaffnete	↔	Unbewaffneter
5.	Gewalterprobte	↔	Gewaltmeidende
6. ...		↔	...

Bernd P. (18 Jahre) schildert in einer AAT-Sitzung seine persönliche Gewalterfahrung – vis-à-vis mit „seinem" Täter: „Ich wollte mit meinem Freund zum Fasching. Wir hatten die Kostüme noch in der Plastiktüte. Wir wollten uns auf dem Männerklo in Osterode umziehen. Es war ca. 18 Uhr und um 20 Uhr sollte die Fete losgehen. Als wir in das Klo reingingen, sahen wir einen Typen, der uns nach Zigaretten fragte. Es war ein Ausländer und wir hätten ihm eine Zigarette gegeben, wenn wir Zigaretten gehabt hätten. Wir sind aber nicht so reich. Plötzlich hat er zugeschlagen und geschrieen: Ich hau euch auf die Fresse, ihr schwulen Schweine. Er hat mich mit dem Kopf immer wieder in das Pissoir hineingestaucht. Ich habe laut geschrieen, ich habe gehofft, dass jemand kommt. Aber es kam keiner. Ich weiß gar nicht, wo mein Freund abgeblieben ist, aber ich glaube, der wurde auch geschlagen. Der Typ hatte noch einen Kumpel dabei. Sie haben dann gesagt: Wenn ihr was sagt, seid ihr tot. Ich habe mir dann Vorwürfe gemacht, dass ich mich mit meinem Kostüm überhaupt dort umziehen wollte. Vielleicht hätte ich lieber zu Hause bleiben sollen, denn was sollen Behinderte überhaupt auf einem Faschingsfest ...?"

3.6 Legitimationsstrategien

Der Schläger verhält sich als „entschuldigender Versager", der über zumindest fünf verschiedene Legitimationsstrategien verfügt:

3.6.1 Ablehnung der Verantwortung

Der Schläger lehnt die Verantwortung für seine Straftat ab. Er definiert sich als Typ, der hilflos in die Situation hineingetrieben wurde, z.b. als Opfer widriger sozialer Umstände. Nicht er ist Verursacher seiner Gewaltanwendung, sondern er ist derjenige, der sich einer „Unbill erwehren" muss.

3.6.2 Verneinung des Unrechts

Der Täter verneint das von ihm begangene Unrecht durch sprachliche Bagatellisierung: Anstatt von Autodiebstahl spricht er von „borgen"; anstatt von Vergewaltigung spricht er von „begehren"; anstatt von Körperverletzung spricht er von „Platz zuweisen". Durch semantische Umdeutungen versucht er das Schuldausmaß, das Ausmaß seiner Verursachung und seinen Schuldumfang für sich gut zu rechnen.

3.6.3 Ablehnung des Opfers

Der Delinquent lehnt das Opfer innerlich zutiefst ab. Er weist dem Opfer eine Position als „Unperson" zu und maßt sich das Recht an, den Wert eines anderen Menschen festlegen zu dürfen. Das Unrecht, das er der anderen Person zufügt, hat diese auf Grund ihrer „Wertlosigkeit" auch „verdient".

3.6.4 Verdammung der Verdammer

Der Täter attackiert natürlich auch die „Aufdecker seiner Missetaten". Den Strafermittlungsbehörden (Polizei, Staatsanwaltschaft, Gericht), aber auch Sozialtrainern (Sozialarbeiter und Psychologen) wirft er eine „untreue Haltung" vor. Kritiker seiner Tat greift er verbal an, um von der negativen Tendenz seines Zerstörungsverhaltens abzulenken. Feindseligkeit und die Menschen verachtende Grundhaltung, die er gegenüber dem Opfer entwickelt, überträgt er sekundär auf die Strafverfolger und ihr Umfeld (Opferlobby). Eine typische Aussage ist: „Sie haben mein Vertrauen verloren. Sie sind nicht mehr mein Psychologe. Sie halten zur anderen Seite. Sie glauben mir sowieso nicht. Ich brauche mich um ihre Gunst gar nicht zu bemühen. Sie können ‚in Arsch' gehen."

3.6.5 Loyalität zum „Ganzen"

Der Täter rechtfertigt seine Zerstörungshandlung unter Rückgriff auf „höhere Instanzen". Er thematisiert dabei das Dilemma zwischen subjektiv erlebter Freundschafts- und Treueverpflichtung auf der einen Seite und Gesetzesansprüchen auf der anderen Seite. Seine Übergriffe legitimiert er mit einem angeblichen Loyalitätsanspruch, den seine Gruppe/Institution von ihm erwarten bzw. einklagen darf, weshalb er keine akzeptable Alternative bei einer Körperverletzung bzw. einer aggressiven Zerstörung des anderen gehabt haben will.

Die Legitimationsstrategien funktionieren in zwei Richtungen:

1. Persönliches (subjektives) Freisprechen von Schuld und damit Gewissensentlastung.
2. Entschuldigungsstrategien im sozial-gesetzlichen Rahmen zur Reduzierung negativer Konsequenzen (Verurteilung, Strafzumessung usw.).

Der Gewalttäter ist oft ein Meister der Rhetorik, der im Stile eines Akquisiteurs von Mitstreitern gleichgesellschaftliche Verteidiger rekrutiert und so seine „Schuldlosigkeit" als perfektes Produkt verkauft.

3.7 Treueverpflichtung des Gewalttäters

Gewalttäter sind häufig junge Männer, die „vaterlos" oder mit starken Vermittlungsdefiziten bei der Entwicklung ihrer Rolle als Mann aufgewachsen sind. Dies gilt sowohl hinsichtlich der konkreten Verfügbarkeit und Anwesenheit der männlichen Vorbilder, aber auch hinsichtlich der Differenziertheit der ihnen vorgelebten männlichen Rolle – **Lernen am Modell ohne Modell.**
Erschwerend wirkt sich die mangelnde Modell-Verfügbarkeit des gleichgeschlechtlichen Vorbildes auch durch dessen schicht- und geschlechtsbezogene Grundhaltung, die Lebensphilosophie, für den Konsumenten, hier das männliche Kind, aus: Körperliche Nähe, wortreiche Erklärungen und Diskussionen – und damit auch die Vermittlung von Chancen durch verbale Interaktion – oder auch ein auf Vertrauen aufbauendes, nachgiebiges (weiches) Verhalten gegenüber dem kleinen Mann oder Stiefkind werden in dieser **Schicht** meist nicht als opportun angesehen. Im Gegenteil: Eine klare, scheinbar konsequente, oft barsche, nicht selten abweisende und wenig auf Zärtlichkeit und Nähe orientierte Grundverhaltensweise rückt ins Zentrum der Rollenwahrnehmung des kleinen Jungen, der später Gewalt als Kompensationsmittel benutzt.

In diesen kompensatorischen Gewalttaten drückt sich später häufig eine normative Bindung an diese früh vermittelten „Werte" aus: Auch der Täter redet wenig, auch der Täter fühlt sich schnell in seiner Ehre verletzt, auch der Täter hat keine „Zeit und Lust" auf körperliche Nähe, sondern sucht lieber Distanz und „Ehrerbietung" (schubst das Opfer weg und möchte, dass es - unten liegend - zu ihm hoch schaut). Verhaltenstherapeutische oder sozialtherapeutische Bemühungen, die derartige „Grundhaltungen" ändern sollen, werden von diesem Tätertypus oft erfolgreich abgeblockt, weil er ein Nachgeben als Verrat an seiner „Schicht" bzw. an ihren männlichen Vertretern betrachtet. Diese subjektiv wahrgenommene Treuepflicht und die entsprechenden Kräfte des Beharrens führen letztlich zur „Angst vor Veränderung" aus „Angst vor Verrat". Auch das Angebot, mittelschichtgerechte Verhaltensweisen und Optionsweisen zu erlernen, um dann **später** entscheiden zu können, ob man sie manchmal und je nach gesellschaftlichem Kontext einsetzt oder auch nicht, wirkt angesichts dieser Kriterien immer noch bedrohlich. Im Hintergrund steht auch folgende Erwartung: „Wenn ich nach Hause komme und an meiner Imbissbude oder an der Bushaltestelle erzähle, was ich hier von euch gelernt habe, wird mich keiner verstehen: Sie werden glauben, ich bin vollkommen abgedreht."

Die hier behauptete „schichtspezifische Bindung" an glorifizierte Männlichkeitsnormen – Leitbild: „Der einsame Wolf", der sich selbst genug ist und seine Probleme allein löst – erklärt möglicherweise auch unterschiedliche Gewaltmodalitäten von Gewalttätern je nachdem, ob sie eher aus der Unter- oder Mittelschicht stammen. Dieser Erklärungsversuch könnte auch zu einer strukturellen Differenzierung der „Gewaltantworten" des „Diskoschlägers" einerseits und der Amokschützen, in „Littleton" oder „Bad Reichenhall" andererseits führen. Einerseits wird eine direkt und unmittelbar angewandte körperliche Gewalt und andererseits eine indirekte, „maschinengestützte" Gewalt bevorzugt. Tabelle 7 soll diesen Sachverhalt verdeutlichen.

Unabhängig von der Schichtzugehörigkeit scheinen die unterschiedlichen Tätertypen unter einer Persönlichkeitsstörung zu leiden: „Persönlichkeitsgestörte Menschen stehen nun in mehrerlei Hinsicht außerhalb der Möglichkeiten, die Grundbedürfnisse in der Unterschiedlichkeit ihrer Funktionalität für persönliches und zwischenmenschliches Handeln zu aktivieren und zu nutzen. Entweder brauchen sie andere Menschen, weil sie von deren Zuneigung, Zustimmung oder Unterstützung abhängig sind. Oder es mangelt ihnen an sozialer Bezogenheit, weil sie engstirnig und egoistisch eigene oder allgemeine Interessen und Ziele anstellen und durchzusetzen versuchen oder weil sie sich von der sozialen Gemeinschaft isolieren."[17]

---

[17] Fiedler, P.: Differenzielle Indikation und differenzielle Psychotherapie bei Persönlichkeitsstörungen. In: Saß, H. und Herpertz, S.: Psychotherapie von Persönlichkeitsstörungen. Stuttgart, 1999. S. 67

Tabelle 7
Gewaltmodalität in Abhängigkeit von schichtspezifischer Herkunft und Erfahrungen in der Primärsozialisation

		Schichtbezug	
		Untere Schicht	Mittlere Schicht
Spezifische Erfahrungen in der Primärsozialisation	Ausgrenzung	GEWALT A: Unmittelbar körperlich R : Begrenzt F: Häufig	Zusätzliches Bemühen
	Falsche Fährte	Abwinken, Abbrechen	GEWALT A: Mittelbar (waffen-unterstützt) R: Extensiv F: Selten

A: Art der Gewalt; R: Reichweite der Gewalt, F: Frequenz der Gewalt

Gewaltexzesse von mittelschichtorientierten, introvertierten „milchgesichtigen" und körperlich eher schwachen Extremtätern wie den oben genannten Amokschützen lassen sich in diesem Zusammenhang wie folgt ableiten: Der junge Mann wird in einer eher kopfgeleiteten mittelschichtorientierten Sozialisation nicht auf die „harte Außenwelt" der Straße vorbereitet. Sein Körpertraining umfasst in der Schule maximal zwei Stunden – das kognitive Training, das er als angepasster Junge, der den Elternerwartungen entsprechen will, ernst nimmt, umfasst hingegen ca. 24 Schulstunden pro Woche. Auch bei der Vermittlung von Werten, Normen und konkreten Vorbildern wird die körperliche Wehrfähigkeit – Verteidigung seines Ein-Meter-Abstands, um seine Identität, sein Ich und seine Ehre vor Übergriffen schützen zu können – nicht als Trainingsgut oder als Kompetenzmaßstab gelehrt. Dem Mittelschichtjungen wird als Norm vermittelt, dass er dann, wenn er gut lernt, zu den Lehrern freundlich ist und die Erwartungen der Erwachsenenwelt bedient, schon auf der richtigen Fährte sei. Die Realität aber ist kontrastreich: Angst auf dem Schulweg, Angst während der Schulpausen, Angst auf dem Heimweg von der Schule und Verdrängung von der eigenen Straßenseite, „Hausverbot im Jugendfreizeitheim" und „Platzzuweisung in der Diskothek" durch stärkere, aber eher wenig „gebildete" Gleichaltrige. All das führt zu extremer Dissonanz, zu Unverständnis, zu Hilflosigkeit, zu Resignation und letztlich zu kompensativen Phantasiebildern und Gewaltvisionen. Die Enttäuschung über die „Fehleinstellung" durch die Menschen, denen vertraut wurde, den Eltern, Lehrern, „aufgeklärten Erwachsenen", kann zu einem inneren Rückzug und zu einer erst symbolischen und dann immer konkreter werdenden Ausrüstung mit Instrumentarien führen, mit denen diese Hilflosigkeit kompensiert werden soll. Konkrete Auslöser für entsprechende „Gewaltüberprungshandlungen" liegen dann häufig in zusätzlichen Alltagsproblemen, z.B. eine subjektiv wahrgenommene Gefahr der Elternscheidung durch vermehrten Elternstreit. Die Grundlage **dieser** Gewaltform besteht in den allgemeinen Mittelschichtwerten wie „hohe Frustrationstoleranz", „Fähigkeit zum Bedürfnisaufschub" oder auch „Präferenz für symbolische Lösungen".

Die angesprochenen Gründe für jugendliche Extremgewalt mit Ausnahmecharakter – etwa der waffengestützte Amoklauf) dieser Mittelschicht-Kids könnten wie folgt aufgelistet werden:

1. **Zu geringe Unterstützungslinien und Interventionsbereitschaft der zugeordneten Erwachsenenwelt**
   Die von den Mittelschicht-Jugendlichen erlebte und durchlittene Gewalt wird von den zuständigen Erwachsenen, den Eltern und Lehrern, geleugnet. Sie sehen weg. Gewalt, Kränkungserfahrungen, Demütigungserlebnisse und Unterwerfungsrituale, die ihnen „auf der Straße" abverlangt werden, werden nicht thematisiert. Die Kränkung der Kinder bleibt Angelegenheit der Kinder. Es wird argumentiert: „Wir mussten uns früher auch durchsetzen. Stell´ dich nicht so an. Geh´ der Sache aus dem Weg oder kläre das durch ‚Respekt verschaffen'. Du bist doch schlau genug, um deine Konflikte selbst zu managen." Die Interventionsabstinenz der mittelschichtorientierten und nicht selten akademisch gebildeten Erwachsenen hängt auch mit der eigenen „Unkörperlichkeit" zusammen: Dieser Erwachsenentypus weigert sich wahrzunehmen, dass die Körpernorm langsam die „Intellektnorm" überflügelt und dass zumindest im subjektiven Erleben ihrer Kinder ein Wechsel des „Machtparadigmas" stattgefunden hat.

2. **Vorbildfunktion der Erwachsenen durch eigene symbolische und manchmal auch direkte Gewaltbereitschaft**
   Die Erwachsenen verbalisieren Friedensnormen und Gewaltfreiheit – in Wirklichkeit aber verhalten sie sich wie Hechte im Karpfenteich: Sie mobben ihre Mitarbeiter, sie bedrohen ihre Ehefrau, sie setzen sich für die Wehrhaftigkeit des Staates im Inneren durch Polizei und Bundesgrenzschutz und im Äußeren durch die Armee ein und plädieren für eine ständige kriegerische Einsatzbereitschaft. Sie entwickeln am Mittagstisch Strategien, wie sie durch Hinterlist und Gemeinheit ihre eigene Karriere beflügeln oder wie vermeintlich böswillige Lehrer „ausgetrickst" werden können.

3. **Die Glorifizierung von Kriegsspielzeug und Kriegswaffen**
   Die mittelschichtorientierten Erwachsenen wollen keinen Krieg in ihrer unmittelbaren Umgebung, aber sie kaufen oder verkaufen virtuelle Kriegsmodelle – die Zahl der Gewalt verherrlichender Videospiele ist Legion –, umgehen auf höchster Ebene das Kriegswaffenkontrollgesetz und scheuen sich nicht, Vernichtungswaffen oder „Vernichtungszubehör" mit Gewinn zu exportieren.

4. **Zu wenig direkte persönliche Anstrengungsbereitschaft**
Die Idee der „Machbarkeit von außen" – die gesellschaftliche Norm der Arbeitsteilung nach dem Motto: „Wir holen uns einen Rechtsanwalt und regeln das" – steht stellvertretend für eine geringer werdende und erheblich reduzierte Bereitschaft für eine „Machbarkeit von innen". Sich in den eigenen Schweiß zu verlieben, gerne einen Weg mehr zu machen, um sich dabei noch einmal zu trainieren, sich bewusst und „künstlich" anzustrengen und nicht davon auszugehen, dass der Erfolgreiche cleverer ist, weil er sich weniger anstrengt, wäre hier die Maxime. Die Fehlideologie lautet also: Du musst nichts können, du musst nur jemanden kennen, der es kann. Und: du musst erreichen, dass er dir sein Können leiht oder schenkt. Das Gegenteil wäre der „Mönch", der sagt: Ihr könnt mir meine Kutte und meinen Wanderstab wegnehmen – nicht aber meine Fähigkeit zum logischen Denken und zum Kampfsport. Dieses ist Kompetenz in mir – diese Kompetenz habe ich über Jahrzehnte aufgebaut. Sie bleibt in mir erhalten, solange meine Lebenszeit andauert.

5. **Verringerte Körperkultur und Verteidigungskultur**
Die Schule bietet 26 Stunden Kopfunterricht und zwei Stunden Körperunterricht an – die Fähigkeit, den Ein-Meter-Abstand zum Schutz meiner eigenen Identität und meines Ichs verteidigen zu können, wird nicht gelehrt. Im Rahmen des technisierten Zeitalters gibt es kein Curriculum für Körperwachstum, für Beweglichkeit, für Körperwahrnehmung oder gar für Körperverteidigung. Diese Aufgaben werden „externalisiert" – es wird nicht gesagt: Verteidigungsbereitschaft ist Grundlage von Lernbereitschaft, denn Angstfreiheit ist Grundlage von Konzentration. Es wird nicht gesagt: Wer viel Körperarbeit leistet, stärkt auch seinen Intellekt und sein IQ-Wachstum. Und es wird nicht gesagt: Wer in der Schule Ausdauersport betreibt, steigert auch seine Lernfähigkeit.

6. **Geringe Gruppenzugehörigkeit und Solidarität**
Die Zugehörigkeit zu echten Gruppen beim Kinderspiel auf der Straße wird durch virtuelle Gruppen, die symbolische Zugehörigkeit zu bestimmten „Kasten", ersetzt. Es gibt keinen wahren Ansprechpartner, der dem Kind helfen kann, wenn es in Not ist. Der kleine Mann hat eben nicht gelernt, Vertrauen aufzubauen und über seine Ängste zu berichten. Und er kann nicht seinen „großen Bruder" holen, der ihm in der Gefahr wirklich beisteht.

7. **Fehlende Offenheit der Elterngeneration**
Das schwache Moment des Vaters, die Hilflosigkeit der Mutter und ihre manchmal aufkeimende Verzweiflung werden den Kindern nicht zurückgemeldet. Zugehörigkeitswünsche, Größenwünsche, Geborgenheitswünsche werden eher als Schwäche codiert und der eigenen „Brut" nicht offenbart. Destruktive Anteile wie der Wunsch nach Ausgrenzung, Neidgefühle,

Überhöhungs- und Überholungswünsche werden ebenfalls zurückgehalten. Auf dieser Grundlage fehlender Offenheit ist die Entwicklung einer „durchlässigen Persönlichkeit" schwerlich möglich.

Fazit: Symbolisierte, generalisierte und automatisierte Gewalt ist die Antwort der gekränkten Mittelschicht-Kids auf den „Bodenkrieg" der dort überlegenen Unterschicht-Kids. Die angestrebte „Lufthoheit" durch Anhäufung virtueller, automatisierter und generalisierter Zerstörungspotenziale ist die Antwort auf den „Machtüberhang", der durch täglichen Kampfsport und das Überlebenstraining auf der Straße geschulten Unterschicht-Jungs. Die persönliche, unmittelbare, körperliche Zerstörung des Gegenübers wird erst mit fassungsloser Hilflosigkeit betrachtet – dann mit übertriebenem Generalvernichtungswunsch beantwortet. Gekränkte Kids mit entsprechendem Kontrollverlust suchen sich in der Folge künstliche Ankerpunkte für ihren Gegenschlag. Künstliche Feindbilder werden aufgebaut. Ausgrenzung und Mobbing des äußerlich Anderen gilt als Handlungs- und Legitimationsgrundlage, um diesen jetzt zerstören zu dürfen. Das zufällige Anankern von Zerstörungsgründen ist ein Kunstgebilde, das für alle radikalen Gruppierungen, ob Rechte oder Linke, in gleicher Weise als Ordnungsprinzip gilt. Die Legitimation der eigenen Zerstörungswünsche breitet sich immer im Unterstützungsanspruch durch und für die „Gleichgesinnten" und gleichermaßen Frustrierten aus. Letztlich wird in allen Gruppen unabhängig von der Schichtzugehörigkeit die stille Übereinkunft für den selbst formulierten Auftrag der Zerstörung des angeblich bedrohlichen Gegenübers gesucht und gefunden.

Die Treue zu den früh erlernten Schichtmustern ist also in der Hauptsache erklärungsrelevant für die **Wahl der Gewaltform**. Um die Wahl der Gewaltart, der Reichweite der Gewalt und der Frequenz der Gewalt varianzanalytisch umfassend zu erklären, müssen sicherlich auch Zusatzvariablen – wie sie in der öffentlichen Diskussion kursieren – mit berücksichtigt werden: Das Absenken der allgemeinen Gewaltschwelle durch Horrorfilme oder brutalisierende Videospiele verursacht ein radikalisierendes Lernen am Modell und/oder sorgt bei zu leichtem Zugang zu Schusswaffen/Sportwaffen für die Realisierung von Gewaltphantasien.

In jedem Fall ist die Berücksichtigung der jahrelang entstandenen Identitäts-Dissonanz des Jugendlichen **immer** die psychodynamische **Grundlage** für die Erklärung faschistoider, Menschen verachtender, grundlegend feindseliger und andere Menschen zerstörender Gewaltbereitschaft.

4 Sinn-Bestimmung

4.1 Was will der Mensch?

Die Philosophie versucht in der jeweiligen Zeit-Epoche, die für sie wichtigen Fragen zu stellen. Die Fragen beziehen sich auf die Fakten und deren Sinn. Wonach strebt der Mensch nach Holocaust und Atombombe im gegenwärtigen Zeitalter der Gentechnik? Geht es noch um Glück, Zufriedenheit, Selbstachtung und Selbstwert im Spiel der Global Player? Wie viel Freiheit, Recht und Unabhängigkeit bleiben nach Ideologieverlust in der globalisierten Demokratie? Politik und Religion geraten ins Hintertreffen, werden überrannt von Gen-, Medien- und Informationstechnologie. Dem Menschen in der Informationsgesellschaft stellen sich neue Hürden, erkennt er sie?

Die Sinnfindung funktioniert nicht mehr über die Moraltheologie. Technik und Forschung fragen nicht nach Sinn. Auch nicht nach Gut und Böse. Die Informationsgesellschaft bringt neue Schichten hervor – diejenigen, die mitspielen wollen, die mitspielen können und die sich verweigern. Es geht immer weniger darum, was gut und sinnvoll ist, sondern ausschließlich darum, was machbar ist.

Die zentrale Botschaft der Philosophie lautet: Der Mensch hat das Recht auf Wahl der Werte, Wahl der Ziele und auf die Wahl der Umsetzungsmodalitäten. Doch er hat kaum die Wahl, dies ohne andere zu tun. Die Forderung: „Handele bewusst und meide Extreme."[18] Am Ende sagen die Philosophen jedoch immer: Worin ein Mensch den Sinn und das Glück finden soll und wird, kann niemand, noch nicht einmal er selbst, endgültig beschreiben. Nur dadurch erhält er die Chance, sich selbst vom Leben überraschen zu lassen und die Spannung während des gesamten Spieles er-leben zu dürfen.

Zusammengefasst lautet das Credo der „aktuellen" deutschen Philosophen: Sinn ist für jeden das, was er sich im Geheimen wünscht. Um die Einzelheiten und um das Gelingen im Alltag muss sich allerdings jeder selbst kümmern!

Das **Menschenbild** und die „zentralen lebensphilosophischen Annahmen" der vorzustellenden wachstumsorientierten Therapiemaßnahme für Gewalttäter (AAT) basiert auf Grundannahmen der humanistischen Bewegung: Abnormes oder schädliches Verhalten entsteht, wenn die freie Entfaltung der individuellen Entwicklung blockiert wird.

Die humanistische Psychologie (vgl. P.G. Zimbardo)[19] geht davon aus, dass jeder Mensch nach persönlicher Vervollkommnung strebt. Sein Ziel ist das einer „guten Gestalt", also eine ihn mit Stolz erfüllende Persönlichkeit oder ein

---

[18] vgl. Schmidt und Gadamer: Der Spiegel vom 22. März 1999
[19] vgl. Zimbardo, P.G.: Psychologie. Berlin u.a., 1983. S. 570 ff

Ich, auf das er mit Freude schaut. Das erreicht er nur durch die Bewältigung immer wieder leidvoller Erfahrungen wie z.b. die Ablösung vom Elternhaus. Das Annehmen, das Verarbeiten und letztlich das Integrieren der entsprechenden Ergebnisse in das „gereifte Ich" machen ihn autonom und glücklich. Unbewältigte Aufgaben und das Gefühl, dass er nicht selbstverantwortlich handeln kann oder ihm Mittel und Wege fehlen oder die Behinderung von außen zu groß ist, definieren eine abhängige Persönlichkeit und einen Opferstatus (Selbstmitleid). Diese Tendenz zur Selbstverwirklichung realisiert sich also immer aus einem persönlichen Abgleich zwischen dem, was ich von mir halte, dem Selbstkonzept, und dem, was ich über mich erfahre, den Rückmeldungen von anderen oder das tatsächliche Bewältigen von Sachaufgaben. Nur wenn Übereinstimmung zwischen meiner Selbsterwartung und meinem „tatsächlichen Ergebnis" vorhanden ist, kommt es durch diese Balance zu innerem **Weiter**-Wachstum. Ansonsten entsteht Rigidität (Starrsinn), Defensivität (Ängstlichkeit) und Realitätsverlust bzw. Realitätsverleugnung: verzerrte Wahrnehmungen, unterdrückte Gefühle, vielleicht auch fehlende Beziehungsfähigkeit.

> Jildrim, Teilnehmer am AAT, schildert seinen Weg zur Lobkultur: „Ich war 15, als mein Bruder von einem anderen Türken erschossen worden ist. Bei uns gilt Blutrache. Ich bin halb Türke, halb Kurde, aber es ist egal – ich würde jeden umbringen, der einem aus meiner Familie etwas tut. Ich hatte auch noch einen älteren Bruder, der eigentlich dran gewesen wäre – er hatte aber nicht die Kraft und den Willen. Er musste mir nichts sagen – mir war klar, dass ich in der Pflicht stand. Ich habe dann einige Monate jeden Tag Drogen genommen, weil ich meinen Bruder sehr geliebt habe und seinen Tod nicht verwunden habe. Gleichzeitig habe ich die Drogen genommen, um nicht darüber nachdenken zu müssen, was wirklich passiert, wenn ich jemanden erschieße. Ich habe mir Waffen besorgt und ich habe schießen geübt. Ich musste rauskriegen, wo der Täter ist. Zum Glück war er in derselben Stadt im Gefängnis, in der wir auch unseren Gemüseladen hatten. Ich musste nur noch abwarten, dass er aus dem Gefängnis herauskommt – aber das hätte ja bei diesem Delikt Jahre gedauert. Ich hatte Glück: Der Täter musste zum Arzt und wurde in einer grünen ‚Gefangenenminna' mit ca. fünf bis sieben Beamten ausgeführt. Ich hab' dann einfach auf dem Parkplatz durch die Scheibe geschossen. Ich hab' ihn immer wieder getroffen, aber auch Beamte. – Mir war klar, dass man mir nie verzeihen wird. Ich habe letztlich dasselbe gemacht, was ich dem jetzt toten Mörder meines Bruders vorwarf. Aber ich musste es tun. Im Anti-Aggressivitäts-Training hab' ich gelernt, dass ich hoch begabt bin: Ich habe mehr Energie als andere Menschen und ich habe mehr Intelligenz. Ich kann besser reden und ich sehe vielleicht besser aus. Ich habe vielleicht auch mehr Muskeln und bin vielleicht auch für Frauen attraktiv. Jedenfalls hat mich eine sehr hübsche Frau, die aus Polen stammt, in der Haft geheiratet. Sie ist eigentlich ein Model und man fragt sich, warum sie

einen Menschen heiratet, der noch viele ‚Jahre vor der Brust hat'. Es muss also was dran sein an mir. Inzwischen weiß ich, dass ich eine Aufgabe habe, die meinen Bruder nicht wieder zum Leben erweckt und auch die anderen Toten und Verletzten nicht lebendig macht, die aber das Lebendige bei den Lebendigen fördert: Ich muss zwischen den Kulturen vermitteln. Einerseits zwischen den Kurden und den Türken – das habe ich ja nun im Strafvollzug täglich gemacht. Anderseits zwischen den Deutschen und den Ausländern, die hier in Deutschland leben. Ich kenne alle Kulturen sehr gut. Ich habe mich intensiv informiert und weiß viel über das Christentum – vielleicht mehr als viele andere, die aus dem Islam stammen. Ich bin Mittler zwischen den Welten und ich probiere an jedem Menschen, in jeder Kultur, in jeder Religion das Gute (das, was mich fasziniert) herauszulesen, um es dann anzupreisen. Ich habe gelernt, dass Lob Nähe schafft und dass Kritik Abstand vermittelt. Ich möchte Nähe haben, um mit Hilfe dieser Nähe eine Brücke zwischen den unterschiedlichen Lagern zu bauen. Von daher ist nicht mehr die Pistole sondern nun das ernst gemeinte Lob mein Freund ..."

Ich-Stärke kann von der sozialen Umwelt gefördert werden: Unterstütze ich das Selbstbild eines anderen Menschen – insbesondere in den Bereichen, die für diesen Menschen subjektiv wichtig sind – entsteht bei ihm ein Hochgefühl. Es entsteht Dankbarkeit und Sympathie für den Unterstützer und mündet letztendlich in Wachstum.

In der Kritik-Kultur (siehe Kapitel 5) ist es ein beliebter Sport, dem anderen Menschen sein Selbstbild (das, was er von sich weiß) **abzusprechen**. Hierdurch entsteht Dissonanz, Ärger und nicht selten Verzweiflung und Hilflosigkeit.

Aus einer philosophischen Leitlinie wird also eine psychologische bzw. psychotherapeutische Leitlinie: Die Ich-Stärke des anderen wächst, wenn ich in meiner Beurteilung von außen, dem Fremdbild, seine persönliche Beurteilung, also sein Selbstbild, spiegele und unterstütze. Konkret kann ich einem anderen offen oder verdeckt sein „Selbstbild" wie folgt zurückmelden:

Ich-Bild

	Zusprechen	Absprechen
Offen	Ich sehe dich in dem Punkt so, wie du dich siehst	Was du da von dir meinst, ist doch völliger Quatsch
Verdeckt	Jemand, der diese (oder jene) Eigenschaft hat, ist toll	Natürlich bist du ... (Ironie)

4.2 Psychologische Gesetze

Eine hohe Lebenszufriedenheit und ein hohes Selbstwertgefühl kann der Mensch aufbauen, wenn er sowohl stabile Ich-Grenzen hat – also weiß, wer er ist – als auch eine hohe soziale Integration erlebt und damit weiß, dass er dazu gehört. Hierfür muss der Mensch in unterschiedlichen Lebensphasen unterschiedliche Kompetenzen erwerben. Diese Kompetenzen sind in seinem selbsttheoretisierten System (der Mensch als naiver Wissenschaftler) zusammengefasst: Je besser seine Theorie die tatsächliche Realität abbildet und vorhersagt, umso mehr Erfolgs- und Stolzerlebnisse hat der Mensch. Damit seine Theorie immer auf dem aktuellen Stand ist, muss er möglichst viele Informationen über sich selbst, also über die Güte seines Verhaltens, aufnehmen wollen. Ein erfolgsmotivierter Mensch steigert seine Kompetenz – immer auf der Grundlage seines zuletzt gezeigten Verhaltens – fortwährend in kleinen Schritten. Er ist in der Lage, seine Anstrengungsregulation gezielt zu justieren und kann seinen stetigen Kompetenzzuwachs damit eigenen Faktoren wie Begabung und Anstrengungsbereitschaft zuschreiben. Er selbst erlebt sich als funktionierendes System: Von der ersten erfolgreich „hereingesaugten Muttermilch" bis hin zu der Überzeugung, sich von dieser Welt souverän, gelassen und mit einem guten Gefühl verabschieden zu können. Er hat alles im Griff – wenn nicht, sind die Umstände „schuld" und er muss sie ändern. Er muss sie ändern, er kann sie ändern und er wird sie zumindest teilweise ändern. Er verfügt über die angestrebte „subjektive Kontrollüberzeugung".

Sieben psychologische Gesetze sollen das „ständige Bestreben des Menschen nach Funktionieren" noch einmal genauer beschreiben:

- **Gesetz der Lebenszufriedenheit**
  Der Mensch befindet sich auf der Welt, um einen zufriedenen, ausgeglichenen, balancierten und harmonischen Status zu erreichen. Häufig benötigt er unterschiedliche „Pole", um diese Balance selbst empfinden zu können.

- **Gesetz des Selbstwertgefühls**
  Ein hohes Selbstwertgefühl ist Grundlage der Empfindung und „berechtigt" auf dieser Welt zu sein. Nur wer den eigenen Wert spürt, weiß, warum, wofür und weshalb er lebt.

- **Gesetz der Ich-Grenze und der Geborgenheit**
  Um ein hohes Selbstwertgefühl zu erreichen, muss der Mensch möglichst zwei Ziele gleichzeitig einlösen:
  Er muss eine stabile, unverwechselbare, „einzigartige" Persönlichkeit aufbauen und muss stabile „Ich-Grenzen" verspüren. Er muss möglichst prägnant spüren, welche Elemente zu ihm gehören und welche nicht.
  Gleichzeitig muss der Mensch erreichen, dass er von anderen Menschen nicht ausgegrenzt oder ausgestoßen wird. Das Gefühl, einer Gemeinschaft zugehörig zu sein, entspricht dem Geborgenheitswunsch, dessen Einlösung

sowohl das emotionale als auch das soziale und das reale Überleben sicherstellt. Nur das Zusammenspiel zwischen dem Aufbau stabiler Ich-Grenzen und dem Einlösen des Zugehörigkeitsbedürfnisses ermöglicht Selbstwert-Empfinden.

- **Gesetz vom gültigen Theoriesystem**
Um seine Ziele erreichen zu können, benötigt der Mensch eine vorhersagegenaue Theorie. Er muss Regeln erlernen, erkennen und beherrschen, nach denen die Welt funktioniert (Wenn Dann ...). Mit dieser gültigen Theorie kann er Ereignisse in seiner Umwelt ziemlich genau beschreiben, vorhersagen und kontrollieren. Wenn die Vorhersagen seiner Theorie stimmen, fühlt sich der Mensch bestätigt und glücklich. Er ist stolz auf sich und fühlt sich sicher.

- **Gesetz der Stolzhitliste**
Jeder Mensch ist zu jeder Zeit durch eine „Hitliste" der Persönlichkeitsmerkmale zu beschreiben, die er bei sich selbst als „persönlichkeitstragend" erlebt. Bei manchen Menschen besteht die Stolzhitliste aus vielen unterschiedlichen Merkmalen – sie ist differenziert. Andere haben nur ein oder zwei Merkmale, auf die sie stolz sind. Der Mensch ist stolz auf sich, wenn er positive Informationen über sich in den Verhaltensbereichen zurückgemeldet bekommt, die in seiner Hitliste weit oben angesiedelt sind. Die Stolzhitliste besteht immer aus einer Differenz zwischen Idealprofil und Realprofil; je mehr der Mensch an Willenskraft, Ausdauer und Anstrengungsbereitschaft aufbringt, um in den für ihn wichtigen Merkmalen das Realprofil (Realselbst) dem Sollprofil (Idealselbst) anzunähern, umso glücklicher ist er und umso mehr mag er sich selbst. Erst wenn der Trainingsteilnehmer selbst weiß, welche Eigenschaften in seinem Ich „federführend" sind, kann er sich systematisch mit ihnen auseinandersetzen. Bei Gewalttätern liegt grundsätzlich eine hohe Differenz zwischen Idealselbst (was sie von sich z.B. hinsichtlich ihrer Männlichkeit erwarten) und Realselbst (wie sie sich heute tatsächlich einschätzen).[20]

- **Gesetz der offensiven Zielerreichung**
Alle Menschen sind auf Wachstum programmiert. Jeder Mensch möchte in den Persönlichkeitsbereichen, die für ihn wichtig sind, Kompetenzzuwachs erlangen. Manche Menschen haben jedoch mehr Angst vor negativer Information über eigene Begabungsdefizite als Hoffnung auf positive Rückmeldungen. Diese Menschen stehen sich bei ihrem Kompetenz-Erwerb selbst im Weg. Diese „misserfolgsmotivierten" Menschen haben Angst vor Blamage und versuchen, sich vor Tests zu drücken. Sie vermeiden es, sich in ihren Zielen ein realistisches Anspruchsniveau zu setzen und sind kaum in der Lage, ihre Willenskraft dem Erreichen des jeweils nächsten kleinen Zielschrit-

---

[20] vgl. Heilemann, M.: Geschichte des Antagonistentrainings. ZfStrVo 6/1994. S. 333

schrittes unterzuordnen. Sie sind defensiv und können als „Zudecker" bezeichnet werden.
Erfolgsmotivierte Menschen, im Gegensatz dazu „Aufdecker" genannt, kümmern sich wenig um die Bewertung ihrer Umwelt, wenn sie im Rahmen ihres eigenen Trainingsprogrammes den jeweils nächsten und realistischen Grad ihres Anspruchsniveaus erklimmen. Der erfolgsmotivierte Mensch möchte immer und möglichst sofort konkrete Rückmeldungen über die Qualität seines Verhaltens bekommen. Die Rückmeldung ist der Ausgangsstoff für seine weitere Zielsetzung und damit für seine Anstrengungskalkulation. Dabei kann er aber auch in realistischer Weise ein Abbruchkriterium festlegen und eine Rückstufung dieses Persönlichkeitsmerkmals in seiner eigenen Stolzhitliste erreichen.

- **Gesetz der Entwicklungsphasen**
Die Entwicklung des Menschen spielt sich lebenslang ab, wobei in jeder Entwicklungsphase spezielle Fähigkeiten erlernt werden müssen. Wird in einer Phase ein bestimmter Kompetenzerwerb verhindert, ist die Bewältigung der nächsten Lebensphase gefährdet. Ein Nachlernen ist möglich. Es erfordert jedoch ein spezielles „Coaching". Das Erkennen des Defizits ist speziell für die Hoffnung auf Erfolg („Ich kann es schaffen, wenn...") eine maßgebliche Erfolgsvariable für das Nachlernen. Insbesondere in den ersten zehn Lebensjahren hat der kleine Mann als „Entwicklungsmanager seiner eigenen Person" einen Fulltimejob von zwölf bis 16 Stunden täglich, wobei jede Handlung als Training eingeordnet werden kann. Der kleine Mann weiß selbst am besten, was er in welcher Phase erlernen muss – er benötigt aber trotzdem Zuspruch und Unterstützung, unter anderem, damit er in seiner Umwelt die möglichen Materialien für seine Aufgabenbewältigung vorfinden kann.[21]

Die größte Schwierigkeit besteht sicherlich darin, die beiden Hauptlebensziele – Einzigartigkeit des Ichs und Geborgenheitserwartung – unter einen Hut zu bringen: Wenn ich viel für mich tue, um mich zu trainieren, erlebt mich meine Umwelt als egoistisch und stößt mich aus. Wenn ich mich „einschleime", mich andiene und durch meine Hilfsbereitschaft glänze, nimmt mich die Gruppe auf – ich habe jedoch kaum noch Zeit, meine eigenen Fähigkeiten und Fertigkeiten zu trainieren, von denen letztlich auch die Gruppe profitieren würde.

Der Mensch ist also ein Jongleur, der immer zwei sich drehende Teller möglichst gleichmäßig rotierend in der Balance halten muss. Fällt ein Teller herunter, ist die Jonglage verpatzt und „alles ist hin". In Tabelle 8 ist dieser Sachverhalt dargestellt:

---

[21] vgl. Meribov, G. u.a.: Entwicklungs- und Verhaltensprofil für Jugendliche und Erwachsene. Dortmund, 2000.

Tabelle 8
DER ZUFRIEDENE MENSCH

Instrumentelle Ebene	Inhaltliche Ebene
Lebenswidmung	- Lebenszufriedenheit - Lebenserfüllung - Hohes Selbstwertgefühl
Lebensziele	- Exklusivität des Ichs - Geborgenheitserwartung
Instrumente	- Kompetenztraining (gem. eigener Stolzhitliste) - Verzahnung von Begabung u. Anstrengungsbereitschaft
Kriterien	- Kontrollerleben

Entfällt das Kontrollerleben entsteht Hilflosigkeit, Frustration, Resignation und Apathie – also das Gegenteil von hohem Selbstwertgefühl und Lebenszufriedenheit.

Der „Rückgriff auf archaische Gewaltmuster" bietet sich dann bei einigen Menschen an, die über Kraft, Ausdauer und vielleicht auch „ausreichendes passives Schmerzerleben" (Abstumpfung) verfügen. Letztlich handelt es sich bei der Kompensation der „eingelagerten Kränkungen" des Schlägers um einen Rückgriff auf Restkompetenzen (körperliche Stärke) und Verhaltensmuster, die seit Jahrtausenden im Menschen angelegt und durch die Evolution (z.B. durch den christlichen Glauben) wieder überformt worden sind.

4.3 Die kulturelle Überformung archaischer Gewaltmuster – überleben durch Gewalt?

Der Gladiator, der Schwarze Ritter, Jesse James und Manfred, der Hooligan, haben ein gemeinsames Vorbild: Den Urmenschen in der Horde, der um das Feuer sitzt und der mit seinen hohen Backenknochen sowohl von den Mit-Männern wie von den „Weibchen" beachtet und bewundert wird. „Uri" fletscht die Zähe, spannt die Muskeln an und alle wissen: Ruhe im Karton – alle Augen auf mich. Uri ist glücklich, wenn alle spuren: Er spürt, dass er etwas bewegt, dass er etwas verursacht, dass er die Situation kontrolliert. Die unmittelbare Einflussnahme auf das Sozialverhalten seiner Mitkreaturen lässt ihn ein Gefühl von Macht, von Lebendigkeit und von „Glück über das eigene Dasein" erleben.

Die „Macht des Faktischen", die Möglichkeit der authentischen, echten und sofortigen Verhaltensbeeinflussung des Gegenübers durch Zuschlagen und damit die Fähigkeit zum „Setzen eines finalen Ausrufungszeichens" ist es, die in einem Anti-Gewalt-Curriculum überformt werden soll. Aber: **Du gibst das eine nur auf, wenn das andere wirksamer ist.**

Wie sehen die ursprünglichen archaischen Gewaltrituale aus? Was lehrt uns die „Evolutionspsychologie"? Nach Thornhill und Palmer besteht der Urtrieb darin, die eigenen Gene in die nächste Generation zu befördern, notfalls mit Gewalt[22]. Die Grundthese lautet: Erzwungener Geschlechtsverkehr ist eine von der Evolution begünstigte Strategie, Männern, die sonst bei Frauen abblitzen, eine Chance zu sichern, ihre Gene in den weiblichen Fortpflanzungskanal zu bringen und damit jenes Ziel zu erreichen, dem allein das Dasein aller Geschöpfe dient: Nachfahren in die Welt zu setzen. Für den Soziologen Emile Durkheim ist die menschliche Natur der Rohstoff, den der soziale Faktor formt und wandelt. Der Mensch ist nicht Sklave seiner biologischen Natur.[23] Karl Grammer (Wien) schreibt: Wenn etwas evolutionär erklärbar ist, heißt das ja nicht, dass es gut und wünschenswert ist. Biologie vermittelt Verständnis, nicht Rechtfertigung von menschlichem Verhalten.[24]

Langsam kristallisiert sich eine neue Weltsicht heraus: Der Mensch wurde von seinem **„Reproduktiven Imperativ"** geformt. 99 Prozent seiner Entwicklungsgeschichte lebte der Mensch als Jäger und Sammler. Seit etwa 4,5 Mio. Jahren hat die natürliche Selektion allmählich das menschliche Gehirn modelliert. Es wurden Schaltkreise bevorzugt, die gut waren, um die Alltagsprobleme der Jäger- und Sammlervorfahren zu lösen: Partnersuche, Jagd auf Tiere, das Sammeln von Pflanzen, Verhandlungen mit Freunden, Abwehr von Feindseligkeiten, Aufzucht von Kindern, Suche eines netten Habitats. Das Hauptziel der Urahnen war Geschlechtsverkehr - wenn er nicht als Irrläufer der Evolution enden wollte.

Eifersucht diente unbewusst dem Fortkommen der Gene: Wer seinem Partner misstraut, ihn bespitzelt und terrorisiert, verschafft sich einen Vorteil in der Evolution, weil er damit ein mögliches Fremdgehen des Partners verhindert bzw. erschwert. Die Psyche entstand bei den männlichen Urahnen durch das „kreative Buhlen der ‚Männchen' um die Gunst der Weibchen". Dies hat Bewusstsein und Verstand ins menschliche Gehirn gehaucht. Unser Geist wurde hauptsächlich durch die Brautwerbung unserer Vorfahren aktiviert.

Die Theorie der Rassenunterschiede lassen Evolutionspsychologen deshalb nicht gelten. Trotzdem teilen sie die Menschheit in zwei Gruppen – entlang der Geschlechterfront: Die Evolution habe Männer und Frauen mit spezifischem Rollenverhalten ausgestattet und dieses tief in ihre Psyche eingepflanzt. Männer und Frauen aktivieren demnach unterschiedliche Areale im Gehirn, wenn sie sich in einem Irrgarten zurechtfinden sollen. Dies wurde durch Magnetresonanzaufnahmen nachgewiesen. Unterschiedliche Formen des Gedächtnisses bei

---

[22] Thornhill, T. und Palmer, S.: A natural History of Rape. Cambridge, 1999.
[23] Durkheim, E.: Über soziale Arbeitsteilung. Studie über die Organisation höherer Gesellschaften. Frankfurt, 1999.
[24] vgl. Grammer, K.: Signale der Liebe. Die biologischen Gesetze der Partnerschaft. München, 2000.

Männern und Frauen hängen mit dem Jagen und Sammeln zusammen: Frauen orientierten sich an Merkmalen der Landschaft, um ertragreiche Gefilde rasch wieder finden zu können. Dem umherstreifenden Jäger nützte es hingegen mehr, wenn er eine Landkarte im Kopf entwerfen konnte, um so z.b. seiner Beute den Weg abzuschneiden.

Die Grundfrage der Evolutionspsychologie ist: Wie schafft es der Urmann, die Urfrau für sich zu gewinnen. Die sexuelle Präferenz von Frau und Mann unterscheidet sich extrem. „Der Mann strebt nach Masse, die Frau nach Klasse",[25] schreibt David Buss, Psychologe an der Universität Texas. Überall auf der Welt wird Sex als etwas verstanden, was die Frauen besitzen und die Männer von ihnen haben wollen.

Eine Frau kann mit viel Aufwand wenig Kinder, ein Mann mit wenig Aufwand viele Kinder haben. Ein Mann produziert vier Millionen Samenfäden pro Stunde. Entsprechend verschwenderisch kann er damit umgehen. Männer haben gelernt, die Taille-Hüfte-Relation bei Frauen instinktiv einzuschätzen – der Idealwert beträgt 0,7 bis 0,5, die Hüfte hat etwa ein Drittel mehr Umfang als die Taille. Die Evolution hat den männlichen Blick dafür geschärft, denn: Die begehrte Form deutete auf ein hohes reproduktives Vermögen hin. Volle Lippen und schmales Kinn signalisieren einen höheren Östrogenpegel und damit Fruchtbarkeit.

Frauen achten bei Männern dagegen auf symmetrische Gesichtszüge und reine Haut. Frauen haben nur einen einmaligen Vorrat von Keimzellen – ca. 400 Eizellen werden pro Frauenleben aktiviert. Deshalb suchen sie denjenigen, der sie befruchten darf, mit besonderer Sorgfalt aus. Status, Reichtum und Ansehen des Vaters garantieren dafür, dass die Kinder gut versorgt werden und behütet aufwachsen können. Männer wählen mit den Augen, Frauen mit dem Verstand.

Ein einziger Geschlechtsverkehr, dessen Vollzug vom Mann nur eine minimale Investition erfordert, kann bei der Frau eine neunmonatige, von hohem Kräfteverbrauch begleitete Zwangsinvestition zur Folge haben, die zudem andere günstige Paarungsgelegenheiten ausschließt. Nach einer schmerzvollen Geburt muss die Frau ihr Kind stillen und sich viele Jahre mit ihm „plagen". Frauen haben also allen Grund, anspruchsvoll zu sein und Männer zu bevorzugen, die ihnen bei der Aufzucht der Kinder zur Seite stehen[26].

Unter den Menschen gilt nach Ansicht des Psychologen Geoffrey Miller das Prinzip Damenwahl. Die Entstehung des Gehirns erklärt Miller wie folgt: „Am steinzeitlichen Lagerfeuer versuchten die Hominiden-Männchen um die Weibchen zu balzen, stets darauf aus, zum Geschlechtsverkehr zu gelangen: Entweder mit großem Protzgehabe oder mit einschmeichelnder Zärtlichkeit. Irgendeinmal ist es zu einem weiblichen Sinneswandel gekommen, der das weitere

---

[25] vgl Buss, D.: The dangerous Passion. New York, 1999.
[26] aaO.

Geschick der gesamten Menschheit bestimmte: Die Frau entdeckte Witz und Kreativität als neues Auswahlkriterium. Irgendwann tänzelte ein Kobold – den Körper kunstvoll mit Farben bemalt – um das Feuer herum und machte komische Mätzchen. Die meisten Frauen reagierten irritiert – eine jedoch ließ sich hierdurch bezaubern.

Dieses Paar muss besonders fruchtbar gewesen sein und setzte lauter gewitzte Töchter in die Welt. Sie hatten – ganz die Mutter – eine Schwäche für aufgeweckte Männer. Den kreativen Söhnen dieses Paares wiederum erging es wie dem Vater: Sie wurden von den ungeschlachten groben Frauen ignoriert, hatten jedoch Erfolg bei den feinsinnigen Damen. Nach wenigen Generationen war eine Horde entstanden, die sich in punkto Intelligenz weit über die Primaten in der Savanne erhob: Die Vorfahren des Homo sapiens."[27]

Von irgend einem Tag in der Urzeit an flogen die weiblichen Ahnen also mehr auf Kreativität und Intelligenz denn auf schiere Potenz und Muskelkraft. Diese neuen Vorlieben sollen das gewaltige Wachstum des Gehirns beim Menschen bewirkt haben, das vor ungefähr 2,5 Millionen Jahren einsetzte.

Balzverhalten ist der beste Showroom für Fitness: Wer seine Fitness als Sexualpartner nicht nachweist, wird ausgemerzt. So starben die kleinen, effizienten, gepanzerten, risikoscheuen und mutationssicheren Gehirne der Urmänner mit ihnen aus. An ihrer Stelle entstand unsere Art von Gehirn: Riesig, kostspielig, verletzlich, offenherzig.

Das Gehirn des Mannes ist das Gegenstück zum Pfauenschwanz: Mit der farbenprächtigen Federschleppe signalisiert der Hahn, dass er gesund ist und über gutes Erbmaterial verfügt. Ein entsprechender Fitnessindikator ist das männliche Denkorgan: Wer in Gegenwart von Frauen Witz und Verstand spielen lässt, zeigt, wie gut seine Gene funktionieren. Denn: Fast jedes zweite Gen arbeitet auch für das Gehirn. Etwa 90 Prozent aller Werke in Kunst, Musik und Literatur wurden von Männern geschaffen.

Nach Millers Rollenverteilung (hier der kreative Entertainer, dort die stumme Schöne) haben auch die Frauen ihren Intelligenztest zu bestehen: Immerhin müssen sie über so viel IQ verfügen, dass sie die Galanterien der Schlaumänner überhaupt identifizieren und den „Begatter" danach auswählen können.[28]

Eine andere Form der Auswahl bei Frauen kann durch Mehrfachbegattung funktioniert haben: Sie ließen sich im Laufe eines Tages gleich von mehreren Männern begatten – in ihrer Gebärmutter schwammen dann Samenfäden, die bis zu drei Tage überleben konnten, um die Wette. Es kam zu einer natürlichen Selektion. Frauen, so behaupten Evolutionspsychologen, seien am ehestens

---

[27] vgl. Miller, G.: The Mating Mind. New York, 1999.
[28] aaO.

bereit, an ihren fruchtbaren Tagen fremdzugehen. Sie erfanden dafür den Begriff vom „Gen-Shopping".[29]

Beleg für sexualitätsgesteuerte Evolutionsmechanismen ist unter anderem, dass die Spermienzahl im Ejakulat doppelt so hoch ist, wenn ein Mann längere Zeit von seiner Frau getrennt war. Hierbei ist es unerheblich, wann er zum letzten Mal einen Orgasmus hatte. Und: Eifersucht kurbelt die Produktion von Samenfäden an: Bei eifersüchtigen Männern bildet sich eine höhere Spermiendichte. Dies wird als evolutionäre Anpassung bewertet: Mit der erhöhten Produktion begegnet ein Ehemann der Konkurrenz von Spermien etwaiger Nebenbuhler.

Für Männer gibt es eine „Höchststrafe" der Evolution: Die eigene Frau wird von einem anderen geschwängert, ohne dass er es bemerkt (Eifersuchtsgrundlage). Zehn Prozent aller Kinder sind nicht vom „Vater". Ein afrikanisches Sprichwort lautet denn auch: Mamas Baby, Papas may be. Nach der Geburt versuchen Frauen in allen Kulturen, den Vätern klar zu machen, dass das Baby ihnen verdammt ähnlich sieht.

Die Eifersucht ist ein „hyperempfindliches Verteidigungssystem" zur Prophylaxe von Seitensprüngen. Eifersucht ist das Gegenteil eines unreifen Gefühls oder eines Anzeichens von Unsicherheit, Neurose oder fehlerhaften Charakters. Menschen ohne Eifersucht sind nicht unsere Ahnen. Menschen ohne Eifersucht wurden von Rivalen, die leidenschaftliche Empfindlichkeit besaßen, im Staub der Evolution zurückgelassen. Wir alle kommen aus einer alten Linie von Vorfahren, die diese gefährliche Leidenschaft besaßen.[30]

Männer reagieren eifersüchtig, wenn sie sich vorstellen, dass ihre Frau mit einem anderen Mann Geschlechtsverkehr durchführt. Frauen reagieren eifersüchtig, wenn sie sich vorstellen, dass ihr Mann sich in eine andere verliebt. Das ist der Horror jeder Mutter: Der Mann lässt sie mit den Kindern sitzen und kümmert sich um die Brut einer anderen. Männer hingegen verbinden sexuelle Verweigerung von Langzeitpartnerinnen mit Untreue: Weil Männer sexuelle Unlust und Widerstand von Langzeitpartnerinnen mit der Vorstellung von Untreue verbinden, könnte dies als dramatische Zuspitzung innermännlicher Logik im Sinne einer „Spermien-Wettbewerbs-Taktik" führen.

Eifersucht drückt die männliche Urangst aus, unwissentlich ein „Kuckuckskind" aufzuziehen. Frauen im gebärfähigen Alter wehren sich stärker gegen Vergewaltigung, weil sie unter der in der Steinzeit geprägten Furcht leiden, schwanger zu werden, aber vom Vergewaltiger dann nicht behütet zu werden.

Naturbeschreibung darf aber nicht mit Naturrechtslehre verglichen werden: Seismologen vorzuwerfen, sie rechtfertigten Erdbeben, erscheint absurd. Soziobiologen werden jedoch gern dafür verantwortlich gemacht, dass sie die von

---

[29] aaO.
[30] vgl. Buss a.a.O.

ihnen erforschte Natur beschreiben und dadurch Bewertungen nahe gelegt werden, die sie selbst jedoch nicht „erzwingen". Soziologen haben oft eine Mauer im Kopf zwischen Natur und Kultur: Was nicht sein kann, dass nicht sein darf. Moralische und kulturelle Standards mit der Idee „zurück zur Natur" zu begründen, würde also heißen: Aggressive Übergriffe sind erlaubt.

Wenn Vergewaltigung verhindert werden soll, muss der umgekehrte Pfad eingeschlagen werden.: Weg von der Natur, fordert der Darwinist Thomas Huxley. Der ethische Fortschritt der Gesellschaft gehe damit einher, natürliche und ursprüngliche Prozesse zu überformen. Die Soziobiologie leugnet nicht den Einfluss der Kultur: Auch „andere Tiere als Menschen" können **je nach Situation** mal zu diesem, mal zu jenem Verhalten neigen.[31]

Von daher sind **männliche** Fortpflanzungsstrategien zu differenzieren: Die einen setzen auf körperliche Anziehungskraft (bei den Orang-Utans Muskeln, Eckzähne und Backenwülste), andere auf ästhetisches Kampfverhalten und Imponiergehabe (Status), Dritte auf Geschenke und Vierte auf pure Unterdrückung und Gewalt. Wer über die ersten drei Möglichkeiten verfügt, kann als paarungswilliges Männchen auf die vierte verzichten: Vergewaltigende männliche Skorpionsfliegen bekamen vom Forscher „Hochzeitsgeschenke" zugesteckt – daraufhin machten sie sich gewaltlos an die weiblichen heran. Wer Gewaltübergriffe unter Menschen ausrotten möchte, müsste demnach sozioökonomische Ungleichheiten beseitigen. Letztlich seien aus den soziobiologischen Fakten milieutheoretische Forderungen und eben pädagogische Programme abzuleiten, behaupten britische Soziobiologen.[32]

Das AAT sponsert die soziale Kompetenz des vormals eher unangepassten, unattraktiven „Schlägers", der sich „multipel" zu einem „Trendsetter der Mittelschichtnorm" emanzipiert und der so seine psychischen (und vielleicht auch genetischen) Vermittlungschancen drastisch zu seinen Gunsten erhöht. Der steinzeitlich gesteuerte Brutalo wandelt sich zu einem modernen Kommunikator.

4.4 Entwicklungsphasen

Die lebenslange Entwicklung des Menschen spielt sich in verschiedenen Phasen ab, die man einigermaßen klar voneinander abgrenzen kann. In jeder Phase gibt es unterschiedliche Arbeitsaufträge:

1. **Phase: Vertrauensbildung (erstes Lebensjahr)**
    Der Mensch lernt, dass seine Umwelt regelhaft organisiert ist und dass er

---

[31] vgl. Huxley, T.H.: Zeugnisse für die Stellung des Menschen in der Natur. München, 1982.
[32] vgl. Steinebach, C.: Entwicklungspsychologie. Stuttgart, 2000.

eine gewisse Einflussmöglichkeit auf sie hat. „Wenn ich schreie, bekomme ich Zuwendung, Wärme, Ansprache oder Nahrung!"

2. **Phase: Autonomieentwicklung (zweites und drittes Lebensjahr)**
   Der Mensch muss nach seinem eigenen Tempo bestimmte Fähigkeiten wie Reinlichkeit, Sprache usw. entwickeln. Zuviel Tadel und Kritik beeinträchtigen hier das Selbstwertgefühl, es entsteht eine schamhafte, gehemmte und an sich selbst zweifelnde Persönlichkeit.

3. **Phase: Selbstinitiative entwickeln (viertes und fünftes Lebensjahr)**
   Der kleine Mann nimmt eigenständig Kontakt zur sozialen und sächlichen Realität auf. Durch Versuch und Irrtum hat er erste kleine Erfolge und ist auf sich selbst stolz. Wird er als tollpatschig und unfähig hingestellt, reduziert er seine Experimentierfreude. Damit verringert sich auch sein Kontakt mit der Welt.

4. **Phase: Erlernen von Durchhaltefähigkeit und Fleiß (sechstes bis elftes Lebensjahr)**
   Im Mittelpunkt stehen jetzt das „Handwerken" und das Lernen von Regeln. Der junge Mensch möchte wissen, wie die Dinge miteinander zusammenhängen und wie er diese Zusammenhänge erkennen und steuern kann. Es entsteht das Gefühl von Durchhaltevermögen und Hartnäckigkeit. Werden Handlungsabläufe unterbrochen oder nicht immer wieder reanimiert, entwickelt sich Beliebigkeit, „Wechselsucht" und die ständige Suche nach Neuem, ohne dass die Chance besteht, sich in das eigene Ergebnis und vor allem in das eigene Bemühen zu verlieben.

5. **Phase: Identitätsfindung (12. bis 18. Lebensjahr)**
   Ich-Grenzen werden erarbeitet. Es wird klargestellt, „was zu mir gehört und was mich unverwechselbar macht – im Gegensatz zu allem anderen, was zu meiner Umwelt gehört". Die Geschlechtsrollenorientierung muss erfolgen. Eine Rollendiffusion führt zu läppischem und instabilem Verhalten. In diesem Fall hat der Mensch keine Chance, durch kontinuierliches Lernen größere Erfolge auf sich zu beziehen. Er glaubt, das ihm Genüsse und Bedürfnisbefriedigung nicht zustehen. Er hat ja nichts „verdient". Hierdurch werden die Ich-Grenzen instabil, der Mensch lässt sich „verführen". „Erschweren Zwangslage und Anforderungen den Weg in die erwachsene Selbständigkeit, entwickelt sich nicht selten ein ungünstiger Zukunftspessimismus, der schließlich in die Resignation einmünden kann. Ungünstige Ausgänge dieser Entwicklung führen entweder zunehmend zu Apathie und Hilflosigkeit oder gar zu einer Flucht in die Subkultur, deren Gruppenbildung häufig zu Gewalttätigkeit, Abgrenzung oder Ausgrenzung (z.B. Fremdenfeindlichkeit) neigt?"[33]

---

[33] Fiedler, P.: Verhaltenstherapie in und mit Gruppen. Weinheim und Basel, 1999. S. 187

6. **Phase: Identitäts- und Beziehungsfähigkeit (Junges Erwachsenenalter**
   Ein Mensch kann vertrauen, sich hingeben und auch „fallen lassen" und letztendlich die Fähigkeit lernen, ein Stück des Weges mit anderen Menschen vorbehaltlos gemeinsam zu gehen.
   Gelingt es in dieser Lebensphase nicht, gefühlsmäßig auf andere zuzugehen und mit ihnen teilweise zu „verschmelzen", so erwachsen daraus Isolation, Misstrauen und möglicherweise lebenslange Abkapselung.

7. **Phase: Generativität (Erwachsenenalter)**
   Hier ist die Zeugungsfähigkeit wichtig. Zeugungsfähigkeit ist umfassend gemeint: Der Mensch lernt, für andere da zu sein, solidarisch die Hand über andere zu halten und ihnen Entwicklungsspielräume zu vermitteln. Er ist stolz, am Glück anderer teilzuhaben. Er kann auch helfen, ohne selbst Vorteile aus seiner Hilfe zu erwarten oder zu erlangen.

8. **Phase: Ich-Integrität (reife oder späte Lebensphase)**
   Der Mensch kann sein Leben in Ruhe abschließen. Er hat auf der Waagschale der positiven und negativen Spuren, die er insgesamt hinterlassen hat, für sich das Gefühl, dass die Pluspunkte überwiegen; auch in der Wahrnehmung seiner Mitmenschen. Gelingt es in den vorherigen Lebensphasen nicht, bestimmte Entwicklungsaufgaben befriedigend abzuschließen, so hat der Mensch zum Ende seines Lebens das diffuse oder auch klare Gefühl, etwas versäumt, nicht geschafft oder falsch bewältigt zu haben. Sein Leben war dann für ihn und seine Umwelt nicht nur eine Belohnung.

Viele der 16- bis 22-jährigen Gewalttäter haben die ersten vier bis fünf Lebensphasen nicht ausreichend absolviert oder gar abgeschlossen. Anti-Gewalt-TrainerInnen sind also „Spürhunde" für Entwicklungsdefizite, die sie in Windeseile zusammen mit dem sich organisierenden System Mensch, dem Gewalttäter, aufarbeiten bzw. aufholen müssen. Sie geben in rasantem Tempo Entwicklungsimpulse und Trainingsaufträge, die letztlich sowohl die Ich-Erkennung, die Identitätsfindung, wie auch die Beziehungsfähigkeit ermöglichen sollen. Denn: Nur wer ich eine Beziehung zu sich selbst hat, kann ich auch eine Beziehung zu einem anderen eingehen. Nur wer sich mag, kann auch für die Wiederherstellung der Lebenszufriedenheit seines Opfers kämpfen.

5 Zielvision: Lob-Kultur

5.1 Von der Kritikgesellschaft zur Lobhaltung

Entsolidarisierung in der Kritik-Kultur bedeutet, dass jeder sich freut, die Defizite des anderen aufzuspüren und sich dadurch kurzfristig aufzuwerten. In der Kritik-Kultur sind die Menschen unterwegs als „Kritik-Scouts", als Spürhunde, welche die Landkarte der Schwachstellen ihrer Mitmenschen ausmalen. Der Vorteil für den Kritik-Scout: Er kann sich aufwerten und gut fühlen, **ohne** sich selbst anstrengen zu müssen. Er muss in dem Bereich, dem Rollenkonzept, in dem der andere seine schwächste Stelle hat, nicht selbst an sich arbeiten, da er hier naturgemäß einen kleinen Vorsprung hat. Und der reicht ihm für die „spontane Selbstaufwertung". Der Nebeneffekt, der allerdings oft nicht gespürt wird, ist die Entsolidarisierung, die Ausgrenzung des anderen, aber auch der eigenen Person. Die Konsequenzen: Mobbing, Vermittlung von „schlechter Stimmung", Zerstörung einer kooperativen und friedlichen Atmosphäre, das Anschwärzen des anderen beim „Vorgesetzten" und Stillstand bei der Weiterentwicklung von Kompetenz.

Insbesondere das Selbstlobverbot („Eigenlob stinkt") führt dazu, dass jeder sehnsüchtig auf das Fremdlob des „**Patrons**" – der Eltern, der Kindergärtnerinnen, der Grundschullehrerin, des Lehrmeisters, des Professors, des Vorgesetzten – wartet und so lange auch für entfremdete Arbeitsaufträge ausbeutbar bleibt. Der Wettlauf um das Fremdlob des Patrons radikalisiert die Sucht des Kritik-Scouts, die Schwachstelle des anderen zu finden und sie dem Patron dezent mitzuteilen. Bei der Kritik-Kultur handelt es sich um die gegenseitige und kollektive Ausrichtung auf die Rolle des „Bedrohenden" oder des **Zerstörers**.

In der Lob-Kultur entscheidet sich der Mensch hingegen, ein **Unterstützer** oder eben eine „Belohnung" für seine Mitmenschen zu sein. Er konzentriert sich auf die **eine** grandiose Stärke des jeweiligen Gegenübers und „betet dessen Geniepunkt" an. Er ist euphorisch im Beschreiben und Loben dieses positiv ausgeprägten Hauptmerkmals der Persönlichkeit des anderen Menschen. Sein Vorteil: Bei Konzentration auf die Stärke des anderen kann Kompetenz zum lobenden Beobachter fließen: Vor allem von Persönlichkeitsaspekten, die bei dem Anderen **hoch** ausgeprägt sind, kann er etwas lernen. Die alte Defizitsuche hingegen verweist ihn auf eine Neutralisierung seiner eigenen Wachstumsideen.

In der Lob-Kultur hat der Lobende mehrere Vorteile auf seiner Seite:
1. Kompetenzzuwachs durch „Anklicken" des Superpunktes beim anderen.
2. Stolz auf sich selbst, weil er schon jetzt auf Kritiksucht verzichten kann, während seine Mitmenschen oftmals noch in dem alten Dilemma stecken.

3. Vermittlung einer positiven Sozialatmosphäre, weil der Gelobte endlich das bei ihm im Selbstbild richtig wahrgenommene Stärkepotenzial von einer anderen Person gespiegelt bekommt und somit die Kongruenz von wahrgenommenem Selbstbild zu übermitteltem Fremdbild zu einem Glücksgefühl führt. Hierdurch wird ein akzeptierendes und Frieden stiftendes Klima definiert.

Auf der Grundlage eines humanistischen, wachstumsorientierten und selbstgesteuerten Menschenbildes ist das **persönliche Wachstum** des Körperverletzers im AAT organisierbar: Er selbst wird zum Lobenden; er selbst weiß, dass durch die Unabhängigkeit vom Fremdlob-Diktat der Übergang zur Selbstbeurteilung und zum Selbstlob möglich wird. Er konzentriert seine eigene Energie, seine Anstrengungsbereitschaft, seine Willenskraft und seine Zeitreserven auf die Weiterentwicklung der eigenen Person, weil nur dann, wenn er in bestimmter Weise kompetent ist, er diese Kompetenz auch an andere „weiterschenken" kann. Der Ex-Täter erlebt sein Kompetenztraining damit als Grundlage solidarischen Handelns mit Schwachen/Opfern (vgl. Heilemann).[34]

Der Ex-Täter entscheidet sich, aus der früheren Rolle („Wenn die Tür aufging und mich Leute gesehen haben, war ich für sie eine **Bestrafung**") zu schlüpfen und in die neue Rolle („Die Tür geht auf, alle strahlen und erleben mich als **Belohnung** für diese Minute, für diese Stunde, für diesen Tag") einzutauchen. Auf der Basis dieses Menschenbildes ergeben sich folgende weitergehende Implikationen:

1. Der Täter entwickelt auf der Grundlage seiner eigenen Stolzhitliste ein Gefühl eigener Exklusivität, in dieser mittelschichtorientierten Gesellschaft für eigene und fremde Größe als vormals Randständiger zum „Resonanzkörper" werden zu können.

2. Der Täter wird vom Therapiekonsumenten zum Trainer, weil er sich auf der Basis dieser „Selbstfestlegung" aus der Empfängerrolle in die Senderposition emanzipiert. Im Verhältnis zum Trainerteam entsteht zunehmend ein gleichberechtigter Status. Bewunderung und Lernerfahrung fließen **gegenseitig**.

3. Der Ex-Täter und Ex-Trainingsteilnehmer wird zum Tutor und **gleichberechtigten** Mitarbeiter, der auch auf der Ebene des Seminaranbieters eigenständige Leistungsnachweise erbringt.

4. Der Täter lernt, nicht nur für die früheren Opfer oder für die Mitinhaftierten sondern auch für das Trainerteam und überhaupt für Menschen in der Gemeinde individuelle und „lebenswegbegleitende" Verantwortung zu übernehmen und diese in direktes Handeln selbständig umzusetzen. Er

---

[34] Heilemann, M.: Schläger studieren Sozialkompetenz. In: Degener G. (HG): Therapie bei sexueller und körperlicher Gewalt. Weinheim, 1999.

übernimmt den Auftrag der „lebenslangen Kompetenzerweiterung". Er ist ein gieriger, wacher und prägnanter Selbstcoach, der in der Gegenwart lebt und der den aktuellen Gegenwartsbezug an Stelle eines Verharrens in Vergangenheitsbewältigung oder des wirklichkeitsfremden Träumens über mögliche Zukunftsereignisse **bevorzugt**.

Frühere handlungsleitende Empfindungen wie Feindseligkeit, Menschenverachtung und Zerstörungsbereitschaft weichen der „Faszination vor dem Anderen" und verursachen gleichzeitig eine hohe Selbstachtung beim Ex-Täter. Das Gefühl, zunehmend schuldfrei zu leben, korrespondiert mit der wachsenden Überzeugung, vor einer eventuell vorhandenen „höheren Instanz" bestehen zu können. Fragen nach der **Lebensbilanz** werden zunehmend akzeptierbar. Im Sinne eines **„offenen Gottesbegriffes"** kann sich der frühere Menschenzerstörer und Gewalttäter nunmehr selbst sagen: „Keiner hat je bewiesen, dass es Gott gibt. Keiner hat je bewiesen, dass es Gott nicht gibt. Ich würde mich sehr freuen, wenn es ihn gibt. Wenn es ihn in der Form gibt, wie wir als Menschheit bisher Annahmen und Thesen über ihn angesammelt haben, wird er während **meines** Lebens für mich nicht greifbar sein. Würde ich ihn näher beschreiben wollen, würde ich eine Anmaßung begehen, denn offensichtlich ‚will er sich nicht outen'. Also akzeptiere ich die 50 Prozent Wahrscheinlichkeit und hoffe und glaube weiter, dass es mit mir nach meinem Tode mit ihm irgendwie weitergeht."

> Manfred S. (22) beschreibt seinen Weg zu einem „lobenden Menschen": „Eigentlich brauchte ich an dem Anti-Gewalt-Training gar nicht mehr teilzunehmen, weil ich ja schon vor der Entlassung stand. Aber man weiß ja nie, wie der Vollstreckungsleiter reagiert. Außerdem kannte ich die Trainer schon ein bisschen und fand sie nett - natürlich sollten sie von mir nichts erfahren. Ich hab' dann aber doch die ganze Geschichte erzählt: Dass ich meinen Bruder gehasst habe, als er zur Welt kam und dass ich ihn sehr schwer verletzt habe und dann viele Jahre im Landeskrankenhaus war. Meine Mutter hat sich bis heute mit mir nicht versöhnt, obwohl ich schon 22 Jahre alt bin. Es wird wohl nie wieder etwas werden. Ich muss mir jetzt Menschen suchen, die mir vertrauen und die wissen, dass ich sie nicht verletzen werde.
>
> Im A-Training war ich der Redner: Wenn die Trainer den Gästen jemanden vorführen wollten, nahmen sie mich. Vielleicht ist das ganze auch nur so ein ‚Vertrag auf höherer Ebene'. Ich gebe, was sie wollen und sie geben, was ich will. Auf jeden Fall konnte ich mir nie vorstellen, mit Beamten überhaupt ‚Verträge' zu machen. Irgendwie haben sie mir auch viel zu viel gegeben und damit haben sie mich, glaube ich, gewonnen. Sie haben keine wirklichen Gegenleistungen abgefordert, aber ich glaube, das kommt noch. Ich soll vielleicht mal in eine Talkshow gehen und den Leuten da

> draußen dann einiges sagen. An mein Denken kommen sie nicht dran - ich werde mir immer das Recht rausnehmen, auch jemanden abzulehnen und vielleicht auch jemanden zu hassen. Aber nur, wenn er es wirklich verdient hat. Ich glaube, dass ich nicht mehr schlagen werde. Denn falls es eine höhere Instanz oben im Himmel gibt, dann wäre es vielleicht schön, wenn ich das in den nächsten 50 Jahren wieder gutmache, was ich in den ersten 20 Jahren versaut habe. Auf jeden Fall habe ich im A-Training gelernt, dass das kleine Kind, das meine Freundin in unsere Beziehung hineingebracht hat, mich braucht. Und ich brauche dieses Kind, weil: An wem kannst du sonst Wiedergutmachung für deine Opfer (meine wollen mich, glaube ich, nicht wiedersehen) besser betreiben, als wenn du für solch einen kleinen Menschen ‚gut' bist...?"

Für den Ex-Täter geht es also um die Selbstverpflichtung: Er möchte für andere Menschen „die Sonne" sein. Die Festlegung auf eine Lobhaltung funktioniert aus der Überzeugung, dass er wahrnehmungsstark („Ich kann die Stärken des anderen erkennen"), kommunikationsstark („Ich kann dem Anderen mitteilen, wo ich seine Stärken sehe") und liebevoll und unterstützend ist („Mir ist es wichtig, dass es dem Anderen gut geht").

Diese Haltung könnte in gewisser Weise auch als „gottesfürchtig" in einem übergeordneten Sinn gelten: Gott hat beschlossen, unseren Ex-Schläger mit den Menschen, die jetzt und hier mit ihm auf der Welt sind, „in ein Boot zu stecken". Er beauftragt ihn **direkt**, dafür zu sorgen, dass es ihm gut geht – damit er ein kleiner Beweisbestandteil „Gottes guter Idee" und dessen „guter Werke" wird. Gleichzeitig beauftragt Gott unseren Ex-Schläger **indirekt**, dafür zu sorgen, dass es den mit ihm lebenden Kreaturen gut geht.

Der Ex-Schläger hat diesen „Gottesauftrag" bisher weder gekannt noch ernst genommen – und schon gar nicht umgesetzt.

Die Lob-Kultur ist ein Weg, die Versöhnung mit sich und die Versöhnung mit anderen zu erreichen. Dafür ist die **Unabhängigkeit** vom Fremdlob und die Hinwendung zur Selbstbeurteilung ein wichtiges, wenn nicht das wichtigste Element. Ergänzend schreibt von Barnim: „Strafe konnte nur wirken, solange die strafenden Erwachsenen das gesamte Lebensumfeld der Kinder im Griff hatten. Vorausgesetzt war, dass sie nicht nur eine Strafe verhängen und durchführen durften, sondern auch deren Folgen und Wirkungen überblicken konnten."[35]

---

[35] Barnim von, F.: Erwachsene auf Schleichwegen. Strafe allein genügt nicht. KSA. 4/99. S. 20

5.2 Selbstlob als Friedensgrundlage

Selbstbeurteilung ist im Verhältnis zur Fremdbeurteilung immer das bessere Informationsmaß. Kein Mensch kennt mich so gut wie ich mich selbst. Meine Eltern, meine Partnerin, meine Kinder, meine Mitarbeiter, meine Patienten, meine Schläger – alle kennen mich, umso besser je mehr Zeit sie mit mir verbringen und je vielfältiger unser Austausch ist. Keiner jedoch verbringt mit mir so viel Zeit wie ich selbst – und keiner hat einen so regen auch „vorgedanklichen" Austausch mit mir wie ich selbst.

Wann ist ein Informationsmaß gut? Wann ist eine Beurteilung gültig? Immer dann, wenn viele Einzelinformationen vorliegen, können mit Hilfe eines guten logischen Modells auch adäquate Verknüpfungen durchgeführt werden. Unter der Bedingung, dass wenig oder zu wenig beschreibende Informationsparameter verfügbar sind, können selbst mit dem besten „Logiksystem" keine gültigen und zutreffenden Verknüpfungen oder Aussagen getroffen werden.

Die Fähigkeit zur Selbstbeurteilung oder gar zum Selbstlob wird den Menschen schon sehr früh durch die so genannten „Sozialisationsagenten" ausgetrieben. Sie sorgen dafür, dass man bloß nicht zu selbstgefällig wird und immer schön bescheiden des Urteils der Kapitalverwerter harrt.

Beispiel 1: Das kleine Mädchen im Kindergarten

In den ersten Wochen des Kindergartenaufenthaltes soll das kleine Mädchen Figuren ausschneiden. Es gibt sich viel Mühe, versucht die Schere richtig zu halten, sauber und gerade die Ränder zu kappen und letztlich ein gutes „Ergebnis" zu erzielen. Die kleinen Fingerchen sind ein bisschen eingequetscht und es gibt einige kleine blaue Stellen – egal. Das Mädchen ist stolz auf sich und sein „Produkt". Es ruft die Kindergärtnerin: „Hallo Tante, schau mal, wie schön ich das gemacht habe. Ganz sauber ausgeschnitten, sieht ganz toll aus." Die Kindergärtnerin reagiert: „Du glaubst wohl, du bist hier die Einzige, die sich Mühe gibt. Andere Kinder können genauso gut ausschneiden wie du. Einige noch viel besser. Gib mal die Schere her. Du machst erst mal etwas anderes. Spiel erst mal mit den Klötzen."

Einige Wochen später – das kleine Mädchen hat den Vorfall vergessen – geht es ums Ausmalen. Wieder gibt das Kind sich große Mühe. Wieder versucht es, an den Rändern genau zu malen und zu gucken, wo Blau aufhören und Grün anfangen muss. Am Ende sieht das Bild manierlich aus und das Mädchen ruft: „Tante, schau mal, schön gemalt. Alle Farben schön reingemalt. Ich habe ein feines Bild gemacht." Nun rastet die Kindergärtnerin vollkommen aus: „Jetzt reicht's mir aber mir dir. Du willst hier wohl immer die Beste sein. Du darfst hier überhaupt nicht mehr mitmalen."

Ergebnis für das kleine Mädchen: Es ist verunsichert. Es glaubt, sich richtig, abbildgetreu und realitätsgerecht verhalten zu haben – die Rückmeldung von der Autoritätsperson hingegen ist dem eigenen Verständnis diametral entgegengesetzt. Es beginnt zu lernen: „Ich soll etwas gut machen. Ich mache etwas gut. Ich selbst darf aber nicht sagen, dass es gut ist. Ich muss abwarten, bis ein anderer mich lobt. Wenn es lange dauert – nicht so schlimm. Schlimmer ist, wenn ich mich selbst lobe."

Beispiel 2: Der Landarbeiter

Der Landarbeiter hackt auf kilometerlangen Ackerfurchen Unkraut. Seit Jahrzehnten. Für den Patron. Der Patron schickt sich ein bis zwei Mal an, auf seinem hochherrschaftlichen weißen Schimmel – vorher hat er auf der Marmorterrasse seines Anwesens sich noch den Nachmittagstee zelebrieren lassen – seine Landarbeiter zu besuchen und zu kontrollieren. Hocherhobenen Hauptes reitet er zwischen die Reihen der Männer und sagt: „Gut gehackt." Die Landarbeiter müssten den Patron vom Pferd reißen und sagen: „Mein Hacken kann ich loben, weil ich lebenslang gehackt habe. Mein Nebenmann kann ebenfalls mein Hacken loben, denn auch er ist ein Landarbeiter. Wenn einer aber meine Arbeit nicht bewerten kann, dann bist du es, Patron. Halt die Schnauze und hau ab!"

Beispiel 3: Der Hobbymechaniker

Manfred liegt in seiner selbst gebauten „Grube" in seiner Garage und versucht, die Achse seines alten Käfers zu wechseln. Sein Freund Toni kommt zufällig des Weges und sagt: „Hey Manne, ist ja irre. Du schaffst es tatsächlich, solch eine schwierige Reparatur durchzuführen. Hochachtung." Manfred denkt: „Wenn der wüsste: Ich hab' nicht das richtige Werkzeug, mir fehlen die Ersatzteile, ich weiß gar nicht, ob ich die Achse überhaupt frei bekomme – ich glaube, ich schaffe das nie."

Zwei Wochen später ist die Arbeit dann doch noch gut vorangekommen. Manfred führt den letzten Check durch – Achse fest, Räder drehen sich. Er hat inzwischen alle Detailprobleme gelöst und ist stolz auf den Erfolg. In jedem Fall kommt – wiederum zufällig – Toni vorbei und sagt: „Mensch Manne, ich hab' dich zu früh gelobt. Du schraubst ja immer noch an dieser Achse rum. Du schaffst das ja nie. Ich glaube, ich muss mein Urteil revidieren, du bist doch kein guter Schrauber."

Beispiel 4: Der Fließbandarbeiter

Der Arbeiter am Fließband ist fremdgetaktet. Die für ihn genau geplanten Handbewegungen „sitzen", routiniert koordiniert er immer fünf bis sechs gleiche „Einzelhandlungen" zu einer Gesamtbewegung. Nach 30 Minuten verspürt er eine erste Verspannung im Schulter-Nacken-Bereich und im Unterarm. Sein

Rücken schmerzt auf Grund der ewig konstanten Haltung – er wüsste, was zu tun wäre. Entlastende und gegenläufige Bewegungsabläufe, eine kurze Massage, Laufen auf der Stelle und andere gymnastische Übungen würden seine Leistungsbereitschaft, insbesondere aber sein Wohlbefinden als Mensch verbessern. Nur: Es ist ihm nicht erlaubt. Es würde den Takt stören. Er verkauft nicht „sein" Produkt sondern seine ständige und gleichförmige Verfügbarkeit auf Kosten seiner physiologischen Disposition, die nur er selbst wahrnimmt. Diese Wahrnehmung muss er leugnen, er muss sie vergessen, er muss sich über sie hinwegsetzen, er muss sich selbst „hinten anstellen". Tut er es nicht, wird er vom Bandbetreiber (Investor) hinten angestellt und aussortiert.

Alle Beispiele zeigen, dass die Selbstbeurteilung und wohl auch das Selbstlob valide Informationsmaße darstellen – es stört jedoch die Abläufe und vermindert die Verfügbarkeit des Bürgers für die jeweils wirtschaftsgebotenen, gesellschaftlichen Verwertungsideen der „Mächtigen".

Die Eroberung der persönlichen, unmittelbaren und ultimativen direkten Wahrheit („Ich weiß am besten, wie ich mich fühle, was ich brauche und wie ich meine Leistungsbereitschaft kontinuierlich aufrechterhalte") ist der Weg zum Ziel einer integrativen Persönlichkeit, einer Persönlichkeit, die sich selbst glaubt, die sich selbst vertraut, die sich selbst versorgt, die sich selbst coacht, die es gut mit sich meint, die sich lieb hat und die dann auch eine „Belohnung" für andere sein kann. Dann, erst dann und nur dann. B. Svenneveger warnt aber: „Das Selbstwertgefühl bedingt ... keine positive Wirkung. Wichtig ist, zwischen zwei Arten von Selbstwertgefühl zu unterscheiden: Dem, das in der Realität verankert ist und dem, bei dem das nicht der Fall ist. Das positive Selbstwertgefühl wird von Menschen entwickelt, die an sich selbst glauben und ihre Fehler und Grenzen kennen. Der andere Typus kennt keine Grenzen und wird von denen entwickelt, die ständige Bestätigung brauchen... Die Untersuchungsergebnisse legen nahe, nur zu loben, wenn es einen Grund gibt. Loben wir automatisch und unkritisch – vielleicht sogar dann, wenn die Kinder etwas falsch gemacht haben – können wir potenziell gefährliche Narzissten heranziehen."[36]

Die Emanzipation von der Fremdlob-Abhängigkeit ist für jeden einzelnen „Konsumbürger" ein weiter Weg. Das Fremdlob hat weiterhin eine ultimative Macht über unsere Gefühle – die emotionale Codierung scheint lebenslang zu wirken. Deshalb muss täglich „Selbstlob statt Fremdlob" geübt und hart trainiert werden.

---

[36] Svennevig, B.: Übertriebenes Selbstvertrauen bringt Gefahr. Illustrierte Wissenschaft 10/99. S. 29

5.2.1 Thesen zur neuen Beurteilungs-Maxime

These 1: Zurzeit leben wir in der Kritik-Kultur (Defizit-Scouts)
Die Abwertung des anderen gelingt durch perfekte Defizitsuche: Auch wenn meine Fähigkeit, mein Persönlichkeitsmerkmal in diesem Bereich nur etwas höher ausgeprägt ist, werte ich mich künstlich auf Kosten des anderen auf. Ich muss mich nicht anstrengen und nicht schwitzen – ich bin in diesem Bereich immer besser. Die Selbstaufwertung geschieht auf die Lauerart. Das unerwartete Ergebnis: Meine Kompetenz bleibt unten, und der andere fühlt sich in meiner Umgebung mies und abgewertet.

These 2: In der Lob-Kultur gibt es drei Vorteile für den Lobenden
a) Es fließt immer Kompetenz vom anderen zu ihm, da er nur den einen Geniepunkt sucht.

b) Der Gelobte spürt, dass der Lobende als Geniepunkt-Scout genau den Punkt bei ihm herauspickt, den er selbst als der Gelobte als seine wahre und große Stärke ansieht. In der Kritik-Kultur wird ihm diese Eigenschaft abgesprochen und weggemobbt. In der Lob-Kultur wird sie beschrieben, positiv bewertet, euphorisch gefeiert und „angebetet". Der Gelobte fühlt sich wohl, angenommen und akzeptiert. Er spürt Wohlwollen und Unterstützung. Er wächst weiter und kann so noch mehr Kompetenz an den Lobenden abgeben.

c) Der Lobende fühlt sich autonom und souverän, weil er in der Umgebung „absprechender Defizit-Scouts" als einziger Lob-Scout schon „gönnen kann", ohne nachzuschauen, ob die anderen dies auch schon beherrschen und ihre Großzügigkeit ebenfalls schon „fließen lassen".

These 3: Kritik-Kultur nützt einzig und allein dem Patron
Beispiele:

a) Kindergartenkind

b) Landarbeiter

c) Hobbymechaniker

d) Fließbandarbeiter

These 4
Die Abhängigkeit vom Fremdlob macht ausbeutbar, entfremdet den Menschen vom eigenen Ich und entfremdet ihn von seinen Mitmenschen. Die Folge ist eine Entsolidarisierung der Gesellschaft. Gleichzeitig wird die Verfügbarkeit für den Patron durch die Sozialisationsagenten abgesichert. Der einzelne Mensch profitiert aber nicht von dieser Fremdlob-Abhängigkeit. Noch einmal: Selbstlob

ist das bessere Informationsmaß, da niemand über mehr Einzelinformation verfügt, als der Einzelne über sich selbst. Und: Erst dann, wenn viele Einzelinformationen vorliegen, können sie sinnvoll zu einer „objektiven" oder abbildgenauen/realitätsgerechten Beurteilung logisch zusammengefasst werden. **Fazit:** Das Selbsturteil und das damit verbundene Selbstlob sind ein wesentlich genaueres und dadurch gültigeres Informationsmaß als irgendein „dahergelaufenes Fremdlob".

These 5
Der sich selbst Lobende neigt **nicht** zu Realitätsverlust, da er gezielt Beurteilungsmandate vergibt, wobei der jeweilige Profi für den einzelnen Rollenbereich von ihm auf eine spezielle Leistung „abgefragt" wird. **Ungebetene** Urteile von Fachfremden werden wohl wollend angenommen, nicht zurückgewiesen, aber auf die Warteschleife gelegt: Ab in den Zettelkasten – mein Anwalt wird sie prüfen. Wachstum bedingt also aktives, **gezieltes** Einholen kompetenter Zusatzurteile zur Verbesserung der eigenen Kompetenz und der Möglichkeit, **stolz** auf sich selbst zu sein.

These 6: Abwehr der bösen Energie
In der Lob-Kultur werden negative Zuschreibungen zunächst nicht angenommen bzw. akzeptiert. Es gibt verschiedene Abwehrformen, mit denen das Problem als das des „Kritiksüchtigen" erkannt **und damit bei ihm belassen** wird.

5.3 Das Anti-Miesepeter-Programm

Für den beschwerlichen Weg der Trainingsteilnehmer aus der Fremdlob-Abhängigkeit wurde von den Autoren ein „Anti-Miesepeter-Programm" entwickelt, das eine direkte Verhaltensanweisung beinhaltet. Anhand dieses „Sollbuches" kann jeder in jeder Situation prüfen, ob und wie stark er/sie noch in der Kritik-Kultur verhaftet ist.

Das Anti-Miesepeter-Programm: 24 Schritte nach vorn

Kritikkultur	Lobkultur
1. Kritiksucht	↔ Lobbereitschaft
2. Misstrauen	↔ Wohlwollen
3. Kleinmachen	↔ Unterstützen
4. Missmutig gucken	↔ Lächeln
5. „Aber" sagen	↔ „Genau, und deshalb" sagen
6. Schadenfreude haben	↔ Sich mit dem Anderen über seinen Erfolg freuen

Kritikkultur	Lobkultur
7. Zweifel an der eigenen Größe haben	↔ Zunehmend stolz auf sich selbst sein
8. Körperliche Distanz aufbauen	↔ Körperliche Nähe durch Berühren, Streicheln, Umarmen herstellen
9. Mit dem Kopf schütteln	↔ Nicken
10. Eher starre oder abgehackte Gestik (von vorne nach unten; von oben nach unten)	↔ Fließende, spontane und kreative Bewegungen
11. Schmale, zusammengekniffene Lippen	↔ Offene Lippen
12. Nicht um Unterstützung bitten	↔ Gern um Hilfe bitten
13. Nicht gut abgeben können	↔ Gerne verschenken wollen
14. Dem Fremdlob ausgeliefert sein (auf Fremdlob sehn süchtig waren)	↔ Zunehmend Selbstlob trainieren
15. Entweder oder	↔ Sowohl als auch
16. Denken, man vergibt sich etwas, wenn man andere oder sich selbst lobt	↔ Lob als Dünger für die Seele „großzügig verstreuen"
17. Unter ständig anbrandenden Neidgefühlen leiden	↔ Froh sein über die Fähigkeit des anderen, weil ich nur dann von ihm etwas lernen kann
18. Kritik-Scout	↔ Geniepunkt-Scout
19. Heimlicher Verhinderer	↔ Meister-Coach
20. Nur meine still und heimlich erlebte Größe macht mich froh	↔ Die Summe unserer Größe ist unsere Erfolgsgarantie
21. Viel Ironie	↔ Kaum Ironie
22. Sich im kleinen Vorteil sonnen	↔ Sich in der eigenen Größe des „Abgeben können" sonnen
23. Ängstliche Lebensgrundhaltung (jemand könnte mich überholen, ich könnte was verpassen)	↔ Heitere Gelassenheit: Alles was ich aussende, kommt irgendwie doppelt und dreifach positiv zu mir zurück
24. Alles festhalten wollen	↔ Gewissheit, dass ich mich aus dem Universum zu einer personalen Einheit „verdichtet" habe und „nach der Zeit" wieder ins Universum zurückfließe

Fazit:

Kritikkultur	Lobkultur
Grimmig gucken	↔ Lächeln, loben
behindern, kritisieren	↔ unterstützen
Distanz halten	↔ berühren

5.4 Fremdlob-Abhängigkeit und „falsche" Loyalität

Besonders in den unteren sozialen Schichten, in denen die Beachtung der eigenen körperlichen und seelischen Interessen, die Fürsorge für das eigene Ich und das Hervorheben der eigenen Person, um Aufmerksamkeit auf sich zu ziehen, **aufgrund des Anpassungsdruckes** in besonderer Weise geächtet ist, fällt es schwer, die Fremdlob-Abhängigkeit abzubauen. Es besteht einfach keine „Sprache", um das eigene Ich zu pflegen, zu trainieren und ständig zu stärken. Typische Floskeln von Schlägern sind: „Das ist ein Angeber. Er ist arrogant. Er hat sich in den Mittelpunkt gestellt. Er glaubt, er ist etwas Besseres. Was glaubt er, wer er ist. Ich muss ihm seinen Platz zuweisen. Er denkt, er steht über mir." Man könnte diese Zuschreibungen des Schlägers für seine potenziellen Opfer auch übersetzen: „Da sorgt einer für sich selbst – dies ist ein Vergehen an unserem Konsens, dass wir selbst ‚nicht so wichtig sind'. Dieser Abtrünnige mit seiner Überheblichkeit muss zurechtgestutzt werden – durch mich, wenn kein anderer da ist." Letztlich muss der Schläger an eher mittelschichtkonforme körperorientierte und „selbstversorgende" Verhaltensweisen herangeführt werden, damit er es nicht weiter „nötig" hat, andere klein zu machen. Er muss lernen, zu berühren, zu streicheln, zu loben, zu lächeln, zu fördern und zu unterstützen. Was er bisher gelernt hat, ist: Zu parieren, zu schubsen, zu kritisieren, klein zu machen, abwertend zu gucken und das Gesicht zu einer „Hassfratze" zu verzerren.

Der Hauptjob des Anti-Gewalt-Trainers besteht also darin, den Täter zum Verrat an der eigenen Schicht zu verführen. So lange er der eigenen Schicht treu bleibt und ihre quasi-philosophischen Grundideen verteidigt, wird er der **künstlichen** Norm eines einseitigen Ehrbegriffs verpflichtet bleiben.

Dem Täter sind Selbstlob und Selbstliebe in der Kritik-Kultur verboten worden. Wenn er sich selbst gelobt oder für sich Selbst etwas Gutes erreicht hatte, wurde er z.b. vom Vater oder Stiefvater dafür geschlagen. Aber es war ihm erlaubt, den kleinen Bruder zu loben und für den kleinen Bruder etwas Gutes zu besorgen.

In der Idealisierung z.B. des besten Freundes, der Freundin, der Eltern oder der Peergroup wird es dem Täter erlaubt, sein eigenes Ich stellvertretend in der Person seines „besten Freundes" zu lieben. Seinen besten Freund beschützt und bewacht er, als wäre er das eigene Ich. Die Idealisierung und die Projektion des Idealselbst („So möchte ich gern sein") auf den besten Freund als dessen scheinbar vorhandenes Realselbst begründet das gesamte Fürsorgeverhalten des Täters für diesen Freund. Er „darf" daher auch jeden „ausschalten", der den Freund bedroht – eine Begrenzung der Mittel gibt es nicht, auch keine Begrenzung der Brutalität.

5.5 Die Menschenwürde des Täters

In einem Anti-Gewalt-Training nach dem Hamelner Modell geht es um die Menschenwürde des Täters. Es geht aber genauso um die Menschenwürde der Opfer und der Therapeuten. Täter, Opfer und Therapeuten sind in einem eng verzahnten Dreieck miteinander verbunden: Der Täter ist der Täter. Er ist aber immer auch ein klein wenig Opfer, wenn es um seine schmerzliche Vorerfahrung geht. Und: Er ist vielleicht auch in gewisser Weise Therapeut, wenn er es „geschafft" hat und als „Friedensarbeiter" in die Gemeinde zurück kommt. Er ist und bleibt in allererster Linie aber **Täter**.

Der Therapeut ist in allererster Linie Therapeut. Er ist vielleicht in einigen Phasen der Therapie auch ein wenig wie der Täter, weil er den Täter mit seinen Taten konfrontiert. Und er könnte auch Opfer sein, wenn es dem Täter gelingt, dem Therapeuten Schuldgefühle zu verursachen, weil der Therapeut dem Täter den Spiegel vorhält. Er ist und bleibt aber in allererster Linie Therapeut.

Das Opfer ist in allererster Linie Opfer. In manchen Situationen fühlt es sich vielleicht sogar wie der Täter, weil es spürt, dass es in Wirklichkeit keine Genugtuung gibt und dann bei ihm Rachegefühle aufkommen. In manchen Situationen wird es vielleicht sogar zum Therapeuten, das der Gesellschaft hilft, dem Täter klar zu machen, was er wirklich angerichtet hat. Es ist und bleibt aber in allererster Linie Opfer.

Die Kirche muss im Dorfe bleiben. Die Konfundierung zwischen den Rollen entspricht genau den Legitimationsstrategien, mit denen Generationen von Gewalttätern die Richterschaft, die Staatsanwälte und am Ende die Therapeuten im Strafvollzug an der Nase herumgeführt haben. Die Täter bleiben **so lange** Täter, bis sie die Verantwortung für ihre Opfer übernehmen. Erst dann werden sie möglicherweise Probanden, Klienten oder Tutoren.

Wie ist es um die Menschenwürde des Täters bestellt? Dies kann man nur gemäß den **Phasen der Täterentwicklung** beantworten. Der nicht zu therapierende Gewalttäter zeichnet sich insbesondere durch die folgenden Persönlichkeitseigenschaften bzw. Verhaltensbereitschaften aus:

1. Er ist mickrig und hilflos. Er hat eine große Zahl von Kränkungen und Demütigungen erfahren und in seiner Seele eingelagert.
2. Der Täter überträgt seine feindselige, menschenverachtende und zerstörerische Grundhaltung auf ein fast immer willkürlich ausgewähltes Opfer und versucht sich an diesem für einen Moment „narzisstisch zu bereichern".
3. Der Täter nimmt dem Opfer die Selbstkontrolle und die Autonomie und damit den Lebensmut. Er begeht Mord an der Seele des Opfers.

4. Der Täter versucht, mit einer Legitimationsstrategie dem Opfer die Schuld für die Tat in die Schuhe zu schieben und macht es damit ein zweites Mal hilflos.
5. Wenn der Täter wegen seiner Gewalttaten öffentlich angeprangert wird, behauptet er häufig, es habe einen Konflikt zwischen ihm und dem Opfer gegeben, obwohl es den nie gab. Der Konflikt besteht allein **innerhalb** der Täterpersönlichkeit und wird künstlich und willkürlich vom Täter auf das Opfer übertragen.
6. Der Täter ist ständig unterwegs, um unschuldige Mitmenschen in sein Spiel zu verstricken und für sich äußerliche Gründe abzuleiten, um diese Menschen schlagen zu dürfen. Die Inszenierung des Täters zum Zwecke der „Opferaquisition" wird vor den Strafverfolgungsbehörden im Nachhinein dann vom Täter immer wieder als „Konflikt zwischen" umgedeutet – dem Täter wird hierdurch quasi erlaubt, das Opfer in einen „gleichberechtigten KonfliktpartnerIn" umzuinterpretieren.
7. Der Täter immunisiert sich gegen Strafverfolgung von außen – von Institutionen, von gerichtlichen Instanzen oder von Therapeuten –, indem er seinen „Strafverfolgern" fehlende Objektivität, ungerechte Beurteilung und Willkür vorwirft.
8. Der Täter spricht insbesondere dem Opfer Gleichheit ab: Das Opfer hat nicht das Recht, ihn anzuzeigen oder ihn zu beschuldigen. Es hat nicht das Recht, sich zu wehren und darauf zu pochen, dass es ebenso viel Anrecht auf Autonomie oder Menschenwürde haben könnte wie der Täter. Entsprechende Versuche des Opfers erlebt der Täter als Unverschämtheit, als Arroganz, als Überheblichkeit („Was nimmt er sich heraus?"; „Was glaubt er wer er ist?").
9. Der Täter ist nicht in der Lage, die Solidarität und die Proklamation von Menschenrechten, die er seiner Familie gegenüber aufbringt, auf andere Menschen und insbesondere auf Opfer zu übertragen. Für ihn gibt es zwei Sorten von Menschen: Die, die ungefragt und ohne zu zögern seine Hilfe erhalten und ihrer würdig sind und die, die sich ihm in den Weg stellen. Die gilt es, „ungefragt umzumähen".

Die Menschenwürde des Täters ist während der Zeit seiner Gewaltbereitschaft in erheblichem Maße eingeschränkt. Weder findet er sich selbst letztlich als „würdig", noch kann er die Menschenwürde seiner Opfer in irgendeiner Weise erkennen oder gar hüten. Im besten Fall kann der Täter seine Menschenwürde zurückgewinnen, wenn er auf funktionierende Therapiestrategien und aufopferungswillige, anstrengungsbereite Therapeuten trifft.

Seine Menschenwürde kann der Täter aber nicht in einem Zug zurückgewinnen sondern nur durch verschiedene Phasen, die **verschiedene Interventionsstile** erfordern:

1. Transparenzphase. In der Lebenslaufanalyse muss ihm klar werden, wie armselig und demütigend sein Leben bisher verlief und warum er „die Gewalt geheiratet hat".
2. Konfrontationsphase. Hier muss er sich mit dem Opferleid, das er hervorgerufen und ausgelöst hat, auseinandersetzen, um sich selbst zur Umkehr besinnen zu können. Auf Grundlage des Unwohlseins über seine eigene Persönlichkeit muss er sich die Vision eines neuen Lebensentwurfes mit einer neuen Stolzhitliste erarbeiten und dazu seinen Schweiß opfern.
3. Attraktivitätsphase. Durch das tägliche Training an seiner Kompetenz wird es ihm gelingen, sich selbst gern zu haben und Verständnis, ja sogar die Kraft zum Beschützen seiner Opfer und seiner Mitmenschen aufbringen.
4. Realisationsphase. Weil er in der Gemeinde an kritischen Orten mit für Frieden sorgt, gelingt es ihm, sich als wertvoll, würdig und als „achtbarer Bürger" zu erleben.

Die Wiederherstellung der Menschenwürde des Täters hängt sehr eng mit der **gelebten** Menschenwürde der Therapeuten zusammen: Wenn die Therapeuten die Menschenwürde des Täters als „zu erarbeitendes Gut" erleben und ihr Auftragsdenken genau an der eben beschriebenen Leitlinie ausrichten, können sie vor sich selbst als Therapeuten bestehen. Ihre Menschenwürde als Therapeuten hängt für den Bereich ihres beruflichen Ichs von der Wiederherstellung der Menschenwürde des Täters mit ab. Nur wenn das Programm funktioniert („it works"), nur dann kommt die Menschenwürde von Therapeut **und** Täter in die Balance.

Die **Menschenwürde des Opfers** ist letztlich der Antrieb für die Arbeit des Therapeuten: Wenn das Opfer direkt oder indirekt spürt, dass die „beauftragten" Mandatsträger in seinem Namen am Täter wirksame Friedensarbeit verrichten und das Opfer danach eine entsprechend beruhigende Rückmeldung vom und/oder über den Täter erhält, ist die Wiederherstellung des Kontrollerlebens und die Reduzierung der Hilflosigkeit des Opfers als Grundlage für die Wiederherstellung der Menschenwürde des Opfers möglich. Eltern von Opfern sollten hartnäckig sein und alles daran setzen, dass über das Verhalten des Täters nicht hinweggegangen wird. Die Augen zu verschließen, bedeutet, dem Täter zu verzeihen und dem Opfer zu vermitteln, dass es selbst Schuld ist.[37]

---

[37] vgl. Train, A.: Ablachen, fertigmachen, draufstiefeln. Wie Erziehen doch Opfern und Tätern wirkungsvoll helfen kann. München, 1998.

Justitielle Abläufe, in denen das Opfer zum „Zeugen" verkommt und in den Gerichtsfluren den Anfeindungen der Freunde des Täters ausgeliefert wird, müssen in dieser Prozedur als „blanker Hohn", als Schlag ins Gesicht der Opfer verstanden werden. Hier wird die Menschenwürde des Opfers durch „Entfremdung" der direkten Strafverfolgungskompetenz dem Täter gegenüber mit Füßen getreten. Das Opfer spürt, dass es im Rahmen der justitiellen Verfahrensabläufe nicht zum Ausgangs- und Mittelpunkt der Strafverfolgung erhoben, sondern zum Instrument und zur Hilfskraft der Rechtsfindung degradiert wird. Häufig wird es dem Opfer sogar verwehrt, am Rechtsfindungsprozess, dem Gerichtsverfahren, mitzuwirken bzw. ihm beizutreten. Der Gipfel der Entwürdigung des Opfers besteht darin, dass das Strafmaß, das der Täter für sein Verbrechen an **diesem Opfer** erhält, diesem in manchen Fällen nicht einmal mitgeteilt wird.

Die Wirksamkeit des Hamelner Anti-Gewalt-Modells erklärt sich jedenfalls zuerst aus dem Sich-Selbst-Ernstnehmen der TrainerInnen, der Opfer und der Täter. Hieraus ergeben sich auch Antworten auf immer wieder gestellte Fragen:

1. Warum funktioniert das Hamelner Anti-Gewalt-Training in Hameln – warum fällt es anderen Justizvollzugsanstalten so schwer, ein ähnlich wirksames Projekt langfristig zu installieren?
2. Aus welchem Holz müssen die Therapeuten geschnitzt sein, damit sie die sich extrem immunisierende, extrem feindselige und in ihrem Menschenbild extrem „abspaltende" Täterpersönlichkeit **wirklich** erreichen können?
3. Wie und woher nehmen die Therapeuten die extreme Kraft, die sie brauchen, um die letztlich radikale innere Täterverweigerung gegen ein menschenfreundliches Selbstbild und gegen ein konsensfähiges Verhaltensprofil zu durchbrechen und zu überwinden?

Letztlich müssen gruppentherapeutische Programme im Sinne eines Anti-Aggressivitäts-Trainings nach dem **Hamelner Modell** die oben beschriebenen verschiedenen Phasen der Täterentwicklung abrufen, durcharbeiten und regelrecht „durchkneten". Die Wirksamkeit des Programms hängt unmittelbar von den **unterschiedlichen** Verhaltensstilen des Trainerteams ab, wobei in der Anfangsphase zum Teil **sehr massive** und sehr radikale Verhaltensstile und in der Endphase andererseits sehr einfühlsame, sehr solidarische, sehr freundschaftliche und kameradschaftliche Beziehungsabläufe gefordert sind. Beides zugleich zeichnet sie aus. Deshalb und vor allem deshalb sind **wirksame** Anti-Gewalt-Therapeuten eben aus einem „besonderen Holz geschnitzt".

Es ist immer wieder interessant, wenn Fachfremde und damit Laien den Experten, also den Psychologen, Sozialpädagogen und Medizinern Ratschläge und Empfehlungen in **deren** ureigenem Fachgebiet geben. Besonders bei der Konzeptualisierung von Therapie oder sozialem Training handelt es sich jedoch um ein komplexes Wirkgefüge, in dem der fachlich Außenstehende mit seinen

Ideen oft zu kurz greift und häufig vereinfachen muss. Die Vorschläge sind trotzdem legitim – „Anforderungskataloge an Therapien" sollten jedoch eher von den Experten selbst erarbeitet und evaluiert werden.

Der Strafvollzug hat Gewalt (vgl. Walter)[38] eher verwaltet. Bisher hieß es: Ver-Walter, walte deines Amtes. Dies reicht heute unter Beachtung der Menschenwürde des Täters, der Menschenwürde des Opfers und der Menschenwürde der Therapeuten nicht mehr aus. Verwaltung allein wäre eine Verfehlung gegen die Menschenwürde. Das **Hamelner Modell** eines Anti-Aggressivitäts-Trainings wurde von einer Vielzahl interessierter Bürgerinnen und Bürger dieses Landes aus den unterschiedlichsten Berufen nach **aktiver Teilnahme**, Beobachtung und Bewertung als besonders beurteilt (siehe Anlage 1). Die Tatsache, dass es als therapeutische Maßnahme eine in dieser Art wohl einzigartige „Öffnung nach außen" und dadurch eine wohl einzigartige Kontrolle durch die Öffentlichkeit ermöglicht, ist auch ein wichtiger Aspekt von Menschenwürde. Gerade diese Öffnung und diese Kontrollierbarkeit ist ansonsten nicht gerade „das Ding" des Strafvollzuges.

Hameln und Niedersachsen sei Dank, dass die zentrale „Anforderung" eines Ver-Walters nicht nur in vollem Umfang mitgetragen, sondern durch täglichen Schweiß der Trainer und durch tägliche Beweislast auf Trainerseite ergänzt wird.

Als Grundidee für die Zurückgewinnung **ihrer** Menschenwürde wird den Gewalttätern in Hameln eine Spruchweisheit aus dem alten China mit auf den Weg gegeben:

> „Würden die Menschen danach streben, sich selbst zu vervollkommnen, statt die ganze Welt zu retten. Würden sie versuchen, selbst innerlich frei zu werden, statt die ganze Menschheit zu befreien – wie viel hätten sie getan zur wahrhaften Befreiung der ganzen Menschheit."

Das Jugendhilfswerk Ulm meint dazu: „Dies gilt nun allerdings nicht nur für Täter sondern im ‚Hamelner Modell' auch für die Therapeuten."[39]

Bei sich bleiben mit der Energie und der Zeit – das ist letztlich die Forderung, um die Würde aller Beteiligten aufzubauen. Bei sich zu bleiben, heißt aber nichts anderes als: Wegkommen von der aktiven Fremdbeurteilung („Ich weiß, wer du bist und was du willst"), wegkommen von der passiven Fremdbeurtei-

---

[38] vgl. Walter, J.: Anti-Gewalttraining im Jugendstrafvollzug – Tummelplatz für „crimefighter"? Zeitschrift für Strafvollzug und Straffälligenhilfe, 1999. S. 228 ff.
[39] Jugendhilfswerk Ulm: Jugend und Gewalt. Dokumentation Fachtagung. Ulm, 1999. S. 36

lung („Ich glaube, der oder die hält mich für ...") und hinkommen zu einer konsequenten Selbstbeurteilung mit einem am Ende konsequenten Selbstlob.

Therapeuten können zur Wiedergewinnung der Menschenwürde des Täters – der erst einmal mit einem geteilten Menschenbild startet und dem Opfer das Lebensrecht abspricht – also erheblich beitragen: Sie zeigen dem Täter, wie er seine prosozialen Fähigkeiten fördert und ermöglichen ihm eine verbesserte Selbstdiagnostik (Selbstwahrnehmung) und tragen dazu bei, dass er als „Sich-Selbst-Regulierendes-System" im Sinne der humanistischen Ideale in die Gemeinschaft zurück darf, ohne dass irgendjemand Angst vor ihm haben muss. Auch er selbst nicht.

5.6 „Innerer Pazifismus" als Leitidee

Abkehr von Zerstörungs- und Gewaltbereitschaft und Hinwendung zur **Freude am Friedlichen** hängt nicht nur mit neu gelernten Bewertungslinien sondern auch mit der Hinwendung zum eigenen Körper zusammen. Man könnte fast sagen, beim Aufbau eines stabilen Ichs gilt folgende Regel: „Körper führt – Geist folgt".

Wer sich mit seinem Körper versöhnt und dem Körpertraining viel Zeit und Energie widmet, hat eine gute Plattform, um auch seinen Geist und seine Gefühle zu entwickeln. Es ist nachgewiesen, dass schon nach einem Jahr Ausdauertraining ein nicht unerheblicher Intelligenz-Zuwachs zu verzeichnen ist. Wie dumm müssen Lehrplaner sein, die dem Körpertraining in der Schule maximal zwei bis vier Stunden einräumen – dem „Geisttraining" aber ca. 22 Stunden? Wer einen klugen Kopf will, muss auch, vor allem und zu allererst den Körper trainieren.

Das Zutrauen in den eigenen Körper und das Bewegungs- und Ausdauertraining verbessern aber nicht nur die Intelligenz und die Stimmung durch die Produktion von Endorphinen sondern insbesondere auch das Sicherheitsgefühl: Nur wer täglich sein Abwehrverhalten trainiert, kann relativ sicher sein, dass er im Notfall seinen „Ein-Meter-Abstand" auch **wirklich** verteidigen kann. Nur wer diese Sicherheit in sich trägt, weil er sie für sich erarbeitet hat, kann auch intellektuell und emotional klar und sicher auftreten. Nur dieser Mensch ist wirklich „bei sich selbst".

Anders ausgedrückt: Angst ist ein schlechter Berater und ein schlechter Weggefährte. Wer als (vor allem männlicher) Schüler mit Angst zur Schule geht, kann schwerlich die angebotenen „Geisteshappen" aufnehmen und verdauen. Für die Schule sollte von daher ab sofort gelten: Schutzauftrag geht vor Lehrauftrag. Oder: Wer Geld ausgibt, um den Kanzler mit Security und Bodyguards zu schützen, sollte sich nicht scheuen, Mittel zur Verfügung zu stellen, damit Schüler angstfrei lernen können. Dies geschieht zurzeit an unseren Schulen nur unzureichend: Etwa 90 Prozent aller männlicher Schüler wurden im Rahmen ihres Pflichtschulbesuches mindestens einmal zusammengeschlagen. Herzlichen Glückwunsch, liebes Schulsystem.

In einer Gesellschaft der Lob-Kultur nimmt der Einzelne sich ernst, um dann den anderen ernst nehmen und fördern zu können. Ernst nehmen heißt, **viel** dafür zu tun, dass ich mich in meiner eigenen Person und mit meiner eigenen Person sicher fühlen kann, „egal was kommt". Hierfür muss ich Zeit reservieren, um meinen Körper mit Selbstverteidigungsfunktionen auszustatten. Erst dann bin ich ein guter Friedensmanager oder Pazifist.

Anti-Aggressivitäts-Training oder Friedenstraining hat immer eine Zielidee und ein Zielverhalten im Visier: Pazifismus.

Pazifismus entwickelt sich vom Inneren zum Äußeren:
1. Friede mit mir,
2. Friede mit dir,
3. Friede mit euch,
4. Friede mit allen.

Auf den ersten drei Ebenen sind die Menschen noch direkt sinnlich ansprechbar und zu fassen – auf der vierten Ebene handelt es sich um einen symbolischen Kontakt, der über Informationsleitungen **indirekt** hergestellt werden muss.

Die Fähigkeit, Pazifismus zu leben, hängt mit dem Erlernen, der Ausprägung und letztlich dem Vorhandensein einer extremen Verteidigungskompetenz zusammen: Nur wer sich ziemlich sicher sein kann, dass ein spontaner oder auch von langer Hand geplanter Angriff eines aggressiven Gewalttäters abgewehrt werden kann, kann sich Pazifismus „leisten". Der unvorbereitete Mensch wird entweder körperlich oder mental zugrunde gerichtet oder muss mit einer „Overkill-Maschinerie", mit Waffen, die stärker sind als der „trainierte" Angreifer, zu Mitteln greifen, die in der Regel das Übermaßverbot tangieren. Als typische Überreaktion kommt es zu Amokläufen mit automatischen Feuerwaffen.

Die Hilflosigkeit des zur **Verteidigung unfähigen** Nichtgewalttäters führt letztlich zu extremer Gewaltphantasie, extremer Gewaltbereitschaft und manchmal zu extremer Gewaltreaktion mit Amoklauf, Massenmord oder anderen Gewaltspiralen.

Die Verteidigungsfähigkeit des Pazifisten muss sich also doppelt organisieren:
1. **Individuell** gegen spezielle und spontane Übergriffe oder Angriffe des Gewalttäters.
2. **Generell** und global gegenüber der Grundhaltung, andere Menschen körperlich angreifen und mental zerstören zu wollen und zu dürfen.

Prävention gegen **Gewalt** heißt, Lösungsmöglichkeiten von Konflikten in Windeseile herstellen zu können. Im größtmöglichen Synergie-Effekt werden so aus Konfliktgegnern Konfliktpartner. Präventionsverfechter sind friedliche Krieger für Nichtangriff und Nichtzerstörung, die aber immer über ein riesiges Arsenal von Lösungsinstrumenten verfügen und an diesem Arsenal beständig und exzessiv feilen. Der Pazifist, der auf Gewaltprävention aus ist, ist nie zufrieden: Immer glaubt er, noch bessere Lösungsinstrumente entwickeln zu können und zu müssen, damit Gewalt **wirklich** überflüssig wird, nicht mehr durchdringt und als erfolgloser Versuch **tatsächlich** abgewehrt werden kann.

Der/Die Präventionsverfechter(in) ist der „Rocky der Worte", der gierig und bemüht gleiche Normen für **alle** Menschen aufstellt und nur glücklich ist, wenn er dazu Coaching als Durchsetzungshilfe anbieten kann. Er investiert ein hohes Maß an Energie in die Überzeugungsarbeit und möchte universelle Gleichheit trotz unterschiedlicher Identitätslinien der einzelnen Menschen unterschiedlichen Geschlechts, unterschiedlicher Herkunft, unterschiedlichen Alters und mit unterschiedlichen Vorlieben durchsetzen. Diese Art eines emotionalen und sozialen „**Universalismus**" ist die logistische Grundlage von Gewaltprävention und damit von Pazifismus.

Der Gewalttäter indessen ist ein mickriges und armseliges Auslaufmodell: ein nicht realitätsgerecht funktionierendes Lebewesen. Er ist extrem faul, er ist feige, er ist stumpfsinnig bis hin zur Debilität. In seiner intelligenzgeminderten Ich-Bezogenheit will er nur eins: Ruhe haben. Er verweigert argumentative Auseinandersetzung und die Entwicklung von Anstrengungsbereitschaft, um seine eigene Begabung aufzubauen. Beides wäre ihm viel zu mühsam und er hat Angst vor dem Misserfolg.

Seine größte Angst besteht darin, Anstrengungsbereitschaft zu aktivieren, ohne den „gewünschten Erfolg" sicher im **Voraus** abschätzen zu können. Er ist extrem kränkbar und hat Angst, seine Bemühungen umsonst zu investieren, weil das Leben ihn mit partieller Erfolglosigkeit bestrafen könnte.

Er ist rassistisch und „Menschen trennend" und verhält sich so, als ob es unterschiedliche Lebensberechtigungen gäbe, wobei er das Recht auf Zuweisung von hohem oder niedrigem „Menschenwert" in Anspruch nimmt. Sein Bedürfnis nach Ruhe, die sofortige Lösung ohne das Abwägen von Alternativen, **zwingt** ihn dazu, einfache und fast immer den Gegenpol zerstörende, im schlimmsten Fall mordende Praktiken umzusetzen: Sie sollen wenig kosten und sie sollen hundertprozentig funktionieren.

Der Nachteil seines Vorgehens: Ist der Gegenpol ausgeschaltet, kann sich auch der Ausgangspol nicht mehr entwickeln, vereinsamt, verhungert und stirbt ebenfalls ab. Genau betrachtet ist der Gewalttäter, der sein Gegenüber auslöscht, ein Selbsthassender, der im Auslöschen des anderen die Selbstauslöschung programmiert und dies vorbewusst auch spürt. Da er sich selbst hasst, ist ihm aber die Zerstörung des eigenen Ichs nicht nur gleichgültig, sondern er führt sie fast zwingend herbei. Nur ist er dabei nicht fähig zu ertragen, dass dann, wenn er sich selbst ausgelöscht haben sollte oder ausgelöscht ist, der andere, der Gegenpol noch freudig weiterleben könnte. Von daher ist der gewaltbereite „Finalist" ein extremer Ausblender eigener und fremder Lebensentwürfe, dem die Illusionen und Visionen verloren gegangen sind und der nur eines zu wissen glaubt: „Anstrengung lohnt sich nicht" oder „Leben lohnt sich nicht".

Pazifisten hingegen sind euphorische Anbeter ihrer natürlich begrenzten und deswegen so wertvollen Lebenszeit und ihres Lebensweges, die von Dankbarkeit und Demut über das Zustandekommen ihrer Person in dieser Welt und dieser Zeit geprägt sind.

Die Dankbarkeit und die Hochachtung vor dem **„Leben dürfen"** artikuliert sich in extremer Anstrengungsbereitschaft, in jeder Sekunde das Beste erreichen und für einen Ausgleich der Interessenkonflikte sorgen zu wollen, zu können, aber auch zu müssen. Pazifismus bedeutet Demut, bedeutet Euphorie, bedeutet Bereitschaft, jeden Übergriff gegen das „angebetete Leben" so effektiv zurückweisen zu können, dass der stumpfe Aggressor irgendwann die Nutzlosigkeit des Versuchs erkennt und er dann möglicherweise ebenfalls nach anderen, in dem hier definierten Sinne pazifistischen Lebenswegen sucht.

Der Pazifist ist der Lehrer des Gewalttäters: in philosophischer, in persönlichkeitspsychologischer, in körperbezogener, in lebenspraktischer und in emotionaler, weil Euphorie spendender Weise.

Der Gewalttäter hat nur **eine** Chance: sich in den Pazifisten und damit in den pazifistischen Lebensentwurf zu verlieben. Andernfalls fegt er sich am Ende selbst von der Platte!

Die hier vorgestellte Abkehr von der „Kritikgesellschaft" und von der Mobbing-Bereitschaft ist letztlich Grundlage des „Anti-Aggressivitäts-Trainings" (AAT). Sie wäre aber auch Grundlage dafür, dass Menschen insgesamt mehr Belohnung als Bestrafung füreinander sind.

6 Das Anti-Aggressivitäts-Training (AAT)

6.1 Die Wurzeln des AAT

Schon Galilei wusste: „Man kann den Menschen nichts lehren, man kann ihm nur helfen, es in sich selbst zu finden."

„Um die härtesten der harten Gewalttäter kümmert sich Michael Heilemann. Er ist Psychologe in der Jugendanstalt Hameln. Zwölf Trainer sollen in acht Monaten aus sieben jugendlichen Gewalttätern friedliche Schläger machen. Mit Entspannungs- und Anti-Blamier-Training sollen die Raufbolde zur Raison gebracht werden. Sie sollen aber nicht nur lernen, Provokationen und Peinlichkeiten zu ertragen, sondern ihre eigenen Stärken kennen lernen. Sie bekommen Rhetorik- und Flirt-Training und sollen beim Gehirnjogging im Kopf die Muskeln spielen lassen. Das klingt wunderbar – und teuer."[40]

Beim Anti-Aggressivitäts-Training (AAT) handelt es sich um eine deliktspezifische und defizitorientierte Trainingsmaßnahme für inhaftierte Gewalttäter. In Weiterentwicklung des früheren Mutterprojektes (Geschlechtsrollenseminar, Vergewaltigertherapie) werden die inhaftierten Gewalttäter durch ein interdisziplinäres Trainerteam unter Einbeziehung von ExpertInnen aus der Gemeinde massiv beeinflusst.

Das AAT ist radikal **opferorientiert**: Das Trainerteam arbeitet am Täter, aber **immer** und **grundsätzlich** im **Auftrag der Opfer**.

Das AAT ist radikal **konfrontativ**: Erst wenn der Täter auf dem „heißen Stuhl" die ihm zukommende lebenslange Verantwortung für seine Opfer übernimmt, ist er in der Lage, sich für seine neue, friedliche Identität zu entscheiden.

Das AAT ist radikal **wachstumsorientiert**: In der Phase des Attraktivitäts-Trainings hat der Ex-Täter die Chance, sich „mittelschichtorientierten" Normen und Verhaltensformen zu nähern, um dann gemäß seiner **eigenen** Stolzhitliste Wirksamkeit, Aufmerksamkeit (Resonanz) und Achtung vor (insbesondere auch eigener) Menschlichkeit durch konsequentes Expertencoaching in „gieriges Selbstcoaching" zu überführen.

Das AAT ist konsequent **kundenzentriert**: Der veränderte, friedliche Täter emanzipiert sich zum „Opferanwalt" und entwickelt Schutzfunktion für hilflose und schwache Mitmenschen. Im Rahmen des Gewalt-Recycling-Modells verwirklicht er im Sinne seines **lebenslangen** Wiedergutmachungsauftrages Friedensarbeit und gibt so die Investitionen der Institution Strafvollzug an die Gesellschaft zurück.

---

[40] Richter, T.: Jugendgewalt – SPD wendet sich Ursachen zu. taz vom 25. Oktober 1997

Das AAT ist radikal **offensiv**: Auf Grundlage der Theoreme humanistischer Psychologie wird die vorherrschende Kritik-Kultur (Mobbing-Sucht) in eine konsequente Lob- und Selbstlobhaltung überführt. Der Proband war bisher Zerstörer und Bedrohender – er entscheidet nunmehr, sich in der Rolle des Unterstützers und Belohnenden wohl zu fühlen. Dadurch weist er täglich aufs Neue die von ihm gesuchte „Lebensberechtigung" („Warum macht es Sinn, dass gerade **ich** auf der Welt bin") in prägnanter Form nach.

Das AAT ist radikal **transparent**: In den Marathonsitzungen dieses Großgruppentrainings sind grundsätzlich Experten, interessierte Gäste, Medienvertreter, Opfer und Ex-Täter als Tutoren erwünscht. Im Rahmen einer kollektiven fortlaufenden Supervision wird auf diese Weise sowohl die öffentliche Kontrolle als auch die interdisziplinäre Weiterentwicklung der Maßnahme sichergestellt.

Insgesamt ist das AAT radikal und unverschämt: Es kann nur von nichtautoritätshörigen, gierigen und „lieben" Trainerinnen und Trainern in seiner Substanz erfasst und „hart am Mann segelnd" umgesetzt werden. Die wesentliche Autorität, die diesem Konzept innewohnt und vom Trainerteam absolut hochgehalten wird, ist die **Autorität des Opfers**. Der wahrgenommene Opferauftrag definiert nicht nur das Recht sondern geradezu die Verpflichtung, (scheinbare) Grenzen zu tangieren oder gar zu überschreiten. Dabei kann es sich um Grenzen der „alten" Täterpersönlichkeit, um Grenzen der Institution Knast aber auch um Grenzen der Belastbarkeit beim Trainerteam selbst handeln. Denn: Das AAT arbeitet nicht im luftleeren Raum, sondern muss sich eines starken Konkurrenten erwehren: Des Paten der organisierten Kriminalität. Die Konkurrenz schläft nicht. Der Wettlauf um die Seele des Gewalttäters wird vom AAT aufgenommen. Der subkulturelle Verführer, der „Pate", hat einige Jahre Vorsprung – das AAT muss in Windeseile aufholen.[41]

Der traditionelle Strafvollzug hat es bisher nicht geschafft, Häftlinge, die sich innerlich selbst ablehnen, nicht mögen und die – auch objektiv – kaum Chancen zur Selbstbestätigung in ihrem gesellschaftlichen Umfeld haben, **tatsächlich** mittelschichtgerecht zu qualifizieren. „Das Gefängnis, sagt Anstaltsleiter Hansjürgen Eger, soll ein letztes Mittel sein, um eine kriminelle Karriere zu stoppen. Vorher müsse mit ambulanten Maßnahmen versucht werden, den jugendlichen Täter auf bessere Wege zu führen. Für Eger ist der Knast ein Reparaturbetrieb im Auftrag der Gesellschaft. Hier soll geflickt werden, was erziehungsunfähige Eltern versäumt, was Schulen und Jugendämter nicht geschafft haben."[42] Das Ziel heißt: Auf sich selbst mehr stolz sein zu können und sich selbst mehr zu mögen. Nur wer sich selbst liebt, kann auch andere lieben. Nur wer mit sich selbst Frieden schließt, kann andere in Ruhe lassen.

---

[41] vgl. Geffroy, E.K. (HG): Das einzige, was immer noch stört, ist der Kunde. Landsberg/Lech, 1999.
[42] Bürer, B.: Wir bieten unsere Hand. Die Zeit, 13. Juni 1997

Das Anti-Aggressions-Training basiert daher einerseits auf einer konsequent täterzentrierten Grundrichtung, das heißt, auf delikt- und defizitspezifischen Handlungsmaßnahmen. Die zugrunde liegende psychologische Vollzugstheorie versucht eine „Friedenserziehung" durch Veränderung der zentralen, identitätsstützenden Persönlichkeitsannahmen des Täters. Opferorientierung bedeutet andererseits: Das Trainerteam arbeitet am Täter, aber immer **im Auftrag des Opfers**. Begründet und erprobt wurde diese „radikale Trainingsmaßnahme" erstmals bei der Behandlung von Sexualstraftätern. Die Grundidee für das Anti-Aggressions-Training wurde aus diesem Mutterkonzept (**Geschlechtsrollenseminar**, Vergewaltigertherapie) abgeleitet: So wie Vergewaltiger durch die Interaktion mit rollenbewussten Frauen ihre Frauenfeindlichkeit und ihr eigenes männliches Rollenkonzept relativieren konnten, soll es den Schlägern erlaubt sein, zusammen mit friedfertigen Menschen aus der Gemeinde, den TrainerInnen, ihre „Stärkenorm", ihr Männlichkeitsklischee, zu überprüfen und friedensfähig zu werden.[43]

In der Zeit von Dezember 1985 bis Ende 1986 wurde das Urkonzept von M. Heilemann für das Anti-Aggressions-Training entwickelt und in einer zweijährigen Erprobungsphase insbesondere unter dem **Arbeitsschwerpunkt** „Gründliche Aufarbeitung des Ausgangsdeliktes" unter Einbeziehung der aktuellen Verhaltensdaten der Teilnehmer **konfrontativ** durchgeführt.[44] In der weiteren Entwicklungsphase stand der **sporttherapeutische Ansatz** zur Therapieergänzung im Mittelpunkt. Seit 1995 wurden aufeinander aufbauende Trainingsphasen (Deskriptionsphase, Konfrontationsphase, Attraktivitätsphase und Realisierungsphase) **entwickelt**. Diese Phasen muss der Täter durchlaufen, um von einem zerstörerischen, mickrigen Körperverletzer zum friedlichen, unterstützenden und sich selbst liebenden Mitmenschen werden zu können.[45]

Die modernste Variante der Therapie läuft seit September 2000: AAT.pro. Schläger in der „letzten Vollzugsphase" in der Freigängerabteilung werden „gezwungen" in ihrem Heimatort eine Good-Will-Tour zu unternehmen. Sie müssen beim Bürgermeister, bei der Polizei, beim Bäcker und beim Fleischer vorsprechen und mitteilen: „In drei Wochen bin ich wieder zu Hause. Habt keine Angst. **Bereitet meine Opfer darauf vor**, dass ich wieder komme. Bereitet sie aber bitte auch darauf vor, dass ich ein anderer bin. Dass ich sie unterstütze. Dass ich dafür lebe, dass es ihnen gut geht. Dass sie angstfrei sein können. Dass sie wissen: Wenn ich von irgendwem bedroht werde – der Mensch, der mich früher geschlagen hat, ist nun für mich da. Er ist mein Beschützer!"

---

[43] vgl. Heilemann, M.: Das Kurzstrafenprojekt. In: Auf neuen Wegen. 1982, Heft 2 und Heilemann, M.: Gemeindenahe Sexualstraftätertherapie. In: Berufsverband deutscher Psychologen. Bericht über den 13. Kongress für angewandte Psychologie. Bonn 1985
[44] vgl. Weidner, J.: Anti-Aggressivitäts-Training für Gewalttäter. Lüneburg, 1990.
[45] vgl. Heilemann, M.: Wir lassen die Täter nicht in Ruhe. In: Hechinger, S.: Jugendstrafvollzug in Europa – Beispiel Deutschland. arte TV, 2. Februar 1998.

AAT.pro (Anti-Aggressivitäts-Training.Präventionsorientiert) legt den Schwerpunkt auf die Realisationsphase und „vereidigt" den Ex-Schläger als Friedenstrainer vor Ort. Das Motto dieser neuesten Variante lautet: **Es gibt nichts Gutes, außer man tut es.** Oder: Weil vor Ort aktiv für Frieden gekämpft wird, wird der Frieden noch stärker verinnerlicht, als es durch ein singuläres „internes" Trainingsseminar hinter den Mauern des Strafvollzuges möglich wäre.

6.2 Durchführungsmodalitäten

Ein bulgarisches Sprichwort besagt: „Gehen lernt man durch Stolpern."

Die Maßnahme AAT erstreckt sich über einen Zeitraum von rund acht Monaten (September bis April) wobei nach etwa drei Monaten bei den meisten Teilnehmern schon ganz anständige, „flüssige" Gehbewegungen zu beobachten sind. Das Training findet einmal in der Woche an einem festgelegten Wochentag statt und dauert drei bis vier Stunden. Als Trainingsraum steht ein spezieller Seminarraum der sozialtherapeutischen Abteilung der Jugendanstalt Hameln zur Verfügung. Ein einladendes, gemütliches Ambiente mit Kaffee, Keksen und angenehmer Beleuchtung schafft die atmosphärische Voraussetzung für die extrem intensive und radikale Maßnahme. Neben den hauptamtlichen TrainerInnen, MitarbeiterInnen aus verschiedenen Berufsgruppen des Strafvollzugs, nehmen auch ehrenamtliche MitarbeiterInnen am Training teil, um ihre eigene, meist indirekte Betroffenheit durch Gewalt in konstruktives und Kompetenz erhöhendes Trainingsverhalten für die Täter umzusetzen. Des Weiteren wirken Ex-Teilnehmer als Tutoren mit, die zur Ausbalancierung des Trainerteams beitragen und einen besonderen Zugriff auf die Häftlingsperspektive zulassen. Die Einbeziehung weiterer externer Spezialisten zu jeweils besonderen Trainingseinheiten (Kompetenzerhöhung, Attraktivitätstraining) ist unerlässlich für die Vermittlung von Expertenwissen. Da es sich beim Anti-Aggressions-Training um eine Behandlungsmaßnahme handelt, in der sich der Täter öffentlich bekennen und verändern muss, sind Gäste von außerhalb, die häufig Berufe ausüben, die sich ebenfalls mit dem Problem der Gewalt beschäftigen, nicht nur erwünscht sondern für den Therapieerfolg unerlässlich.[46]

Welcher Insasse kann am Anti-Aggressions-Training teilnehmen? In der Jugendanstalt Hameln sind etwa 650 Insassen untergebracht. Rund 100 Inhaftierte verbüßen eine Jugendstrafe wegen Körperverletzung. Jährlich bewerben sich etwa 50 Körperverletzer für das Anti-Aggressions-Training. Von diesen 50

---

[46] vgl. Fischwasser-von Proeck, G. und Heilemann, M.: Anti-Aggressivitäts-Training in der Jugendanstalt Hameln. Weiterentwicklung und Ausdifferenzierung der Konzeption. In: Niedersächsisches Landesjugendamt, Forum Sozialarbeit. 1997. Vgl. auch Witzig, K.: Berührung ist das allerschlimmste – Harte Jungs lernen, Gefühle zu zeigen. In: Hannoversche Allgemeine Zeitung, 8. Oktober 1996.

Bewerbern werden im Rahmen eines Aufnahmeverfahrens acht als Teilnehmer für die Trainingsmaßnahme gewählt. Voraussetzungen für die Teilnahme sind neben den beiden formalen Kriterien einer Mindestverweildauer von acht Monaten und guter Deutschkenntnisse

- das Vorliegen einer eindeutigen Gewaltkarriere (kein Einmaltäter – es muss eine extrem hohe Deliktdichte erkennbar sein),
- ein hohes Maß an Experimentierfähigkeit,
- Aufgeschlossenheit für unkonventionelle, knastuntypische Trainingsinhalte (z.B. Anti-Blamier-Spiele, Entspannungsübungen und Ähnliches),
- eine statushohe Position innerhalb der gesamten Insassenschaft, um für die Ausweitung des „Friedensgedankens" unter den Häftlingen als Multiplikator zu dienen,
- ein relativ hoher Intelligenzquotient, weil es sich um eine intellektuell anspruchsvolle Maßnahme handelt.

Und Heilemann traut seinen Probanden ziemlich viel zu: „Extreme Hochleistungsarbeiter könnten diese Jungs sein, ist der Therapeut überzeugt. Nicht selten verfügen sie über einen Logik-IQ von 120 bis 140 und sind mental extrem stark. Wir müssten sie mit einer Art Managementtraining ihren subkulturellen Vorbildern, den Paten der Straße entreißen und sie dazu bringen, sich in unsere Lebensweise zu verlieben, begeistert sich der streitbare Blonde. Heilemann: ‚Die Motivationstrainer unserer Konzerne wie Siemens oder BMW wären da genau die richtigen.'"[47]

6.3 Die vier Phasen des Hamelner Modells

Die im Folgenden beschriebenen vier Phasen des Hamelner Modells bauen aufeinander auf. Jede Maßnahme hat ihren speziellen Stellenwert und ist unerlässlich (auch in der Reihenfolge) für den Erfolg der Gesamtmaßnahme.

6.3.1 Biographische Analyse (Deskriptionsphase)

In dieser Phase geht es darum, eine biographisch deliktbezogene Anamnese jedes einzelnen Teilnehmers zu erstellen. Pro Teilnehmer findet eine Trainingssitzung mit einer Dauer von drei bis vier Stunden statt. Mit Hilfe einer chinesischen Wandzeitung wird eine „biographische Lebenslaufanalyse" erstellt. Die gesamte Gruppe, also die zehn bis zwölf TrainerInnen, die Tutoren und die übrigen sieben Täter, befragen die „Hauptperson" zu ihrem bisherigen Leben –

---

[47] Hollweg, P.: Den Paten entreißen. Psychologen glauben, dass man auch schwere Jungs wie Mehmet noch zu ganz patenten Zeitgenossen umformen kann. In: Focus 48/1998. S. 47

Grenzen und Tabus gibt es dabei nicht. Die Antworten und die Beschreibungen werden auf der chinesischen Wandzeitung – für alle sichtbar – niedergeschrieben. Bei der Anamnese geht es in erster Linie um die Beschreibung der früher erlebten Kränkungen, Demütigungen und Verletzungen. Es geht um die Fragestellung, „wann hat die Gewalt dich geheiratet, wann hast du die Gewalt geheiratet". Ein zweiter Schwerpunkt ist die Fokussierung der Vater-Sohn-Beziehung. Die Bezugspersonen und damit die „Zentralpersonen" seines bisherigen Lebens werden damit für alle sinnlich nachvollziehbar und teilweise in Rollenspielen spürbar dargestellt. Auf die Frage nach dem „schlimmsten Opfer, das ich hinterlassen habe", **muss** geantwortet werden. In dieser Phase soll erreicht werden, dass der Täter sein bisheriges Leben gläsern und nachvollziehbar für alle, insbesondere aber für sich selbst darstellt. Er soll für sein eigenes Schicksal sensibilisiert werden. Durch Kränkungen und Demütigungen entstandene emotionale Sperren sollen erkannt und nach Möglichkeit aufgelöst werden. Seine Bedürfnisartikulation hinsichtlich sozialer Ansprüche soll verbessert werden. Die erstellte Wandzeitung begleitet den Täter bis zum Ende des Trainings – bei Bedarf kann sie wieder aufgehängt werden. Sie ist gleichzeitig eine Art Lastenbuch, das in den nächsten sechs Monaten abgearbeitet werden muss.

Wie wichtig die biographische Analyse ist, bestätigt auch Fiedler: „Diagnose beinhaltet Erklärung, Sinn und Bedeutsamkeit. Die mir inzwischen vorliegenden Briefe und das Buch ‚Persönlichkeitsportrait' verdeutlichen, dass Diagnose – begrifflich behutsam abgefasst – von den Betroffenen akzeptiert wird. Es ist ganz offenkundig so, dass positiv konnotierende und damit akzeptierbar bedeutungssetzende Diagnostik zur unmittelbaren Beruhigung der bis in ihre Grundfesten erschütterten zwischenmenschlichen Beziehungen führen kann..." Und: „Wenn ich weiß, wer ich bin, kann ich entscheiden, ob ich so bleiben will, wie ich bin oder ob ich mich ändern möchte..."[48]

Wer aber nicht entscheiden kann, wem keine Türen geöffnet werden, der droht sich der Gewalt zu verschreiben. Zu den Hintergründen der Gewaltbereitschaft junger Türken schrieb „Der Spiegel": „Durch Gelegenheitsarbeit auf dem Bau sicherte Ibu für sich und seine Freundin eine karge Existenz. Mit seiner Intelligenz hätte er nach dem Urteil seiner Grundschullehrer das Gymnasium schaffen können, aber daraus wurde nichts. Statt Unterstützung aus seiner Familie zu erfahren, wurde er mit fürchterlichen Prügeln an die Normen des türkischen Unterschieds gezwungen. Eine Enge, aus der er hinaus musste, aber wohin? Das ist ... ein typisches Schicksal begabter Türken der zweiten Generation. Die soziale Ignoranz, an der die deutsche Seite durch Wegschauen durchaus mit-

---

[48] Fiedler, P.: Integrative Psychotherapie bei Persönlichkeitsstörungen. Göttingen u.a. 2000. S. 20

schuldig ist, läuft auf eine Art Zucht von Nachwuchs für die türkische Unterwelt hinaus."[49]

6.3.2 Konfrontationsphase (Heißer Stuhl)

In dieser Phase muss jeder Trainingsteilnehmer für drei bis vier Stunden auf den „Heißen Stuhl". Die Gewalttaten jedes einzelnen Häftlings werden aufgelistet und ein Aufbau von Rangreihen über den „Brutalitätsgehalt" der Straftaten vorgenommen. Mit diesen wird der Täter konfrontiert. Mit einem der vielen Opfer wird vom Leitungsteam des AAT Kontakt aufgenommen und ein individuelles Opferinterview erarbeitet. Zur Vorbereitung des Opferinterviews wird von den beiden Leitern des Anti-Aggressions-Trainings im sozialen Umfeld des Opfers, den Eltern, der Freundin, dem zuständigen Pastor, seinem Rechtsanwalt und ähnlichen Personen abgeklärt, ob eine Kontaktaufnahme zum Opfer direkt möglich ist oder ob aus Gründen des Opferschutzes ein Mensch aus der näheren Umgebung des Opfers befragt werden kann, dem die persönliche Situation des Opfers vor und nach der Tat, bei der Gerichtsverhandlung, bis heute vertraut ist. Beide Möglichkeiten sind effektiv einsetzbar in der Konfrontationsphase. Eine Konfrontationssitzung ohne Interview zeigt häufig einen geringeren Grad an Betroffenheit beim Täter und hinterlässt für die weitere Veränderung des Täters weniger Substanz. Während der Sitzung auf dem „Heißen Stuhl", aber auch in der Zeit danach, sollte der Täter auf Grund der Konfrontation mit dem Opfer Empörung über die eigene Tat entwickeln. Er soll Ekel und Abscheu verspüren. Er soll Gewalt als Kompensation seines eigenen mickrigen Ichs erleben, er soll erkennen, dass es sich um eine einseitige Täter-Opfer-Beziehung handelt und er soll am Ende die lebenslange Verantwortung für seine Opfer übernehmen und einen individuellen Wiedergutmachungsplan erstellen, der sowohl direkte als auch indirekte Wiedergutmachungsaufgaben enthalten kann.[50]

6.3.3 Attraktivitäts-Training

Im Attraktivitäts-Training geht es um Erweiterung von Kompetenz, also um das Training der tatsächlichen Begabungsreserven des Täters.[51] Die Verbesserung des realen Kompetenzniveaus durch Selbst-Coaching, die Verbesserung der Rollenreflexion (Männerrolle) und die Verbesserung des Rückzugsverhaltens unter realen Provokationsbedingungen sollen erlernt werden. Letztendlich geht es dabei um Kompetenzerweiterung der eigenen Persönlichkeit. „Am Ende des

---

[49] Barth, A.: Schießt mich auch gleich tot. Der Spiegel 1/2001. S. 51
[50] vgl. Ellinghaus, W.: Wozu Ethikunterricht? Harsewinkel, 1996. Vgl. auch Heilemann, M.: Der heiße Stuhl. Das Konfrontationselement im Anti-Aggressivitäts-Training. In: ARD-Magazin Kontraste 4/1996.
[51] vgl. Vinocur, A.: Ein außergewöhnliches Therapiekonzept: Das Anti-Aggressivitäts-Training in Hameln. In: Spiegel-TV, Hamburg 20. Juni 1999.

Trainings müssen ‚die Häuptlinge' gegenüber den echten Türstehern draußen beweisen, dass sie jeder Provokation stand halten. Erst dann erhalten sie den ‚Gesellenbrief des friedlichen Schlägers'."[52] „Der Täter soll sich als ‚wirklich geil', wirklich attraktiv, wirklich überlegen erleben, er soll auf sich entwickelnde Begabungsreserven stolz sein können, er soll die Möglichkeit haben, Fremdlob von seiner sozialen Umwelt durch nochmalige Verstärkung der auf die eigene Person gerichteten Anstrengungsbereitschaft (Willenskraft) abrufen zu können, er soll in der Lage sein, sich selbst zu loben und realistische Rückmeldungen über Kompetenzfortschritte abzurufen. Tief empfundene Verantwortung für das eigene Wohlgefühl und die eigene Lebenszufriedenheit ... stärkt das Zutrauen in die eigenen Wachstumsmöglichkeiten."[53]

Insgesamt beinhaltet die Phase des Attraktivitäts-Trainings sechs bis acht Trainingseinheiten. Jede Trainingseinheit ist eine in sich geschlossene Maßnahme, die einmalig ist und auch nicht wieder aufgegriffen wird. Da zu den einzelnen Trainingssitzungen jeweils ExpertInnen aus der Gemeinde eingeladen sind, kann der Täter aus mittelschichtorientierten Maßnahmen lernen und hat danach die Möglichkeit, für sich zu entscheiden, ob er bestimmte Angebote vertiefen möchte oder nicht. Er lernt Inhalte kennen, mit denen er sich noch nie beschäftigt hat, und macht so die Erfahrung, dass er durch Training, durch den eigenen Schweiß, durch Anstrengung und Willenskraft neue Bereiche kennen lernen und trainieren kann. Er lernt, stolz auf sich zu sein, indem er völlig neue Dinge erlernt. Folgende Trainingseinheiten zu jeweils drei bis vier Stunden werden einmal wöchentlich durchgeführt:

Rhetorik-Training

Zunächst werden mit jedem einzelnen Täter Sprachübungen (langsames/schnelles, lautes/leises, deutliches Sprechen) vorgenommen, unterstützt durch gestische Bewegungen, welche die Sprachinhalte und die Art und Weise der Sprache bereichern sollen. Entsprechend werden Körperhaltungen und Mimik eingeübt. Am Ende der Einheit zieht der Jugendliche per Los ein Thema für eine Rede, die er mit ein oder zwei TrainerInnen (ebenfalls gelost) erarbeiten, einüben und schließlich dem Plenum vortragen muss. Der Struktur der Rede liegt folgendes Schema zugrunde:
- Begrüßung der ZuhörerInnen
- Titel der Rede
- Behauptung (Ich behaupte, dass ...)

---

[52] Truchseß, U.: Anti-Aggressivitäts-Training: So werden Schläger friedlich. Dewezet 20. April 2000.
[53] Fischwasser-von Proeck, G. und Heilemann, M.: Anti-Aggressivitäts-Training in der Jugendanstalt Hameln. Weiterentwicklung und Ausdifferenzierung der Konzeption. In: Niedersächsisches Landesjugendamt. Forum Sozialarbeit 1/1997. S. 7

- ein Gegenargument
- Grund eins (für meine Behauptung)
- Grund zwei (für meine Behauptung)
- Grund drei (für meine Behauptung)
- Schlussfolgerung
- Verabschiedung

Jeder der acht Teilnehmer wird bei seiner Rede von seinem Trainer bei Bedarf unterstützt. Die Rede dauert fünf bis zehn Minuten. In dieser Trainingseinheit macht der Teilnehmer die Erfahrung, dass er in der Lage ist, unter Einsatz eigener Energie und dem entsprechenden „Handwerkszeug" eine Rede zu halten und für diese Rede ausschließlich positive Rückmeldung zu bekommen. Die abschließende Frage an das Plenum lautet: Was hat dir bei dieser Rede besonders gut gefallen?[54]

Mit der Teilnahme am Kommunikationstraining verlässt der Insasse die Welt der „sprachlos-hilflosen Stolperei" und lernt, dass es außer Schubsen, Schlagen, Rumbrüllen und Flüchten auch „erklärende" und aufdeckende Verhaltensmöglichkeiten gibt, die sich letztlich auszahlen. Mit seinem neuen Kommunikationsverhalten erreicht er einen Bewegungsspielraum, der dem eines mittelschichtorientierten und -sozialisierten Menschen schon sehr ähnlich ist. Und ihm wird vermittelt, dass er nur durch lebenslanges Üben diese neu gewonnenen Funktionen aufrecht erhalten und erweitern kann.[55]

Logiktraining – Gehirnjogging

In dieser Trainingseinheit wird zunächst der Begriff „Logik" definiert. Aber es geht auch um die folgenden Fragen: „Kann man logisches Denken trainieren?", „Kann man Gehirnjogging üben?", „Kann man seinen IQ durch regelmäßiges Training erhöhen?".

Mit Hilfe von Overhead-Projektoren werden Intelligenztests an die Wand projiziert. Schnelligkeit und logisches Denken werden den Teilnehmern zunächst erklärt und dann mit ihnen trainiert. Im Anschluss werden die Ergebnisse teilweise in Form von Wettkampfsituationen abgefragt.

Zu dieser Trainingseinheit gehört auch das Erproben – jeweils in 1:1-Zuordnung (Trainer/Teilnehmer) – von Logikspielen wie z.B. Reversi, Vier Gewinnt, Superhirn und ähnlichen. Ebenso werden Spiele wie „Ich packe meinen Koffer"

---

[54] vgl. Günter, U. und Sperberg, W.: Handbuch für Kommunikations- und Verhaltenstraining. München und Basel, 1995. vgl. auch Heilemann, M.: Opferorientierter Strafvollzug. Über ein neues Professionalisierungsverständnis im Umgang mit Gewalt. In: Weidner, J., Kilb, R. und Kreft, D.: Gewalt im Griff. Weinheim, 1997.
[55] vgl. Heilemann, M.: Kommunikationstraining. ZdStrVo 5/1997. S. 282

als Gedächtnistraining oder das Bilden zusammengesetzter Worte als Schnelligkeitstraining durchgeführt.[56] Diese Trainingseinheit gibt dem Teilnehmer die Chance, zu erkennen, dass mit erlernbaren Techniken Logik- und Gehirnjogging trainiert werden kann.

Tüchertanz

Bei dieser Einheit geht es darum, den Teilnehmern bewusst zu machen, dass ihre Bewegungen ausschließlich zackig, abgehackt, starr und schlagend sind. Lernziel ist es, mit Hilfe des Tüchertanzes zu fließenden, weichen und schwungvollen Bewegungen zu gelangen. Verhalten führt – Einstellung folgt: Wer sich anschmiegsam bewegt, erspürt in sich sanfte, tröstende, einfühlsame und nachgiebige Empfindungen – für sich und für andere.

Gefühlsjogging

Bei dem Gefühlsseminar handelt es sich um eine leise, ruhige Trainingseinheit, bei der die eigene Emotionalität mental, aber auch körperlich (über Lachen, Weinen etc.) erkannt, vorbehaltlos zugelassen und genossen werden soll. Dazu werden gefühlsbetonte Texte (z.b. „Vater vergiss") vorgelesen und besprochen. Die Teilnehmer schenken sich gegenseitig kleine philosophische Texte oder Gedichte und müssen begründen, warum gerade dieses Gedicht diesem bestimmten Teilnehmer geschenkt wird.

Körperübungen (Hals-, Rücken-, Ganzkörpermassage) werden von den Trainingsteilnehmern gegenseitig durchgeführt, damit die Täter erleben können, wie sie mit ihren Händen, mit denen sie Menschen früher durch Schlagen und Zerstören nur Bösartiges zugefügt haben, jetzt positive, angenehme und unterstützende, wohl wollende Handlungen schenken können. R. Rausch stellt dazu die folgende Frage: „Wodurch erfolgen Schädigungen der Klienten in der Psychotherapie?" Seine Antwort darauf: Es sind „Fehler durch Unterlassen von ergänzenden andersartigen Angeboten zur Psychotherapie wie etwa Entspannung, Bewegungstraining, medikamentöse Therapie."[57]

Auch „Dagobert" erinnert sich: „Vor über zehn Jahren z.B. habe ich mich danach gesehnt, keine Gefühle mehr zu haben, weil ich ständig von ihnen auf das Schmerzhafteste überwältigt wurde. Der Teufel muss meinen unbedacht geäu-

---

[56] vgl. Beyer, G.: Gedächtnistraining. Düsseldorf, 1994. vgl. auch Hallowell, E.M.: Zwanghaft zerstreut. Die Unfähigkeit, aufmerksam zu sein. Hamburg, 1999.
[57] Rausch, R.: Schädigungen von Klienten durch Psychotherapie und Möglichkeiten ihrer Verminderung. In: Kleiber, D. und Kuhr A,.: Handlungsfehler und Misserfolge in der Psychotherapie. Tübingen 1988. S. 47

ßerten Wunsch gehört haben. Der Zustand ohne Gefühle war die Hölle. Dem Himmel sei Dank, dass sie jetzt allmählich zurückkehren."[58]

Ausdauer- und Fitness-Training

In dieser Einheit wird für jeden Teilnehmer ein ganz individueller Fitness-Check erstellt. Dabei sollen die eigenen Stärken im Ausdauer- und Fitnessbereich erkannt und die Möglichkeit gegeben werden, die eigene Kondition durch bestimmte Übungen zu verbessern. Grundlage dieser Einheit ist ein Cirkel-Training, bei dem im Verlauf von drei Runden jeweils vorher und nachher die Pulswerte gemessen werden. Jeder Insasse erhält eine individuelle Auswertung der Gesamtergebnisse als Grundlage für sein persönliches Training.

Schauspieltraining

Das Schauspieltraining dient der Erweiterung der Spontaneität, der Flexibilität, der Kreativität und des Angstabbaus vor Blamage. Die Teilnehmer sollen lernen, sich möglichst umgehend in völlig fremde, neue Rollen einzuleben, diese aber auch schnell wieder zu verlassen, um dann wiederum eine völlig andere Rolle zu spielen (rein in die Rolle, raus aus der Rolle). Der Schauspieltrainer, ein geladener Experte, beginnt in der großen Gruppe zunächst sehr vorsichtig damit, einen Gegenstand, z.B. einen Ball, mit ständig neuen Eigenschaften zu versehen – er ist weich, er stinkt, er ist eine Blume usw.. Der Eigenschaft entsprechend müssen die Teilnehmer den Ball mimisch und gestisch unterstützend weitergeben. Diese „Aufwärmrunde" soll die Teilnehmer dazu bewegen, offener, beweglicher und kreativer zu denken und zu handeln, um eine flexiblere Ausgangsposition für die dann folgenden Rollenspiele zu erhalten, für Rollen wie Pastor, Verkäuferin, Prostituierte, der Pate u. Ä.. vergeben werden. Eine Talkshow zu einem meist aktuellen Thema mit entsprechenden Rollenbesetzungen ist „krönender" Abschluss dieser Trainingseinheit.

De-Eskalationstraining

Ein Karate- oder Jiu-Jitsu-Lehrer mit einem hohen Gurt bringt den Teilnehmern in dieser Trainingseinheit bei, in einer Konfliktsituation den Angreifer abzuwehren, das heißt, de-eskalierend aus der Situation herauszugehen und seinen „Ein-Meter-Abstand", den Distanzraum, den jeder Mensch für sich benötigt, zu wahren und zu verteidigen. Diese De-Eskalationsübungen werden sowohl unter Einsatz des Körpers mit Abwehrübungen, offenen Händen, nach hinten Weggehen eingeübt, als auch mit mentalen Formeln (Sätzen, die ich mir in der Situation selbst suggeriere) unterlegt und verstärkt. Auch Budo gilt als eine Form des Kampfes mit oder gegen sich selbst: „Im Budo geht es nicht, wie in den Kampf-

---

[58] Funke, A.: Mein Leben als Dagobert. Berlin, 1998. S. 317

sportarten, um reine Leistung und deren Vergleiche. Nicht um Wettkampf und schon gar nicht um den Sieg über einen Gegner, sondern um den Sieg über sich selbst. Nicht ein anderer, sondern man selbst ist das Ziel. Der Kampf ist vor allem der mit oder gegen sich selbst... Seine Erregung zu kontrollieren, nicht die Beherrschung zu verlieren, ruhig und gelassen zu bleiben, ist gerade die Übung, um die es immer geht."[59].

Flirt-Training

In dieser Einheit soll die Fähigkeit des Teilnehmers, Erstkontakt zum weiblichen Geschlecht aufzunehmen, eingeübt und/oder verbessert werden. Außerdem sollen die Teilnehmer lernen, zu erkennen, was Frauen mögen, was Frauen gut tut, wie die Bedürfnisse von Frauen aussehen, wie überhaupt mit Frauen umzugehen ist und wie Frauen fair „beflirtet" werden können. Als Expertinnen für diese Einheit trainieren acht Models – extrem gut gestylte Frauen im Alter von 20 bis 35 Jahren – im Rahmen von Rollenspielen Offenheit und Zugewandtheit der Teilnehmer Frauen gegenüber. Jeder Teilnehmer stellt eine ihm zugeloste Frau dem gesamten Plenum mit einer äußerst lobenden, unterstützenden und wohl wollenden Grundhaltung vor. Danach folgen Lobrunden, bei denen jeder Insasse ein bestimmtes Merkmal einer Frau, z.B. Augen, Stimme oder Ähnliches in phantasievoller Weise loben muss. Die Merkmale und Frauen werden jeweils zugelost.

Anhand von Rollenspielen wird die erstmalige Kontaktaufnahme mit einer „fremden Frau" eingeübt. Abschluss des Flirt-Trainings ist der Versuch der Kontaktaufnahme des Probanden in einer „Barszene" zu einer ihm zugelosten Frau, wobei es seine Aufgabe ist, die von ihr gespielte Rolle (z.B. Geschäftsfrau, Überdrehte, Naive, Frigide usw.) zu erkennen, sich darauf einzulassen und sich im Gespräch so zu verhalten, dass sie eine eventuelle Einladung annehmen würde.[60]

Provokationstest

In dieser Abschluss-Sitzung des Attraktivitäts-Trainings und des gesamten Anti-Aggressions-Trainings werden Provokateure aus der Gemeinde, z.B. Ex-Schläger, Security-Leute, schwarze Sheriffs und Ähnliche eingeladen, die den Auftrag erhalten, die zu therapierenden Teilnehmer im Rahmen von Rollenspielen aufs Äußerste zu provozieren. Die Täter haben die Aufgabe, sich aus dieser Provokationssituation de-eskalierend „herauszuarbeiten" und sich dabei nicht als Verlierer sondern gut zu fühlen. Der Provokateur muss von ihnen als

---

[59] Wolters, J.M.: Das therapeutische Interventionsprogramm gegen Gewalt und Aggression. DVJJ Journal 4/1998.
[60] vgl. Heilemann, M.: Verhaltenstraining bei gehemmt-aggressiven Männern. In: Brandes, H. (HG): Handbuch Männerarbeit. Weinheim, 1996.

"Patient" entlarvt werden. Er ist der Hilflose, er ist mickrig, er ist der Typ, der ein Problem hat und dieses Problem auf den anderen abladen will. Wenn der Teilnehmer diesen Provokationstest gemeistert hat, wird ihm der „Gesellenbrief als friedlicher Schläger" verliehen. Diese letzte Sitzung bildet den Abschluss der „aktiven Therapie", definiert aber gleichzeitig den Auftrag für die zukünftige „Arbeit in der Gemeinde", die mit der letzten Phase beginnt.

6.3.4 Realisationsphase

In der Realisationsphase geht es darum, die neue, friedliche, wohl wollende und unterstützende Identität nach außen darzustellen. Dies geschieht durch konkretes Umsetzen unterstützender Handlungen z.B. in Asylheimen, Altenheimen, Rehabilitationszentren, Kindertagesstätten, SOS-Kinderdörfern oder in Jugendfreizeitheimen und Diskotheken „zur Förderung unsicherer Mitmenschen". Der friedliche Schläger wird als „Guardian Body", als schützender Körper tätig, z.B. indem er auf Anfrage der zuständigen Sozialarbeiter bei Veranstaltungen in Jugendfreizeitheimen engagiert wird, sich dort in Konfliktsituationen um Opfer kümmert, es unterstützt und möglicherweise am nächsten Tag den Täter gemeinsam mit den Sozialarbeitern konfrontiert und Wiedergutmachungsaufträge vom Täter für das Opfer erarbeitet. Insgesamt kann dies die Mitarbeit in einem zu gründenden Verein Guardian Bodies e.V. als „Eingreiftruppe" für den Präventionsrat oder für andere Frieden stiftende kommunale Einrichtungen bedeuten. Mit Blick auf seine eigenen Opfer wird der „friedliche Schläger" karitative Organisationen wie z.B. den Kinderschutzbund oder den Weißen Ring auch finanziell unterstützen oder durch symbolische Wiedergutmachungshandlungen wie etwa die Grabpflege für einen anonym Beerdigten indirekt seine Schuld aufarbeiten. Früher sagten die Strafvollzugsbediensteten bei der Entlassung eines Häftlings: „Hauptsache er tut nichts." Heute sagen die fortschrittlichen Strafvollzugsbediensteten: „Hauptsache er tut was, nämlich was Gutes, nämlich etwas für die Opfer, für den Frieden und gegen Gewalt."[61]

> Karl, 22 Jahre, berichtet: „Ich habe einen Menschen umgebracht und wollte es immer nicht glauben, dass ich es war und eigentlich auch nicht glauben, dass er tot war. Es ist aber so und ich habe acht Jahre bekommen. Zum Schluss der acht Jahre war der Knast mein Zuhause - ich konnte mir nicht vorstellen, wieder draußen zu leben. Man verlernt einfach, wie es ist, ein eigenes Zimmer zu haben, Sachen für sich zu kaufen und für sich zu sorgen. Ich musste mich dann langsam wieder dran gewöhnen. Es war schwer, weil die Eltern des Opfers auch immer noch in meinem Kopf wa-

---

[61] vgl. Heilemann, M.: Messer im Schuh und kistenweise Waffen. Berliner Morgenpost, 29. September 1999 und Mayer, C.: Gesellenbrief für ehemalige Schläger, Katholisches Sonntagsblatt, 11. Juli 1999

> ren. Könnten sie mir je verzeihen? Kann ich ihnen unter die Augen treten? Was muss ich machen, um überhaupt wieder auch nur aus der Entfernung „auftauchen" zu können? Vielleicht sollte ich besser für immer im Knast bleiben?
>
> Beim A-Training geht es nach dem Heißen Stuhl immer um Wiedergutmachung: Entweder machst du was für das Opfer direkt oder du machst etwas für die Allgemeinheit. Bei mir war das so ein Mittelding. Ich sollte ein Grab eines Menschen pflegen, den ich nicht kannte und dessen Grab verwildert war, der keine Menschenseele mehr hatte, die an ihn dachte. Ich sollte nun diese Aufgabe übernehmen und an ihn, aber vor allem auch an mein totes Opfer denken. Das Grab sollte auf keinen Fall auf dem Friedhof liegen, wo mein Opfer lag. Ich hab' dann im Hafturlaub begonnen, mir mit dem Friedhofsgärtner und dem Pastor ein Grab auszusuchen, habe es gepflegt und habe es bepflanzt. Später habe ich dann gehört, dass einige Leute aus dieser Kirchengemeinde ausgetreten sind, weil sie dachten, dass ein Mörder als Friedhofsgärtner eingestellt worden ist und von ihrer Kirchenkollekte bezahlt wurde. Sie konnten nicht glauben, dass das jemand umsonst macht. Wie auch - sie haben ja noch keinen ermordet."

Keine der beschriebenen Phasen ist für sich genommen als Wirkfaktor ausreichend. Jede Phase für sich ist ein notwendiges, aber kein hinreichendes Behandlungselement im AAT.

6.4 Zusatzimplementierung (handlungsorientierter Ansatz)

Das AAT basiert auf der „interdisziplinären Wirksamkeit" verschiedener RollenträgerInnen an der Seite des durchführenden Teams. Hierbei ist insbesondere die Offensivität, die Dreistigkeit, die Einfühlsamkeit und die Flexibilität zwischen harter und weicher Ansprache im Trainerteam gefragt. Die Bereitschaft, sich körperlich durch Nähe- und Provokationsübungen einzubringen, ist Grundlage des Trainerprofils. Insbesondere handlungsorientierte Interventionen, die **direkt** das Verhalten des Täters im aktuellen Moment verändern und übenden Charakter haben, gehören zum Interventionsauftrag. Für Anti-Gewalt-TrainerInnen gelten darüber hinaus folgende Grundregeln:

- Der Trainer darf massiv und radikal in die Persönlichkeit des Täters eindringen, weil er zwar am Täter, aber immer im Auftrag der Opfer arbeitet. Der Rückbezug auf das Opferleid erlaubt die Intensitätssteigerung des Trainerverhaltens im Sinne einer „überschwelligen Intervention".
- Die Konfrontation (der „Heiße Stuhl") ist das Nadelöhr, durch das der Täter muss: Erst wenn er die Verantwortung für sein jetziges „Noch-Ich" und sein bisheriges Verhalten vor lauter Ekel nicht mehr übernehmen kann und so die Verantwortung für sein bisheriges „Ich" ablegt, kann er Energien freisetzen,

um eine friedliche und damit konsensbereite Identität aufzubauen. Er muss in dieser Phase mit Hilfe der Intervention des Trainerteams entscheiden, sich von seinen alten „Haltekräften" und Bindungen loszusagen. Dazu benötigt er „die Stimme seines Opfers" als ständige Mahnung im Hinterkopf[62].

- Das Trainerteam führt dem Täter seine Begabungsreserven so vor Augen, dass er sich in seine eigenen Fähigkeiten neu verliebt. Auf der Grundlage seiner Stolzhitliste wird er so gecoacht, dass er den Wunsch entwickelt, ein „Model", ein „Manager" oder auch ein „mittelschichtgerecht funktionierendes Individuum" zu werden.

- Das Trainerteam darf sich nicht vorzeitig mit Scheinerfolgen begnügen. Noch einmal: Früher hatten die Psychologen bei der bevorstehenden Entlassung gesagt: „Hoffentlich tut er nichts." Im Team des AAT wird eine andere Forderung gestellt: Wenn er entlassen wird, muss er etwas tun. Aktiv. Für den Frieden. Als Guardian Body in seiner Gemeinde arbeiten! Also: „Hoffentlich tut er was!" Stellvertretend für viele andere Täter wurden Steuergelder in ihn investiert. Jetzt muss er dafür als Friedenscoach seine früheren Mittäter oder auf der Schwelle zur Kriminalität stehende jüngere Jugendliche „trainieren".

- Der Anti-Gewalt-Trainer muss radikaler sein als der Schläger: Das Trainerteam muss die Lufthoheit sowohl in der Quantität, also der Anzahl der Personen, in der Radikalität, also der körperlichen und mentalen Stärke, und hinsichtlich der kognitiven Differenziertheit, also Schlagkraft der Argumente, besitzen. Das Trainerteam muss im Auftrag der Opfer eines sicherstellen: Der Täter muss spüren, „dass er hier mit seiner alten Identität nicht gewinnen kann"[63].

Das Hamelner Modell zeichnet sich durch den ständigen Wechsel von erkenntnisorientierten (erkenntniserweiternden) und handlungsorientierten Interventionselementen aus. Die direkte Beeinflussung durch **nicht hinterfragbares Verhaltenstraining** – insbesondere gruppenorientiert im Rollenspiel – wirkt direkter und massiver auf die Persönlichkeit des Täters ein als die mehr symbolische Intervention eines Lernens am Modell und gesprächsorientierte Veränderungsangebote. Die Grundidee hierbei lautet: Erst handeln – dann bewerten: Nur wer die experimentelle (neue) Handlung am eigenen Leib ausprobiert hat, ist auch in der Lage, sie umfassend (unter Zuhilfenahme verschiedener sinnlicher Kanäle) zu bewerten. In einer Zeit der Abstraktion und des Symbolismus gibt es immer weniger konkrete Erfahrungen – umso mehr kommt ihnen verhaltenssteuernde Qualität zu.

---

[62] Struck, P. und Würtel, I. : Vom Pauker zum Coach. München, Wien, 1999.
[63] vgl. Springer, R.K.: Mythos Motivation. Frankfurt/New York, 1999 und vgl. Nack, C.: Wenn Eltern aus der Haut fahren. München, 1998.

Im Vordergrund der handlungsbezogenen Interventionen steht die Veränderung des starren männlichen Rollenkorsetts: Die männliche Rolle wird als durchlässig, flexibel, weniger angstbesetzt und mit mehr Freiheitsgraden ausgestattet erlebt. Der Mann darf mit Hilfe von Regressionsübungen auch wieder der kleine Junge seine – er darf sich weich und sanft bewegen, ohne dass seine Homophobie sofort als „Schere im Kopf zuschnappt".

Jedes in der Gruppensituation persönlich ausprobierte Handlungselement hat darüber hinaus **immer** Anti-Blamier-Charakter: Selbst die Entspannungsübungen oder die Lob-Übungen verlangen am Anfang „Überwindung", wobei das sich Überwinden in der öffentlichen Situation **selbst** als Lustgefühl und damit als Kompetenzzuwachs erlebt wird. Hierbei gilt vor allem: „Vertrauen bedeutet, etwas zu glauben, was man nicht sieht. Als Belohnung sieht man, worauf man vertraut."

Im Einzelnen werden die folgenden Trainingselemente angeboten:

1. **Anti-Blamier-Training**: Tierstimmen nachahmen, Toasterspiel, Reiterlied, Mambo Nr. 5, Urmellied, Siebensprunglied [64].

2. **Nähe-Training**: Nackenmassage, Handmassage, den anderen mit „seinen drei positivsten Merkmalen anbeten", Umarmungsübungen

3. **Entspannungstraining**: Qi-Gong, Phantasiereise, Meditation [65].

4. **Synchronisationsübungen**: AAT-Lied komponieren und singen, Marsch einüben, Friedensgebete erarbeiten und gemeinsam vortragen.

5. **Gehorsamstraining**: Ritualisierte Antworten wie „Ja, das mache ich gern für dich, wenn du das willst"; „Jawohl Sir" (militärischer Gruß mit Hand an die Stirn legen); „Ich möchte gern lernen, zu folgen, ohne permanent zu widersprechen"; „Ich handele kurz und prägnant im Sinne der Gruppe und kann danach immer noch diskutieren, ob die Anforderung an mich ‚gerecht' ist".

6. **Aufmerksamkeitstraining**: Wie kann ich die Aufmerksamkeit auf mich ziehen (Eye-Catcher; Ear-Catcher); Straight-Losung (1. Bring's auf den Punkt. 2. Bleib' am Punkt. 3. Präsentier' den Punkt); Wachheitslosung („Bist du wach?" Antwort: „Ja, ich bin wach, ich bin präsent, ich bin mit allen Fasern meines Geistes, meines Herzens und meines Körpers hier im Raum anwesend." Und: „Ich will die Veränderung – für mich und für alle hier im Raum").

7. **Rhetorikspiele**: Einwandspiel (der Täter lernt, sich zu behaupten – er muss seinen Standpunkt mit Argumenten lauter und nachdrücklicher vertreten als der Gegenpart), Smalltalkspiel (der Täter lernt, sich „einzuschmeicheln" und

---

[64] vgl. Artel, A.G. und Derksen, B. : Oh, wie peinlich. Hamburg 1999.
[65] vgl. Heilemann, M.: Qi-Gong entspannt. Hamburger Abendblatt, 28. Januar 1999.

versucht, in kreativer und sensibler Form die Bedürfnisse des anderen „im Vorbeigehen" zu befriedigen), Aufwertspiel (der Täter lernt, die gegenteilige – konträre – Perspektive zu übernehmen, sie zuzulassen und sie für sich rhetorisch einzuüben).

8. **Provokationstraining**: Coolness-Training, Souveränitäts-Training, Ausweich-Training („Thai Chi, Abwehr der bösen Energie").
9. **Konfrontationstraining**: Einüben der inneren Umkehr, der Verpflichtung zur Wiedergutmachung und zur Übernahme von Verantwortung für Opfer.
10. **Belohnungs- und Genuss-Training**: Etwas annehmen zu können, ohne sich verpflichtet zu fühlen; etwas bejubeln, anbeten und genießen zu können.

Wir sehen uns nun einmal das Coolness-Training etwas genauer an. Hier soll der Ex-Schläger lernen, coole Zurückhaltung als absolute Überlegenheit zu erleben. Gleichzeitig soll er den Provokateur als „armes, frustriertes und vom Leben gepeinigtes Schwein" begreifen, das die eigenen Probleme künstlich auf ihn (unseren Ex-Schläger) übertragen möchte. Unser Ex-Schläger hat nur ein Ziel: „Du drehst nicht an meinem Adrenalin-Knopf." D. Golman verwendet dazu den Begriff der Achtsamkeit: „Achtsamkeit bedeutet, auf eine bestimmte Weise aufmerksam zu sein: Absichtlich, im gegenseitigen Moment und nicht urteilend... Achtsamkeit ist ein Bewusstsein, das sich nicht von Emotionen fortreißen lässt, das auf Wahrgenommenes nicht überreagiert und es nicht noch verstärkt. Sie ist vielmehr eine neutrale Einstellung, die auch in turbulenten Situationen die Selbstreflexion bewahrt."[66]

Die Instruktion für das Coolness-Training sieht im Einzelnen wie folgt aus:

6.4.1 Ausgangssituation (was mir passiert)

Der Provokateur möchte Macht über mich haben. Es geht ihm schlecht. Er ist frustriert. Er fühlt sich in seiner Haut nicht wohl. Er ist ein armes Mickerschwein. Er will an meiner „Adrenalin-Schraube" drehen, in dem er mich

- beleidigen,
- demütigen,
- kränken,
- abwerten
- und wütend machen will.

Der Provokateur will in meinen **seelischen Nahraum** eindringen. **Er** möchte **meine** Gefühle steuern und kontrollieren. Vielleicht möchte er auch, dass ich

---

[66] Golman, D.: Haben Sie Ihre Gefühle im Griff? Psychologie Heute 2/1996

angreife, dass ich „als Erster zuschlage". Er möchte bei mir „**gefühlsmäßige Wirkungstreffer**" erzielen. Er möchte „Gott über meine Psyche" spielen.

6.4.2 Zielverhalten (was ich weiß)

Ich möchte cool und zurückhaltend sein. Ich bin defensiv, weiche aus, weiche zurück, wende mich ab, gehe weg und „flüchte". Ich gehe aus dem Feld und habe letztlich nur ein Ziel: Ich will **mich auf keinen Fall gezwungen sehen**, mich körperlich zur Wehr setzen zu müssen.

Ich übe De-Eskalation: Ich lobe ihn für seine „Schlechtigkeit". Ich reagiere mit einer demütigen Handbewegung und mache einen Diener. Ich fühle mich dann **und nur dann** groß, überlegen, souverän und stark, wenn er es **nicht** schafft, mich zu provozieren.

Mein Ziel ist es, nicht auf ihn einzugehen und mir von ihm nicht das Thema aufdrängen zu lassen. Er soll nicht entscheiden, worüber wir reden und er soll nicht bestimmen, was ich mache. Wenn ich auf mich selbst, auf ihn oder auf Zuschauer feige oder unterlegen **wirke**, bin ich doch in Wirklichkeit der Mensch, der die Situation kontrolliert und beherrscht:

Ich bestimme die Spielregeln und nicht er. Ich unterwerfe mich und er kann nicht damit umgehen und hasst mich dafür. **Ich wehre mich nicht** und er hat **keine Macht** über mich. Ich laufe weg und er kann mich nicht verspeisen: Weder psychisch noch körperlich. Er ist der Bedürftige, er ist der Hungrige, er ist der Verhungernde, er will auf meine Kosten Selbstwertgefühl tanken – ich gebe ihm keine Nahrung. Ich renne weg – aber ich werfe mich ihm niemals zum Fraße vor.

Er wird **niemals** das Hochgefühl haben: DEM HABE ICH MEINEN WILLEN AUFGEDRÄNGT.

6.4.3 Denkinhalte (was ich denke)

- Du kannst mich nicht erreichen.
- Du willst doch nur deine Probleme auf mich verschieben.
- Du fühlst dich nicht wohl und möchtest dein Scheißgefühl an mir ablassen.
- Ich wäre sauschwach, wenn du mein Verhalten kontrollieren könntest.
- Ich bin ich: Ich habe es nicht nötig, mich vor dir zu rechtfertigen.
- Ich habe es nicht nötig, mich vor dir zu beweisen. („Du bist eine Unperson, ein armseliger Wichser, ein vom Leben ‚gefickter' Schwachsinnstyp.")
- Ich kann mich in dieser Situation unterordnen, ohne mein Gesicht zu verlieren.
- Du bist nicht mein Bewertungsmaßstab.
- Ich bleibe ruhig, weil ich es auch meinem Opfer schuldig bin.

- Ich bleibe ruhig, weil ich es meinen Trainern schuldig bin.
- Ich bleibe ruhig, weil ich ein echter A-Typ bin.
- Ich weiche in dieser Situation aus, um dich in einer neuen Situation (morgen) mit deinem heutigen widerlichen Verhalten zu konfrontieren.
- Wenn der Angreifer folgt, weiche ich zurück.
- Wenn der Angreifer aufgibt, folge ich.
- Ich bin der König, weil ich die Situation kontrolliere.
- Du bist der Knecht, weil du mit sabbernder, geifernder und Spucke aus dem Maul laufender Gier versuchst, deine schlechte Laune anderen Menschen aufzudrücken.

6.4.4 Artikulationsebene (was ich sage)

- Entschuldige bitte, dass ich dich gestört, verletzt oder beeinträchtigt habe.
- Natürlich werde ich mich nach deinen Vorgaben verhalten.
- Natürlich darfst du mir die Verhaltensrichtlinien vorschreiben.
- Ich möchte jetzt gerne gehen, vielen Dank.
- Okay, okay.: Ich habe mich geirrt und du hast in diesem Fall hundertprozentig Recht.
- Wie kann ich den Schaden wieder gutmachen?
- Gibt es eine Möglichkeit, mich bei dir zu entschuldigen?
- Ich denke, ich habe mich da völlig falsch verhalten.
- Ich würde dir gern bei einem anderen Anlass zeigen, dass ich nichts gegen dich habe.
- Ich bin ein bisschen feige und habe ein bisschen Angst.
- Ich werde jetzt doch lieber gehen.
- Ich habe doch gar keine Chance gegen dich.
- Du bist mir weit überlegen.
- Mir ist es sehr wichtig, dass du merkst, dass ich nichts von dir will.
- Ich möchte, dass es dir gut geht.
- Ich habe ein angenehmes Gefühl dir gegenüber – ich möchte niemals dein Feind sein.
- Gib mir eine Chance, alles wieder gut zu machen.
- Ich laufe jetzt mal ganz schnell weg und komme gleich wieder.
- Ich habe einen Notfall – ich bin gleich wieder da.
- Ich muss schnell zur Polizei – es gibt da ein Riesenproblem für mich.

6.4.5 Ausweichtechniken

Es gibt fünf **Abwehrformen** im **Coolness**-Verhalten:
1. Die Kritik scheinbar falsch verstehen, als Lob auffassen und sich herzlich bedanken.

2. Sagen: „Wenn du darunter verstehst, ... dass, dann hast du Recht" (Ich nehme die Kritik wahr und begrenze die Aussage auf einen kleinen Bereich, lobe mich und gebe ihm **dann** Recht).
3. Themenwechsel und Ablenkung („Ich muss mir mal schnell Zigaretten holen; ich muss meine Oma ins Krankenhaus bringen; ich bin heute mit meinem Bewährungshelfer in der Disco und habe verdammte Probleme").
4. Flucht (ganz schnell in einen Kontext flüchten, wo der Täter Probleme hat, seine Provokation weiterzuführen).
5. Aufbau eines Nebenkriegsschauplatzes (Sonderaktion mit viel Zerstörung – z.B. ein Schaufenster kaputt schlagen oder die Auslagen eines Geschäftes umreißen).

Die **Grundregel** im Coolness-Training lautet also: Es ist (fast) alles erlaubt, was verhindert, dass ich geschlagen werde und was verhindert, dass ich schlagen muss. **Grundfalsch** wäre es:

- Sich zu rechtfertigen,
- auf das Thema des anderen einzugehen,
- ihm zu widersprechen,
- nicht zu tun, was er will.

Grundrichtig ist: Ich tue alles, was er will, aber ich gewinne **dabei** Abstand von seinen Beleidigungen und Abstand von seinen Möglichkeiten, mich körperlich anzugreifen. Ich gehe scheinbar auf ihn ein, aber in Wirklichkeit entferne ich mich von ihm.

> Es gibt Gewinner und es gibt Loser: Je mehr Abstand ich zum Provokateur schaffe, umso mehr bin ich ein Gewinner.

6.4.6 Körperliche Selbstverteidigung (Notwehr)

Im Zielverhalten müssen wir unterscheiden zwischen Provokationen und **echten Notwehrsituationen,** also der Gefahr der unmittelbaren körperlichen Verletzung oder Tötung: Aber auch in Notwehrsituationen möchte ich mich nur so wehren, dass der andere außer Gefecht gesetzt wird. Er wird es nicht schaffen, mich von meiner Verteidigerposition in eine Angreiferposition zu manipulieren. Er hat das Problem, weil das Leben ihn geschädigt hat. Er will mich schädigen. Ich aber will ihn nicht schädigen. Ich will nur nicht von ihm geschädigt werden. Ich will mich nicht in seinen Dunstkreis ziehen lassen, denn in seinem Dunstkreis stinkt es. Er ist ein armseliger Penner und ein dummes Schwein, der sich auf Kosten anderer Leute bereichern will:

|Mit mir nicht !|

Dieses Verhalten setzt hohe geistige Konzentration und **täglich geübte körperliche Selbstverteidigungstechniken** voraus. Nur wenn ich weiß, dass ich mich perfekt selbst verteidigen kann (z.B durch Karate, Taekwondo usw.), bin ich auch im „Ausweichen" sicher. Ich kann dann auch geistig besser ausweichen, weil ich weiß, dass mein Körper funktioniert: Jeder seiner Tritte und seiner Schläge landet in meiner Abwehr. **Er vergeudet seine Energie und wird schlapp und müde.**

|Meine Abwehr steht!|

Ich habe nur ein Ziel: Er dringt nicht durch bis zu mir – weder zu meiner Seele noch zu meinem Körper.

6.4.7 Fazit und Grundregel (was ich immer bedenken muss)

Der „Friedensgeselle" aus dem A-Team hat in einer Provokationssituation nur ein Ziel: Er möchte um jeden Preis verhindern, dass der andere es schafft, ihn in eine körperliche Auseinandersetzung zu ziehen.

Wenn der andere es schafft, mich zu provozieren, hat er immer gewonnen: Egal wie der „Kampf" dann ausgeht. Hat der Absolvent des A-Trainings sich entzogen, hat er immer gewonnen, egal was es „kostet". Der Provokateur ist ein Irrer und ein Geisteskranker.

Beispiel: Man geht in ein Landeskrankenhaus und trifft einen psychisch kranken Patienten. Herr Meier sagt: „Ich habe gerade mit der Sonne telefoniert. Es geht allen gut da oben." Du hast zwei Möglichkeiten zu antworten:

1. „Aber Herr Meier, es gibt doch gar kein Telefon auf der Sonne. Die Sonne ist doch gar kein Mensch, der telefonieren kann. Ich glaube, sie sind etwas durcheinander und sollten noch einmal überlegen, ob das alles stimmen kann."

2. „Also, Herr Meier, vielen Dank für die Information. Wenn sie wieder einmal mit der Sonne telefonieren: Schöne Grüße. Ich muss jetzt leider gehen – bis gleich."

Die Grundregel der De-Eskalation bedeutet, dass ich den anderen **nicht** belehren will. Ich lasse ihn in seiner („bekloppten") Welt. Ich bin nicht sein Trainer und nicht sein Lehrer, nicht sein Pastor, nicht sein Psychologe. Ich will nur eins: Fürchten!

Der Provokateur ist immer der Schwächere. Es geht ihm sauschlecht. Er muss seine Unzufriedenheit mit sich selbst bei einem anderen – in diesem Fall zufällig bei mir – ausgleichen. Ich jedoch möchte nicht das Opfer seiner schlechten Stimmung sein. Er darf es niemals schaffen, meine Friedensgrundsätze außer Kraft zu setzen.

Die Vernetzung der unterschiedlichen Handlungslinien erlauben dem Täter ein sicheres, offensives, cooles, lösungsorientiertes Auftreten [67].

„Den Gewinner erkennt man am Start – und durchgestartet wird im AAT andauernd ..."

6.5 Anti-Schläger-Gelübde

Zum Abschluss des AAT – im Zuge der Verleihung des Gesellenbriefes zum **„Friedlichen Schläger"** – wird eine ritualisierte Proklamation gegen Gewalt von den neuen „Friedensarbeitern", den Absolventen des AAT, auswendig gelernt. Dies ist ihre „Friedens-Bibel", auf die sie ihr weiteres Leben ausrichten und auf die sie „schwören" müssen:

6.5.1 Schläger sind fiese Schweine

- Schläger sind miese Schweine.
- Sie sind feige.
- Sie sind zerstörungserfahren und suchen sich ein hilfloses Opfer.
- Sie sind bewaffnet und suchen sich Unbewaffnete.
- Sie sind älter und suchen sich Jüngere. Sie sind zu mehreren und suchen sich Einzelne.
- Sie sind groß, breit und fett (wiegen viel) und suchen sich Leichtgewichte.
- Sie haben viele Schmerzen erfahren und suchen sich Menschen, die Schmerzen nicht kennen.
- Sie wollen sich künstlich aufwerten, weil sie sich als unwert fühlen.
- Sie möchten dem Anderen seinen Wert nehmen, weil sie neidisch sind, dass es ihm als normalem Menschen gut geht.
- Schläger sind miese Schweine.

6.5.2 Ich war ein Schläger

- Ich war ein Schläger.
- Ich wollte zerstören statt aufbauen.
- Ich kenne kein Mitleid, weil man mit mir kein Mitleid hatte.

---

[67] vgl. Lemmermann, H.: Grundlagen und Techniken der Redekunst. München 1992.

- Ich habe kaputt gemacht, weil ich nicht wusste, dass unterstützen, helfen und aufbauen mir hilft.
- Ich habe nicht an die Seelenqualen der Oma, der Mutter, der Schwester und des Bruders meines Opfers gedacht, das ich mir wahllos herausgegriffen habe.
- Ich habe ein Opfer geschlagen, aber ich habe seine Familie getroffen.
- Ich habe alle zerstört.
- Ich war ein Schläger.

6.5.3 Ich will ein Mensch werden

- Ich möchte mich in mich selbst verlieben, weil ich mich jetzt mehr und mehr gut fühlen kann.
- Ich kann stolz auf mich sein.
- Ich strenge mich an, meine Fähigkeiten auszubauen.
- Ich möchte meine neu gewonnenen Fähigkeiten in den Dienst derer stellen, die ich früher sinnlos gequält und klein gemacht habe.
- Ich will in Zukunft mich und andere groß machen.

6.5.4 Ich will andere Schläger befreien

- Ich will losgehen und den Ekel und den Abscheu vor Gewalt verbreiten.
- Ich will zeigen, dass es sich lohnt, in sich selbst zu investieren, weil dann auch andere in einen investieren.
- Ich will zeigen, dass es sich lohnt, sympathisch zu sein, weil es ein schönes Gefühl ist, wenn ich die Tür aufmache und andere mich anstrahlen.
- Ich will in Zukunft keine Bestrafung, sondern eine Belohnung für meine Umwelt sein. Das will ich allen Noch-Schlägern vermitteln.
- Ich bekenne mich zu der Idee der „Guardian Bodies".
- Genauso wie der Gesellenbrief zum „Friedlichen Schläger" gehört auch das Gelübde zum lebenslangen Vermächtnis des Trainerteams für den Ex-Schläger.

6.6 Evaluation und Supervision

Die Begleitforschung durch das Kriminologische Forschungsinstitut Niedersachsen (KFN) wird im Jahr 2001 veröffentlicht[68]. Hier soll insbesondere die Gewaltbiographie des **entlassenen** Täters untersucht werden – die Rückfallfrequenz, die Rückfallintensität und die Rückfallschnelligkeit. Im Rahmen einer

---

[68] Ohlemacher, T. u.a.: Anti-Aggressivitäts-Training und Legalbewährung. Versuch einer Evaluation. In: Bereswill, M.: Interdisziplinäre Beiträge zur Kriminologischen Forschung. Baden-Baden, 2001.

Kontrollgruppe werden auch so genannte Zwillingspaare (Behandelte/Unbehandelte) gebildet, um genauere Effektivitätskontrollen zu garantieren. Erste bereits vorweg übermittelte Ergebnisse zeigen, dass die Rückfallzahlen, also die Legalbewährung in Freiheit, bei den behandelten Gewalttätern (AAT-Teilnehmern) im Durchschnitt unter 40 Prozent liegt. Auch wenn bei mit anderen Maßnahmen des Strafvollzugs behandelten Gewalttätern vielleicht ähnliche „Quoten" vorliegen mögen, ist zurzeit – auch über diese Studie – eine Einschätzung der **direkten Wirksamkeit** des AAT nicht möglich. Hierzu müsste **vor, während und unmittelbar nach** Absolvierung des Trainings auf der Einstellungsebene, auf der Verhaltensebene und möglicherweise mit hirnphysiologischen Parametern der Effekt des AAT, also der **wahre Wert**, gemessen werden. **Erst dann** kann bestimmt werden, ob Veränderungen in der Tätereinstellung und im Täterverhalten durch **später** entstandene Contraeffekte, wie zum Beispiel Mobbing durch Mitinsassen des noch über einige Monate oder Jahre einsitzenden Absolventen, die vom Training produzierte Wirksamkeit wieder neutralisiert werden. Sollten solche Effekte festgestellt werden, müsste das AAT noch konsequenter in den teilambulanten Bereich (Freigang, Offener Vollzug) verlagert werden, um die **direkte Handlungsrelevanz** des Gelernten für den Ex-Täter unmittelbar in seiner Heimatgemeinde umsetzbar zu haben.

Beim Supervisionskonzept handelt es sich um eine **„fortlaufende Supervision"** durch unterschiedliche Experten (interdisziplinäre Zusammensetzung), die jeweils punktuell, teilweise auch über mehrere Sitzungen in zufälliger Form teilnehmen. Einzige Bedingung ist: Die Teilnehmer müssen sich in **dieser** speziellen Sitzung persönlich einbringen. Über Rückmeldebögen, persönliche Kontrollgespräche und durch Aufsätze erreicht die Einschätzung dieser „interdisziplinären Supervisionsgruppe" das Trainerteam.

Konflikte innerhalb des Trainerteams werden grundsätzlich während der Sitzung und damit immer im Beisein der „Klienten" ausgetragen, da es in dieser Maßnahme keine Trennung zwischen den Gebenden und den Nehmenden von Behandlung gibt. Heimliche strategische Nebenabsprachen im Trainerteam erfolgen deshalb nicht. Das Credo lautet vielmehr: Alles, was den Teilnehmer, den Körperverletzer betrifft, soll auch in einem offenen Dialog mit ihm, vor ihm und durch ihn diskutiert werden. Sollten sich auf Grund räumlich/zeitlicher Disposition trotzdem Vor- oder Nachabsprachen ergeben, wird dies dem Trainingsteilnehmer vom Teamer sobald als möglich mitgeteilt. Der Nachteil dieser Vorgehensweise: Konflikte zwischen Teamern können „spontan" zum Sitzungsschwerpunkt werden, ohne dass dies vorher thematisch so geplant war. Der Vorteil: Es kann nicht zum Aufschieben oder Aufstauen von Vorbehalten oder unterschiedlichen Therapievorstellungen zwischen den Teamern kommen.

In den letzten fünf Jahren haben rund 300 Personen aus unterschiedlichsten Institutionen an Sitzungen des AAT teilgenommen. Sie kommen insbesondere aus folgenden Bereichen: Strafvollzug, Psychiatrie, Schule, Streetwork, kirchlichen Einrichtungen und kommunalen Verbänden. Die Öffnung der Trainingsmaßnahme für die Fachöffentlichkeit erlaubt nicht nur ein „öffentliches Abschwören" des Gewalttäters, der ja auch „öffentlich zusammengeschlagen" hat, sie erlaubt auch die ständige Kontrolle der TrainerIn und des Trainerteams (vgl. Anlage 1). Diese extreme „Sucht nach Überprüfung" und eine massive Bereitschaft zu „allumfassender Transparenz" hat letztlich auch die „schärfsten Kritiker" immer wieder versöhnt und überzeugt. Der meist gehörte Ausspruch nach einer „Gastrolle" im AAT war: „Ich konnte es einfach nicht glauben, dass so etwas im Knast möglich ist. Für mich seid ihr Angeber und Aufschneider gewesen. Ich war eigentlich hier, um euch zu überführen – ich bin jedoch vollkommen perplex und überrascht. Was ich gesehen habe, übertrifft das, was ich mir erwartet habe, aber auch das, was ihr mitgeteilt habt. Es ist einfach unglaublich."

In jedem Fall werden die Gäste des AAT auf der Grundlage einer Weisheit aus Holland empfangen: „Eine Diskussion ist unmöglich mit jemandem, der vorgibt, die Wahrheit nicht zu suchen, sondern sie schon zu besitzen." Das gilt für das Trainerteam wie für die „Unterstützer". Und selbstverständlich auch für die Trainings-Absolventen!

7 Therapeutischer Extremismus: Therapeutenvariablen

7.1 Die Gier nach Wirksamkeit

Der Schläger und Körperverletzer ist extremst radikal – die Therapeuten müssen immer etwas radikaler sein, um seine **Anfangs**-Blockade zu durchbrechen.

Die Therapeuten im AAT zeichnen sich durch extrem hohe Wirksamkeitsansprüche aus: Sie müssen häufig noch paradoxer und verrückter agieren als es der schon an einiges gewöhnte Täter je erlebt hat. Dieser „Irrsinn der Therapeuten" führt erst zu einer Verunsicherungs- und dann zu einer Orientierungsreaktion beim Täter. Nichtausrechenbarkeit ist das oberste Gebot für den Anti-Gewalt-Trainer: Er muss fähig sein, bei Kleinigkeiten auszuflippen und er muss gleichzeitig bei Kleinigkeiten extreme Liebe vermitteln können. Diese „Rein-Raus-Methode" gibt den Therapeuten höchstmögliche Freiheitsgrade: Sie selbst bestimmen in jeder Mikrosituation, welche Inszenierung notwendig ist, damit der Täter entweder aufgescheucht wird – oder aber wieder „zurück ins Boot kommt".

Der Wechsel der Sprachebenen dient hierbei ebenso als „Behandlungsturbo" wie das direkte Berühren, das unmittelbare Zugehen auf den Täter und die autoritär-direktive Abforderung von Verhaltensproben seinerseits. Der Therapeut darf sich niemals „zu schade sein", auch das Unmögliche zu fordern. Vor allem muss er in der Lage sein, es jedes Mal vorzumachen, es mitzumachen, es beizubehalten und sich „im Haifisch-Becken" wirklich wohl zu fühlen. Dazu gehört auch, dass der Therapeut gut kann, was der Täter beherrscht: Backgammon zu spielen, Blitzschach, Tischtennis, Liegestütz, Kampfsportfiguren, Beleidigungsakrobatik und cooles Auftreten. Das „Charisma" des Trainers besteht darin, dass er sowohl „summa cum laude" als auch „extrem ordinär" sein kann. Der fliegende Wechsel zwischen dargestellten theoretischen Ableitungen einerseits und unmittelbar einsetzenden, unerwarteten, distanzlosen Handlungen andererseits beweist dem Täter die „therapeutische Vollkommenheit". Sie wird in jedem einzelnen Training erarbeitet – die Vision eines „integrativen Therapeuten" ist langfristige Zielvariable und konkreter Handlungsauftrag **gleichzeitig**.

Es gibt natürlich auch andere Vorstellungen, die allerdings beim AAT keinen Platz haben, aber von den TrainerInnen aber trotzdem berücksichtigt werden müssen. M. Hermer etwa schreibt: „Oft fordern Patienten von Therapeuten Ratschläge im Sinne von Patentlösungen. Sie unterstellen dem Therapeuten, allmächtig zu sein, den Klienten voll und ganz zu durchschauen und die Problemlösung nur nicht zu verraten... Das Geheimnis des charismatischen Therapeuten liegt in all diesen Situationen in einer geschickten Handhabung dessen, was Bateson als Doppelbindung bezeichnete: Das nonverbale Signal hebt die sprachliche Aussage des Therapeuten sofort wieder auf und bestätigt den Klienten in seiner Vermutung, dass der Therapeut alles kann und weiß. Das Resultat ist nicht wie bei Bateson eine Schizophrenie, sondern das blinde Vertrauen in die Fähigkeit des Therapeuten."[69] Davon allerdings sind die Probanden des AAT anfangs weit entfernt. Vertrauen, gar blindes Vertrauen, müssen sie überhaupt erst lernen, vor allem aber müssen sie lernen, auf sich selbst zu vertrauen.

Das Problem der Therapeuten im Knast besteht in der Konkurrenz: Der Pate der organisierten Kriminalität, der Chef des subkulturellen Bezirks, hat genügend Lockmittel, um den „potenten" Schläger in seine Organisation hineinzuziehen. Die Chefs der Subkultur lassen im Jugendstrafvollzug Schaulaufen – wer es von den Tätern schafft, die anderen 500 Mitinsassen für ein oder zwei Jahre in Schach zu halten, der ist auch im Rotlichtviertel als „rechte Hand des Chefs" zu gebrauchen. Der Strafvollzug bezahlt viel Geld, um Täter „im geschlossenen Kessel" zu domestizieren – der „Pate" schaut sich einfach das Ergebnis an und lässt über seine „Headhunter" die Besten aufkaufen. Er macht es sich ziemlich leicht – auf Steuerzahlers Kosten.

Die Faszination des Trainerteams entsteht aus der Unterschiedlichkeit der Einzelpersonen: Der Bluffer, der Theoretiker, die Amazone, das Model, die kühl Berechnende, die Sängerin, der Karatekämpfer, die ganz normale Studentin, der Polizeichef und eben die professionellen Sozialpädagogen und Psychologen mit ihren unterschiedlichsten Talentprofilen bilden die Mischung, welche die Faszination ausmacht.

Ein hoher Professionalisierungsgrad des Teams ist erreicht, wenn das „psychologische Skalpell der Schlägertherapeuten" dazu führt, dass der Schläger das Angebot zur Veränderung tatsächlich als attraktiv erlebt: Professionelle Schlägertherapeuten sind mithin Under-Cover-Agents im Gehirn und im Herzen des Schlägers, die ihn dazu bringen, seine stumpfen Unterschichtideale – Berühren ist Schubsen; Kontaktaufnahme ist Schlagen; Gegenwehr erwirkt Tötungsberechtigung – aufzugeben. Professionelle Schlägertherapeuten verführen den Täter zum „Verrat an seiner Schicht", damit er die Möglichkeiten mittelschichtorientierter Handlungsweisen für sich erkennen, erarbeiten und in seine Schicht zurücktragen kann. Er soll die Option erhalten, sich mittelschichtadäquat zu verhalten, ohne dass er tragfähige und positiv zu bewertende Anteile seiner Herkunft aufgeben muss. Letztlich ist er ein Wanderer zwischen den Welten, der bilingual beide Schichtsprachen spricht und als Tutor oder Agent für Friedfertigkeit vermittelt.

Anders ausgedrückt: Professionalisierung und Globalisierung in der Kriminalität erfordern Professionalisierung auf der Therapeutenebene: Die pfiffigsten,

---

[69] Hermer, M.: Therapeuten zwischen Wissenschaft und Charisma. Report Psychologie 3/1997, S. 188.

cleversten, körperorientiertesten, stärksten, wehrfähigsten, flexibelsten und mit dem höchsten IQ ausgestatteten Therapeuten, die mindestens so attraktiv sein müssen wie die kriminellen Vorbilder im Rotlichtmilieu, sind die Trainer, die von den jetzigen Schlägerprofis (wenn überhaupt) als Veränderungsmodell ernst genommen werden.

Wie muss also die Persönlichkeit von AAT-TrainerInnen aussehen? Vielleicht so:

Anti-Gewalt-ManagerInnen sind eine besondere „Art von Mäusen". Sie sind aus besonderem „Holz geschnitzt". Sie sind aus besonderem Schrot und Korn. Sie sind überlegen, sexy und „geil drauf". Sie denken schneller, präziser, logischer und umfassender, sie sind geistig einfach „hipphopp". Ihr Flair, ihre Performance und ihre Aura erzeugen eine exklusive Ausstrahlungskraft und produzieren ein spezielles therapeutisches Ambiente. Sie sind Fitness-Fans – emotionales Jogging, Training der Körpermuskeln, Aufbau des kognitiven Turbos und tägliches Offensivtraining zeichnen sie aus. Sie hantieren geschickt mit dem psychologischen Skalpell beim Wegoperieren der Gewaltlegitimationen ihrer „Kunden". Sie sind unmäßig, gierig und gefräßig beim Eindringen in die Identität des Aggressors: Sie inszenieren einen grandiosen „Gegenauftritt" zu seinem Aggressionsritual. Und: Sie sind jederzeit in der Mehrheit, denn – eines wollen sie auf keinen Fall: Verlieren.

Sie sind Gambler des Anti-Blamier-Spiels: Sich zu schämen, haben sie verlernt. Sie sind ohne Respekt vor Vorgesetzten – sie agieren **im Auftrag der Opfer**. Sie sind besessen von Opfergerechtigkeit und sie verleiten den Täter zu sozialer Arbeit in der Gemeinde. Sie sind „Under-Cover-Agents" in der Knastsubkultur und sie verführen den Täter dazu, „Verräter an seiner Schicht" zu werden. Sie sind dabei zäh und penetrant. Sie beherrschen die inszenierte Empörung so genial, dass sie das Spielerische ihrer Provokation manchmal selbst nicht mehr bemerken. Anti-Gewalt-ManagerInnen sind irgendwie unmöglich. Denn: Sie wollen das Unmögliche! Und nicht nur die Knast-Insassen erleben ihre TrainerInnen so. In einer Reportage über ein Seminar mit Lehrern heißt es: „Der Referent im Konferenzsaal der Begegnungsstätte, Jagdschloss Glieneke, ist Michael Heilemann, Taekwondo-Kämpfer, ein Fleischersohn aus Berlin-Bukow, ein Winnie-Schäfer-Typ, der heute die Lehrer anbrüllt, angrinst, anstachelt. Und sein Publikum liebt es."[70]

Die einzelnen Trainer und Trainerinnen vereinigen in ihrer Person selbstverständlich nur wenige der eben aufgezählten Merkmale – das (ganze) Team ist eben auch hier mehr als die Summe seiner Teile ...

---

[70] Goldstein, P.: Messer im Schuh und kistenweise Waffen. Lehrerfortbildung mit Gefängnispsychologen. Berliner Morgenpost 29. September 1999

Das AAT-Team muss vor allem eine Rolle ausfüllen: Es ist das „Sondereinsatzkommando" des Knastes – gefürchtet und geliebt zugleich [71]. Ein Geheimnis der Hamelner TrainerInnen besteht darin, dass sie die Teilnehmer des Trainings auf Vordermann bringen: Keinem wird erlaubt, einfach so zu sitzen wie er will! Die Haltung der Zuhörer (der Empfänger) so auszurichten, dass es dem Sender gefällt und dass der Sender für sich eine positive Rückmeldung und damit die Refinanzierung seiner Energie erfährt, funktioniert über die Aufmerksamkeitsfokussierung: Der Sender (Trainer) sorgt dafür, dass mindestens neun „Haltungsaspekte" vom Trainingsteilnehmer (Empfänger) eingehalten werden. Das schafft er, indem er selbst sofort interveniert, wenn eine Abweichung stattfindet, und er seine „Teamer" aussendet, um diesen Anspruch auch durchzusetzen. Und so sieht der Verhaltenskatalog für „Empfänger" im AAT aus:

1. Arme nicht vor die Brust verschränken

2. Beine nicht übereinander schlagen

3. Körperachse immer zum Sender (zum Therapeuten) ausrichten

4. Der Kopf des Empfängers muss sowohl horizontal als auch vertikal gerade ausgerichtet sein, damit der Blickkontakt zum Trainer (Sender) von diesem immer aufgebaut, gehalten und nachjustiert werden kann.

5. Der Teilnehmer darf nie mit dem Kopf schütteln und dadurch Missbilligung ausdrücken (Kritik kann er sich auf einem Zettel notieren). Nicken ist angesagt.

6. Blickkontakt zum Sender ist oberste Pflicht: Auch wenn ein anderer aus der Gruppe redet, muss der „Empfänger" seine Körperachse und seinen Kopf sofort so umorientieren, dass er dem Sprechenden absolute und vorbehaltlose Aufmerksamkeit schenkt.

7. Einmal in der Minute sollten die Teilnehmer den Trainer/Sender anlächeln.

8. Der Oberkörper muss so flexibel sein, dass bei wichtigen Aussagen des Senders ein kurzes Nachvornekommen des Oberkörpers spürbar und damit Interesse für den Trainer ausgedrückt wird. Das feste Drücken des Rückens an die Stuhllehne würde ausdrücken: Du kannst machen, was du willst. Meine Körperhaltung ist zwar so wie du sie angeordnet hast, aber deine Botschaft kommt bei mir trotzdem nicht an. Ich wehre sie vor meiner Brust ab.

9. Das leichte Kopieren der Gestik des Trainers durch den Empfänger (Teilnehmer) mit den Händen wird eingeübt.

---

[71] Heilemann, M. und Fischwasser-von Proeck, G.: Kampagne gegen Gewalt. In: ZfStrVo 4/1998, S. 231

Die Vorteile einer derartig direktiven Ausrichtung des Empfängers liegen darin, dass er die Botschaften, die Message, besser in sich aufnehmen kann. Er behält mehr, er kann mehr umsetzen und er nimmt mehr mit aus dem Trainingsraum. Die Vorteile für den Sender liegen auf der Hand: Er refinanziert seine Energie, er fühlt sich wichtig und wirksam und innerhalb **seiner** Fähigkeitsbandbreite wird er zumeist seine beste Performance abliefern.

Letztlich entscheidet der Empfänger darüber, wie gut der Sender sendet.

7.2 Stellenwert der ehrenamtlichen Mitarbeiter

Die ehrenamtlichen Mitarbeiter (EM) des AAT sind eine Art Wirksamkeitsgarantie für das Projekt: Weil sie dem System Strafvollzug nicht verpflichtet sind und von den Tätern sowohl als „Verbündete" als auch als „Sendboten des realen Lebens draußen" erlebt werden, geben sie dem „Spiel" eine neue Qualität. Sie besitzen bei den Probanden einen Vertrauensvorschuss, den der normale Sozialpädagoge oder Psychologe nicht erwarten kann.

Ein wichtiges Bestimmungsmerkmal des AAT lautet „gemeindenah". Die Gemeindenähe drückt sich in der Öffnung für die Talente aus dem Umfeld des Knastes aus: Je größer der Sog auf die Bürgerinnen und Bürger ist, hier mitzumachen, umso größer ist die Möglichkeit zur Kompetenzerweiterung für die Täter. Das Anti-Aggressivitäts-Training „lebt" seit 15 Jahren von diesem Effekt. Mindestens fünf bis acht Ehrenamtliche und zusätzlich mindestens fünf „Tagesgäste" ergänzen die „Professionals" (vgl. Anlage 2).

Britta war fünf Jahre EM und brachte ihre Lebenserfahrung in die Gruppe ein. Sie gab ihren Job als kaufmännische Angestellte auf, studierte und baut jetzt selbst ein AAT auf. Von den EM sagt sie, sie müssten vor allem kontaktfreudig sein und Lust zur Improvisation haben. EM wollen Ergebnisse direkt erleben. Sie wollen ihren Selbstwert erhöhen, indem sie sich immer wieder einbringen – couragiert und neugierig. Ihre Neugier auf die Wandlungsfähigkeit der sozialen Outlaws ist so stark, so gierig, dass sie ihre kleine Größe im Prozess sehr bewusst spüren und von Mal zu Mal vergrößern wollen. Wenn die EM spüren, wie ihre eigenen Sprachhandlungen die rauen Typen aufweichen, dann spüren sie, dass sie voll zum Team gehören. Sie können zwar nicht ganz so intervenieren wie die Profis, aber sie wissen, dass zu jedem Auftritt auch gute Statisten und Publikum gehören. „Ein weiterer Aspekt, der dem speziellen Vertrauensverhältnis dienlich ist, ist die Unbedingtheit und die Zuverlässigkeit von ehrenamtlichen Mitarbeitern. Eine ‚Quasi-Primärbeziehung auf Zeit' ermöglicht es dem Jugendlichen, Vertrauen aufzubauen, wenn er merkt, dass die Bemühungen und Interessen **ihm** gelten und nicht der Institution oder eigennützig motiviert sind. Dieses Verhältnis wird durch den Aspekt der Unentgeltlichkeit noch verstärkt,

so dass der Jugendliche auf vielfältige Weise zu spüren bekommt, dass das Hauptinteresse des oder der EM an **seiner Person** liegt."[72]
EM sind nicht die Regisseure und nicht die Star-Schauspieler, sie sind Statisten und gleichsam kritisches Publikum, sie agieren mit den Schauspielern – näher und persönlicher manchmal als der Regisseur. Sie wissen, dass das Stück ohne sie nicht aufgeführt werden kann. Langjährige EM übernehmen feste Rollen im Schauspiel AAT, nicht die Hauptrollen, aber Rollen, die sie immer von Neuem an den Hauptfiguren erarbeiten und gestalten können. Und wenn die Zusammenarbeit klappt, sind alle zufrieden.

Viele der beteiligten Gäste nehmen die positive Energie aus den Sitzungen mit und sind stark motiviert, die neuen Erfahrungen in ihre eigene Arbeit einzubauen. Dafür sind sie auch bereit, große Anstrengungen, manchmal Anreisezeiten von mehreren Stunden, in Kauf zu nehmen. Einige Gäste erleben in dieser Maßnahme extrem viel Offenheit und damit auch für sich die Möglichkeit, sehr viel zu lernen und in sich zu gehen. „Die Maßnahme ist ein Gewinn für alle... Das Konzept geht auf und berührt die Menschen", sagt ein Psychologe, der an fünf Sitzungen als Gast teilnahm. Auffallend positiv wird von den Gästen aber die Gemeinschaft, der Zusammenhalt, die Konfrontation und die Aufwertung der Jugendlichen beschrieben - Faktoren auf denen vermutlich auch die Wirksamkeit des Hamelner Modells beruht.

„Am Anfang wollte ich nur einmal ‚reinschnuppern' – mir ist es wie vielen Mitstreitern ergangen: Ich bin süchtig nach dem AAT." **Sabine** ist Heilpädagogin aus Münster und hat erstmals 1999 am AAT gerochen. Ihr persönliches Statement zeigt, dass sie wohl auch im neuen Jahrtausend dabei bleibt:

„Es ist anstrengend, neben meiner Vollzeitbeschäftigung in der Primarstufe der Schule für Erziehungshilfe in Münster einmal in der Woche nach Hameln in den offenen Jugendvollzug zu fahren und an den vierstündigen Sitzungen des AAT teilzunehmen. Der Effekt jedoch, das AAT live zu erleben und daran mitzuwirken, ist eine Arbeitserleichterung! Gerade die im System Schule gepflegte Praxis mit aggressiven Kindern, das Gros der Energie darauf zu verwenden, die kleinen Täter auszugrenzen, zu strafen und letztendlich in ihrem Elend zu belassen, verhindert ein entschiedenes Eintreten für die Opfer, auch die zukünftigen der herangewachsenen Täter. Die Kapitulation vor den meist nicht veränderbaren Lebensumständen verhindert ein positives Wachstum der Täter, die sich oft aus einer Opferrolle heraus zu Aggressoren entwickelt haben. Der Frust, das Ausbrennen bei den Pädagogen, ist programmiert.

Wie kann die ehrenamtliche Teilnahme am AAT mit verurteilten jugendlichen Gewalttätern meine Arbeit in der Primarstufe der Schule für Erziehungshilfe erleichtern?

---

[72] Kleine, B.: Ehrenamtliche Arbeit im Strafvollzug. Diplomarbeit. Hildesheim, 2000. S. 44

1. Die Biographien der 17- bis 23-Jährigen Verurteilten zeigen deutliche Parallelen zu denen der Schüler. Das Trauma der elterlichen Trennung, die Abwesenheit von Eltern in der Erziehung, die Nachwirkung von sexuellen und gewalttätigen Missbräuchen, die misslungene Integration in ein fremdes Land, das Versagen des Schul- und Jugendhilfesystems, das oft zu spät und wenig effektiv einsetzte.
2. Der Umgang mit den Tätern im AAT ist absolut konsequent. Es gibt dort keine Entschuldigung für die körperliche und seelische Verletzung eines Mitmenschen. Eine verbale Provokation - in unserer Schule reichen schon die Worte ‚deine Mutter' aus, um einen Mitschüler zu prügeln und selbst wenn er schon am Boden liegt, noch in ihn hineinzutreten - rechtfertigt keine Gewalt. Statt alle Energien auf die Aufklärung des Konfliktverlaufs zu verwenden, geht es darum, deutlich Stellung zu beziehen: Wir lehnen **Gewalt ab**! Wir treten **für** das Opfer ein und fordern dem Täter eine Wiedergutmachung zu Gunsten des Opfers ab. **Ein gemurmeltes „Tschuldigung" reicht nicht!**
3. Täter kompensieren ihr mickriges Selbstwertgefühl auf Kosten anderer. Ihre vermeintliche Stärke ist Schwäche und muss als solche deutlich gemacht werden. **Wahre Stärke muss neu und deutlich formuliert werden.** Die Förderung und das Vorleben scheinbar unmodern gewordener Werte und Eigenschaften wie Ehrlichkeit, Treue, Einfühlsamkeit, Kreativität, Intelligenz, Emotionalität, Kommunikationsfähigkeit und das Bestreben, den Mitmenschen eine Belohnung zu sein, werden zu primären Erziehungsaufträgen.
4. Das konsequente Abverlangen von **Achtung gegenüber dem Mitmenschen und der Einhaltung unserer gesellschaftlichen Regeln** kostet viel Kraft und Aufmerksamkeit, wird aber auch in der Schule im Gegenzug mit höherer Effektivität und Sinngewinnung der Arbeit belohnt. Die Kinder erleben das Wachstum ihrer Persönlichkeit, sie erfahren sich selbst als positiv und bekommen dies von ihren Mitschülern gespiegelt.
5. **Die Erfahrung, gelobt zu werden und sich selbst und andere loben zu dürfen** ist, so simpel dies auch klingen mag, für die meisten Kinder ein revolutionäres Erleben. ‚Eigenlob stinkt', dieser Ausspruch, der eine realistische Selbsteinschätzung im Keim erstickt, bereitet den Boden für verunsicherte Eltern und Kinder, die abhängig von Fremdlob ferngesteuert agieren. Für die Arbeit mit Eltern heißt dies: Die professionellen Helfer konfrontieren die Familien nicht in erster Linie mit ihren Defiziten sondern verändern das Klima nachhaltig, indem sie **die Eltern bestärken, ihre Kinder und sich selbst positiv zu sehen. Loben ist erlaubt, erwünscht, ja Voraussetzung zur vorbehaltlosen Liebe.** Und daran mangelt es den Kindern an unserer Schule, in unserer Gesellschaft.

Seitdem ich ehrenamtlich im AAT mitarbeite und den Transfer in meine Arbeit mit gewaltbereiten Kindern herstelle, geht es mir in meiner Arbeit wesentlich besser. Die vielen gewalttätigen Auseinandersetzungen belasten mich weniger, da ich konsequent Stellung beziehe. Das persönliche Wachstum der Kinder führt zu mehr sozialer Kompetenz, die Atmosphäre ist entspannter und davon profitieren alle."

> Ein 21-jähriger im Jugendstrafvollzug inhaftierter Libanese berichtet: „Alle reden über das AAT: Die Russen, die Polen, die Türken, die Albaner, die Skins, aber auch einige von uns. Wir Araber sind jedoch stolze Menschen. Wir lassen uns nicht therapieren. Okay, ich habe mit zehn Leuten in einer kleinen Wohnung gelebt und habe das schon als das Paradies erlebt. Bei uns im Libanon hatten wir kein fließend Wasser und selten etwas zu essen. Aber wir haben Waffen. Ich bin mit einer Maschinenpistole groß geworden und ich kann sie auch bedienen. Die Spinner wollen mich doch nur vollquatschen und mich in die Irre führen. Sie wollen sagen: Leg die MP weg und rede. Mit wem soll ich denn reden, wenn diese Leute uns aus unserem eigenen Land vertreiben wollen. Als kleiner Junge bin ich immer in die zerbombten Häuser gegangen und habe geguckt, was da los war. Ich habe viele Tote berührt und sie umgedreht. Eines Tages war es mein Onkel der vor mir lag. Hätte ich doch niemals eine Maschinenpistole gehabt.
>
> Eine ganz kleine Minderheit: Wir sind ungefähr acht bis zehn Leute und kommen auch noch aus unterschiedlichen Ländern. Ich selbst komme aus dem Libanon. Mein bester Freund hier im Knast – ich habe glaube ich nur einen richtigen – kommt auch aus dem Libanon. Er war bei diesem Anti-Gewalt-Training und sie haben ihn dann später „Tutor" genannt. Für mich war er einfach ein Verräter. Er hat sich kaufen lassen dafür, dass er vielleicht nicht abgeschoben wird, dass er vielleicht vorzeitig entlassen wird oder dass er vielleicht Ausgänge und Urlaub von der Haft bekommt. Aber er ist ja mein Freund und ich achte ihn. Ich habe mir seine Argumente angehört. Schließlich habe ich mich für das AAT angemeldet, ohne dass er mich überzeugen konnte. Ich wollte einfach ihm und allen anderen zeigen, dass sie ihm nur Scheiße ins Gehirn gedröhnt haben. Kamelscheiße. Gleich in der erste Sitzung – sie dauerte fünf Stunden und ich war am Ende total müde – sollte ich miauen wie eine Katze, bellen wie ein Hund und kauen wie ein Kamel. Ich habe sie verarscht – am Ende hat mir jedoch mein Unterkiefer wehgetan. Heute – vier Monate später – bin ich aus dem Programm rausgeflogen. Nicht, weil ich nicht mehr mitmachen wollte oder weil sie mich nicht mehr mochten, sondern weil ich wieder einen „Gewaltzwischenfall provoziert" habe. Ich hatte Stress mit Bediensteten, die mich beschimpft haben und die ich dann natürlich auch beschimpft habe. Ich habe meine „innere Maschinenpistole" wieder herausgeholt. In dem Moment habe ich gewusst, dass ich die Trainer vom A-Team verrate. Ich

> wäre gern dort geblieben. Mein Kumpel aus dem Libanon war immer noch Tutor. Ich wollte es nicht zugeben, aber er hatte Recht: Der Platz, auf dem du in dieser Welt lebst, erlaubt dir nur zu leben, wenn du dort und genau dort Frieden schaffst. Ich habe in einem Moment vergessen, Frieden zu schaffen und man hat mich „abgesondert". Die nächste Provokation werde ich anders bewältigen. Mein Freund Slim (der andere Libanese) und ich haben jetzt noch eine andere Bastion, der wir lebenslange Treue schwören: Dem A-Team."

7.3 Das Menschenbild der Trainerinnen und Trainer

Der Anspruch des Trainerteams an die Täter ist leicht zu formulieren: Werdet so wie wir sein wollen und zum Teil schon ein bisschen sind. Verzichtet auf Kritik, Einengung, Bestrafung und Feindseligkeit – liebt euch in Unterstützung, Wachstumsförderung, Lobhaltung und Demut vor dem Anderen. Wer lernt, zu folgen, dem wird gefolgt. Wer sich hingeben kann, der erhält auch Hingabe. Wer sich selbst verwöhnt, kann auch lernen, andere zu verwöhnen. Wer aufgibt, sich zu hassen, hat weniger Druck, andere hassen zu müssen.

Selbstverliebte Trainer sind Modelle für selbstverliebte Ex-Täter. Erst selbstverliebte Ex-Täter können Opfer lieben.

8 Professioneller Strafvollzug - LoGo

8.1 Die Quadratur des Kreises

Therapie und Persönlichkeitsveränderung im Strafvollzug im Sinne einer wachstumsorientierten Identitätskorrektur des Inhaftierten ist **eigentlich** nicht möglich: Der Strafvollzug ist auf Einengung, Kritik, Machtausübung, „Kleinmachen", Befehle, Vorschriften, Überwachung, Kontrolle und das Produzieren „passiver Sicherheit" ausgerichtet. Die „aktive Sicherheit" – also das Verändern des Täters über den Entlassungszeitpunkt hinaus im Sinne einer sozialkompatiblen Verhaltensdisposition – führte und führt auf Grund massiver justitieller Vorgaben ein Schattendasein.

Das bestätigt auch Klaus Sieg: „Denn wie es hinter Gittern wirklich war, erzählen Ex-Häftlinge in der Regel nicht. Wenn du rauskommst in dein altes Umfeld und sagst, es war fürchterlich – dann bist du für die anderen kein Cooler mehr, sondern ein Weichei... Viele würden denken, es gehe dort zu wie in Gangsterfilmen. Die Häftlinge würden den ganzen Tag vor dem Fernseher sitzen, Gewichte stemmen und wichtige Geschäfte abwickeln. Was man aber für Ärgernisse auf sich nehmen muss, nur um hier beispielsweise Sport treiben zu können, davon hat doch niemand eine Vorstellung."[73]

Der Strafvollzug befindet sich an diesem Punkt in einem unlösbaren Dilemma: Einerseits verlangt die Öffentlichkeit die sichere Verwahrung der Straftäter und Schutz vor ihrer Gefährlichkeit. Dabei spielt natürlich der Sühnegedanke eine große Rolle, der ja so alt ist wie die Ahndung von Regelbrüchen, also kriminellen Handlungen selbst. Der Öffentlichkeit dieses berechtigte Interesse abzusprechen, wäre absurd. Andererseits wird aber gleichzeitig ein effektives Resozialisieren der Delinquenten verlangt. Dieser Auftrag findet sich auch im Jugendgerichtsgesetz (JGG) § 91 wieder. Hier kollidiert der therapeutische Anspruch des möglichst uneingeschränkten Arbeitens an der Täterpersönlichkeit und seinem Größenwachstum im besten Wortsinn mit den Grenzen dessen, was unter Sicherheits- und Sühnegedanken machbar ist.

Die Lobby von „Therapie im Knast" muss sich gegen übermächtige berufsständische Gepflogenheiten und Gegebenheiten behaupten: Von oben kommen die aus psychotherapeutischer Sicht berufsfremden Juristen, die bestimmen, „was Therapie ist". Sie legen **ihr** Berufsverständnis zu Grunde und definieren „guten Knast" über geringe Ausbruchszahlen und möglichst geringfügige Vorfälle **während** der Unterbringung. „Da wird vorausgesetzt, dass Personen, die noch kaum einmal einen Gefangenen gesehen haben und zufällig bei Aufsichtsbehörden arbeiten, zu qualifizierten Interventionen in Vollzugsfragen in der Lage

---

[73] Sieg, K.: Du kannst mit deiner Gang nicht 70 werden. Psychologie heute 8/1999

sind. Da wird angenommen, dass es noch irgendwo ‚Sachverständige' geben muss, die sich auf Grund überragender Kompetenz verhaltensprognostisch praktisch nicht irren können. Natürlich haben solche Mythen auch den angenehmen Nebeneffekt, dass damit Ängste entsorgt werden. Das ginge anders aber leichter, besser."[74]

Auf den Konflikt zwischen Therapeuten und Juristen verweist auch Karl-Peter Rotthaus: „Der Streit zwischen Therapeuten, Psychiatern und Psychologen zumeist und den Juristen als den traditionellen Herrschern über das Gefängniswesen lebt wieder auf und scheint noch nicht beendet zu sein... Die Therapeuten haben zwar die Einschätzungsprärogative, das Gesetz räumt ihnen aber keinen unüberprüfbaren Beurteilungsspielraum ein. Das bringt sie in Abhängigkeit vom Anstaltsleiter. Sie müssen sich nach den Vorgaben des Anstaltsleiters richten und ihre Arbeit in der Anstalt – auch in Psychotherapie im Konsens mit der Leitung leisten."[75]

8.2 Das LoGo

Dennoch ist Licht am Ende des Tunnels zu erkennen: Mehr und mehr werden Leitungsfunktionen in Vollzugsanstalten mit Psychologen, Sozialarbeitern, -pädagogen und ähnlichen Berufsgruppen besetzt. So wird z.B. die JVA Hannover von einem Psychologen geleitet; auch in der Jugendanstalt Hameln ist die Vertreterin des Anstaltsleiters eine Psychologin. Nach dem bereits jahrelang praktizierten Anti-Aggressivitäts-Training wird in der Jugendanstalt Hameln jetzt das LoGo entwickelt. LoGo steht für den Begriff „Leben ohne Gewalt organisieren". Die Ziele dieses Trainings unterscheiden sich nicht wesentlich vom „alten" AAT, das jetzt als AAT.pro fortgesetzt wird. Auch beim LoGo geht es um Gewaltabstinenz, Verantwortungsbewusstsein für sich selbst, für andere und für die Gesellschaft. Auch beim LoGo geht es um die Verbesserung der Ressourcen des Häftlings durch die Ermittlung und den Ausbau von Stärken, durch die Förderung des Selbstwertes, die Steigerung der Kommunikationsfähigkeit und die Entwicklung von Zukunftsperspektiven.

Anders als das AAT.pro stützt sich das neue LoGo nur auf drei Phasen: Die Erarbeitung der Biographie bis hin zur Feststellung der Ursachen, die zur Gewalttat führten, die Konfrontation – „heißer Stuhl" – bis hin zur direkten Wiedergutmachung am Opfer beispielsweise durch Briefe, Geschenke und das direkte Gespräch mit dem Opfer oder durch indirekte Wiedergutmachung wie etwa das Überweisen von Geld an eine Opferorganisation wie den Weißen Ring, Dienstleistung für Betroffene oder das Verfassen von Zeitungsartikeln.

---

[74] Beier, M.: Über den Mythos des Externen. In: ZfStrVo 5/2000, S. 289.
[75] Rotthaus, K.P.: Zum praktischen Umgang mit dem therapeutischen Geheimnis im Strafvollzug. Das Dilemma von Schweigen und Offenbaren. In: ZfStrVo 5/2000.

Zur Ressourcenstärkung in Phase drei zählt die Entwicklung von Handlungsalternativen und die Verhaltensänderung. In dieser Phase lernen die Probanden beispielsweise, wie Konfliktsituationen gewaltfrei gelöst werden und wie sie „cool" de-eskalieren können. Neu am LoGo: Die Zahl der Gäste wird deutlich auf vier Teilnehmer begrenzt, aber im Rahmen von „Elternarbeit" können Mütter und Väter von Trainings-Teilnehmern je nach Bedarf zu einzelnen Sitzungen eingeladen werden.

Vom „AT.pro" unterscheidet sich das „LoGo" in folgenden Punkten:

- Der Wiedergutmachungsgedanke lässt sich im offenen Vollzug eher an der Praxis überprüfen und mit Leben füllen als hinter Gittern. Die Insassen können bereits „in die Gemeinde" gehen und handeln.
- Die teilnehmenden Insassen im geschlossenen Vollzug müssen sich eher dem subkulturellen Druck der anderen Häftlinge stellen. In diesen Subkulturen wird gewalttätiges Verhalten aber eher honoriert als verdammt. Die Gefahr, die Ideen des AAT aus Angst vor Mobbing und Unterdrückung über Bord zu werfen, steigt. Andererseits ist aber wahrscheinlich diese erste gleichzeitig auch die härteste Bewährungsprobe für die Teilnehmer. Provokationstests sind der Ernstfall.
- Die Teilnehmer im geschlossenen Vollzug stehen ständig unter Beobachtung. Übrigens auch in Momenten, in denen sie sich unbeobachtet fühlen, werden sie öfter gesehen, als sie sich das wohl wünschen und vorstellen: Das Team des AAT erhält genaue Rückmeldung über Auffälligkeiten sowohl positiver als auch negativer Art.
- Die Gefahr des „Abspringens", also des freiwilligen Ausscheidens aus der Maßnahme, ist im offenen Vollzug größer als im geschlossenen, weil das Angebot dort eher den Charakter einer Abwechslung im alltäglichen „Knast"-Leben hat. Dieser Unterhaltungswert mag für manche Insassen schon Teilnahmemotivation genug sein. Den Trainern soll das erst mal recht sein ...
- Bis zur Entlassung, also der „Legalbewährung" der Teilnehmer, aus dem geschlossenen Vollzug ist es manchmal noch lange hin. Monate, aber auch Jahre sind denkbar. Mit dem Ende des AAT besteht die Gefahr, dass Gelerntes wieder verloren geht oder zumindest verschüttet wird. Da sind die Teilnehmer des AAT.pro besser dran. Sie haben als Insassen des offenen Vollzugs den größten Teil ihrer Haftzeit hinter sich. Die Entlassung ist für sie in Sicht.

Im geschlossenen Vollzug muss auch nach Beendigung des AAT nachbetreut werden. Regelmäßige Treffen der Absolventen und wiederkehrende Einzelgespräche sind geboten. Auch muss das Anstaltsklima für die „friedlichen Schläger" von Akzeptanz und Wertschätzung geprägt sein. Dies bei den anderen Häftlingen erreichen zu wollen, ist möglicherweise eine Illusion, es bei den

Bediensteten abzufordern, ist jedoch eine wichtige Aufgabe für die AAT-Trainer.

8.3 Weg vom Wärter

Hauptthema des derzeitigen Vollzugs bleibt selbstverständlich das Vermeiden von Rückfällen und damit die Prävention weiterer Straftaten. Die komplette Erziehungs- und Behandlungsplanung zielt darauf ab. Allerdings wird das Verhalten der entlassenen Häftlinge vom Vollzug im eigentlichen Sinne nicht gesehen. Innerhalb der Mauern gibt es genug zu tun, und so werden die Wege der ehemaligen Häftlinge im Moment noch nicht weiterverfolgt. Erst andere Stellen wie die Medien oder die Strafverfolgungsbehörden informieren den Vollzugsbediensteten, wenn die Wiedereingliederung in ein „rechtschaffenes und verantwortungsvolles Leben", wie es das JGG nennt und fordert, erfolglos blieb.

Von unten kommt das majorisierende Heer des allgemeinen Vollzugsdienstes – gutwillige, angepasste Mitbürger, die meist einen Handwerkerberuf erlernt haben oder von der Bundeswehr oder dem Bundesgrenzschutz in allen Ehren Abschied genommen haben, um sich nun im Öffentlichen Dienst mit ihrem „gesunden Menschenverstand" der Aufsicht über die Straftäter zu widmen.

In der Ausbildung des Allgemeinen Vollzugsdienstes (AVD) finden sich schon heute Elemente, die sich nicht mit dem „Schließer-Image" früherer Tage verbinden lassen. Die Bediensteten werden in ihrer Ausbildung neben den ureigenen Themen des Vollzugs Grundlagen von Pädagogik und Psychologie vermittelt. Dass sich diese Ausbildung nicht mit einem wissenschaftlichen Studium vergleichen lässt, versteht sich von selbst. Doch es lässt den Anspruch erahnen, mit dem die Vollzugsbediensteten zurzeit ausgebildet werden: „Hin zum Erzieher und weg vom Wärter."

Etwa 80 Prozent aller Mitarbeiter kommen aus dieser „Schicht" des Mittleren Dienstes, die einen extremen Anpassungsdruck auf die so genannten Fachdienste ausübt. Diese Fachdienste, in der Mehrheit Sozialpädagogen, Psychologen, manchmal auch ambitionierte Lehrer und Ärzte, müssen sich nun in jeder Richtung „nach der Decke strecken" und können als „Sandwichkind des Vollzuges" unter einem permanenten Anpassungsdruck schwerlich ein eigenes Berufsprofil und eine eigenständige Aufgabendefinition als operationalisierte Handlungsnorm entwickeln und schon gar nicht durchsetzen.

8.4 Vollzugsentwicklung

Die Entwicklung des Strafvollzuges kann in sieben Etappen beschrieben werden:

1. **Verwahrvollzug** (bis 1980)
Hier handelte es sich um einen passiven Sicherheitsvollzug, der vor allem der Bevölkerung suggerieren sollte, dass im Strafvollzug „der Staat herrscht". Normen wie Härte, Anpassung, Unterordnung, Sauberkeit, Ordnung und eben Gehorsam wurden proklamiert und zum großen Teil durchgesetzt – was drinnen wirklich geschah, interessierte die Öffentlichkeit nur am Rande. Insbesondere die Unterdrückung von Mitinsassen und die „Weitergabe" von Gehorsamsnormen der starken Insassen an die Schwachen wurde nicht nur gebilligt, sondern galten als probates Erziehungsmittel. In gewisser Weise wurde damit die Kriminalisierung der starken Insassen aufgrund des Opferstatus' der schwachen Insassen gebilligt.

2. **Verwöhnvollzug** (bis 1983)
Im Rahmen zunehmender „Knastkritik" wurde der Täter grundsätzlich als Opfer sozialer Umstände und seiner eigenen Primärsozialisation definiert. Das „Nachholen" von Verwöhnsituationen und Konsumbedürfnissen wurde als therapeutischer Fortschritt erachtet. Die fehlende Konsequenz in der Auseinandersetzung mit dem angerichteten Schaden und eine zunehmend „passive Konsumhaltung" auf Kosten anderer wurde nicht als Gefahr für die Persönlichkeitsentwicklung des Täters oder gar für die Sicherheit der Gesellschaft wahrgenommen: Wenn die Gesellschaft Schuld ist, dass ich Täter bin, hab ich als Täter Recht auf Wiedergutmachung!

3. **Behandlungsvollzug** (bis ca. 1990)
Zunehmend wurde die Persönlichkeitsveränderung und damit die aktive Sicherheit der Bevölkerung für die Zeit „nach der Entlassung" in den Vordergrund gestellt. Eine Vielzahl von Programmen zur Täterveränderung wurde aufgelegt. Weil Justiz und Strafvollzug als Stiefkinder der Gesellschaft aber keine Finanzlobby hatten und die internen Strukturen nach dem Motto „Jurist sticht Psychologe" verkrustet waren, wurden mehr Programme proklamiert als tatsächlich umgesetzt. Versuche der Umsetzung scheiterten immer wieder am starren Vollzugssystem und den Einzelinteressen handelnder Gruppen. Nicht zu vergessen ist, dass die Macht des Bediensteten im Strafvollzug ein „Sekundäreinkommen" für diesen darstellt und darstellen muss, da „narzisstische Zufuhr von außen" in Form von Lob durch die Gesellschaft kaum zu erwarten war. Ein echtes Bemühen für das Persönlichkeitswachstum des Täters war daher kaum zu erreichen.

4. **Angebotsvollzug** (bis 1996)
Nach den „auf dem Tablett servierten Behandlungsmaßnahmen" stellte der Angebotsvollzug zunehmend die Verantwortung des Insassen für sein eige-

nes Weiterkommen in den Vordergrund. Er kann vorhandene Angebote annehmen – er muss aber nicht. Wenn er sich selbst nicht motiviert, hat er eben Pech gehabt. Dieser „Selbstbedienungsvollzug" bevorteilte zunehmend die kleine Gruppe mittelschichtorientierter Täter – die bisherigen „Totalverweigerer" wurden doppelt und dreifach in ihren Defiziten festgehalten und verstärkt.

5. **Elitevollzug** (bis 1997)
   Dieser Spezialistenvollzug hat letztlich unter zwei Aspekten eine Eingrenzung des Angebotsvollzugs verwirklicht:

   a) Nur noch wenige, die es wirklich verdient haben und die übermäßig begabt sind, kommen in den Genuss einer fördernden „Therapie" – dies ist in der „normalen" Gesellschaft nicht anders. Auch hier kann nur der reüssieren, der sich selbst bemüht und durchbeißt.

   b) Knapper werdende Mittel erlauben es nicht mehr, Therapieangebote auf breiter Front für Insassen vorzuhalten.

6. **Exportvollzug** (bis 1999)
   Zunehmend wurde die Idee der „Autodidaktischen Binnenschleife" im Strafvollzug verwertet: Die, die schon etwas gelernt haben, sind bessere Therapeuten als die professionellen Erzieher, die möglicherweise die differenzierte Motivationsanalyse des Täters nicht in ähnlicher Güte nachvollziehen können und gleichzeitig auch noch Geld kosten. Tutoren und Ehrenamtliche – die aus ähnlichen Sozialisationszusammenhängen kommen wie der Täter selbst – wurden als glaubwürdige Verhaltensmodelle für Friedlichkeit oder Legalbewährung im Vollzug immer willkommener.

7. **Servicevollzug** (zurzeit)
   Das Stichwort des „kundenorientierten Strafvollzuges" spekuliert verstärkt auf die Ansprüche des Opfers auf Wiedergutmachung und Empathie und auf das berechtigte Interesse des Bürgers auf Sicherheit: Einige wenige Vollzugsmodule, aber beileibe nicht der gesamte Strafvollzug, haben versucht, den Kunden so zu bedienen, dass dieser den Strafvollzug zum ersten Mal seit etwa 50 Jahren „lieb hat". Genaue Kundenanalysen zur Frage, was der Bürger wirklich vom Strafvollzug will, und die unmittelbare und direkte Beantwortung durch Behandlungsangebote bei Schwersttätern waren die Folge.

Der zukünftige Strafvollzug muss insbesondere schneller, preiswerter und direkter werden: Gibt es ein Problem mit den Rechtsextremisten, müssen Behandlungsprogramme flächendeckend nachgewiesen und angeboten werden – die Begleitforschung dazu muss schnellstmöglich geliefert und die Effizienzergebnisse anschaulich publiziert werden. Strafvollzug wird in Zukunft sowohl auf monetäre wie auf ideologische Impulse reagieren müssen – ansonsten wird die Privatisierung (siehe England und USA) nicht aufzuhalten sein. Die Verelendung der intellektuell eher weniger Begabten und weniger cleveren Täter könnte – ähnlich wie in den USA – die Folge sein: Wer will, der kann – wer nicht will, der darf nicht. Lebenslange Inhaftierungskarrieren mit entsprechender Verelendung nach dem Motto „Pack schlägt sich, Pack verträgt sich – wir greifen erst ein, wenn Bedienstete angegriffen werden oder es zu Fluchtversuchen kommt" – werden die Folge sein. In Amerika scheint in einigen Strafvollzugsanstalten bereits die Grundregel der „hochschwelligen Intervention" zu gelten: Beamte greifen – mit Waffen – erst dann ein, wenn etwas nach außen dringt. Gewalttaten innerhalb der Insassenschaft werden quasi als „Regulativ" geduldet.

Diese letzten Aussagen sollen mehr als Frage denn als Behauptung gelten. Als Frage sind sie jedoch unter dem Aspekt der Menschenwürde der Gesellschaft insgesamt sinnvoll und notwendig zu stellen.

Im Strafvollzug in der Bundesrepublik Deutschland geht es jedoch anders zu als in den USA: Veränderungsbereitschaft beim Insassen als Basis für jede Therapie soll ständig erzeugt werden. Dabei wird mit einer Fülle von positiven und negativen Verstärkern gearbeitet. Es herrschen feste Regeln als Normenkorsett für Sanktionen oder Belohnungen. Jeder Insasse kennt diese Regeln und hat die Wahl: Er kann sie akzeptieren, sich regelkonform verhalten und wird belohnt oder er verstößt gegen die anstaltsinternen „Gesetze" und hat mit Negativfolgen zu rechnen. Für Häftlinge, die bisher ja oft ganz und gar nicht regel- oder gesetzeskonform gelebt haben, ist das eine nicht zu unterschätzende und vor allem berechenbare, feste Größe in der totalen Institution „Knast".

Ist nun Veränderungsbereitschaft vorhanden und dokumentiert sie sich im Alltag, so hat der Häftling Zugang zu allen geeigneten Therapieangeboten und zu allen sonstigen Angeboten des Vollzuges, die ihn in seinen bisherigen Defiziten sämtlich entlasten wollen.

8.5 „Flache Hierarchien" in einer „totalen Institution"?

Totale Institutionen wie Strafanstalten oder Landeskrankenhäuser bemühen sich neuerdings, auch unter Zuhilfenahme externer Berater, die vergleichbar mit einer Unternehmensberatung oder der Organisationsentwicklung sind, um den Aufbau so genannter „flacher Hierarchien". Sie sollen dafür sorgen, dass die Hilflosigkeit, der Kontrollverlust, das Gefühl, ausgeliefert zu sein und letztlich die abnehmende Motivationslust der Mitarbeiter korrigiert und ins Gegenteil gewendet werden.

Flache Hierarchie bedeutet insbesondere:

1. Keine Entscheidungen zu treffen, bei denen die unmittelbar Betroffenen/direkt Handelnden hinsichtlich ihrer Erkenntnisse (Informationsaufnahme) nicht maßgeblich befragt und einbezogen werden.
2. Möglichst keine Entscheidungen zu treffen, die gegen das erklärte Votum der unmittelbar Betroffenen ausgelegt sind.

Ausgangspunkt ist dabei, dass die Projektleiter und ihre Teams grundsätzlich über mehr Informationen und mehr Entscheidungskompetenz für den von ihnen repräsentierten Bereich verfügen als die zentral und in übergeordneten Funktionen eingesetzten Mitarbeiter und Führungskräfte. Flache Hierarchien bedeuten also, dass unterschiedliche Kompetenzen bei dezentral vs. zentral eingesetzten Mitarbeitern angenommen werden, wobei die Projektarbeiter und „Stabsspezialisten" auch auf ganzheitliche, gesamtorganisatorische Verantwortlichkeit eingestimmt und eingeschworen werden. Das Verantwortungsgefühl für das spezielle Projekt einerseits und „fürs Ganze" andererseits wächst beim **konkret** handelnden, projektbezogen, ergebnisbezogen und „produktbezogen" arbeitenden Mitarbeiter. Parallel dazu erhöht sich die Identifikation mit der Institution.

Ein Generalverstoß der Institution gegen diesen fortschreitenden „Übernahmeprozess des Ichs aus Sicht der Firma" würde vorliegen, wenn mit der Zielperson, dem Mitarbeiter, ein „falsches Spiel" getrieben würde: Wenn

1. eine Entscheidung ohne maßgebliche Einbeziehung des Mitarbeiters getroffen,
2. die Informationsgewinnung der Vorgesetzten am Projektmitarbeiter vorbei erfolgen,
3. eine eigenständige Informationsbeschaffung des Mitarbeiters nicht gewünscht,
4. ein umfassendes Zuarbeiten des Mitarbeiters für die Entscheidungsgremien im Sinne von Informationsgewinnung und Informationsaufbereitung bei externen Stellen als „illoyal" diffamiert würde.

Daraus resultierende Unterwerfungsgesten sind das Letzte, was wachstumsorientierte Firmen sich von ihren Mitarbeitern wünschen und was sie sich leisten dürfen. Die Effekte wären Abbau von Identifikation, innere Kündigung, Mobbing auf allen Ebenen und Verweigerung von Verantwortungsübernahme.

Flache Hierarchien kann und sollte es auch im Strafvollzug geben: Eine qualifizierte Ausbildung des Vollzugspersonals, zielorientierter Einsatz gemischter Teams in den einzelnen Vollzugsprojekten und Übergabe von Verantwortung an diese Teams. Um eine **„forcierte Entscheidung"** des Gewalttäters für seine friedensorientierte Persönlichkeitsentwicklung im Rahmen der totalen Institution zu ermöglichen, muss der Therapie-Experte dabei das **ultimative** Entscheidungsmandat für Sozialisationsmaßnahmen während der Haftzeit erhalten. Dann besteht für den Täter eine echte Chance, sich in Richtung „Opfer schonendes Verhalten" zu bewegen. Dies ist jedoch in einer totalen Institution wie dem „Knast" mit seinem komplexen Gefüge, der Notwendigkeit funktionierender Teams in den einzelnen Vollzugsabteilungen, dem starren Regelwerk und dem Sicherheitsaspekt derzeit noch kaum vorstellbar und noch weniger konkret zu verwirklichen.

Der Dipl. Sozialpädagoge Jörg Michael Wolters stellt dazu die folgende Frage: „Kann Erziehung bzw. durch sie erst bewirkbare Resozialisierung straffällig gewordener Jugendlicher überhaupt in einem von Nicht-Pädagogen sowie pädagogischen Laien geprägten System und darüber hinaus von anti-sozialem Geist der tatsächlichen oder potenziellen Feindschaft zwischen Insassen und Personal ‚verseuchten' Milieu, wie ausgerechnet dem erzieherisch auszugestaltenden Jugendknast eigentlich funktionieren?"[76]

8.6 Opferorientierter Strafvollzug

Die Geschichte des Strafvollzuges ist eine Geschichte der **Opferleugnung**. Der Strafvollzug kümmerte sich seiner Aufgabenstellung folgend um den Täter und nur um den Täter. Hierbei war zuerst der Sühnegedanke und später die Behandlungsidee federführend. In jedem Fall ist der Strafvollzug ein Feld, in dem für andere Ziele ausgebildete Juristen die Persönlichkeitsbeeinflussung und Identitätsveränderung der Inhaftierten „anleiten". Das zugeordnete „Hilfspersonal", der allgemeine Vollzugsdienst – an der Spitze in der Regel durch eine Ausbildung zum Erzieher qualifiziert –, die Sozialpädagogen, die Pädagogen, die Psychologen und am Rande die Seelsorger haben sich an den Vorgaben der „formalen Justiz" zu orientieren. Damit wird die Geschichte des Strafvollzuges aus Sicht des Personals zu einer Odyssee des Wettlaufs um die Gunst der Juristen, die dieses Betätigungsfeld okkupiert haben. Man lasse jedoch nicht alle Hoffnung fahren: Besserung scheint möglich und in Sicht – wie bereits eingangs erwähnt.

Anders gesprochen: Würde einem Chirurgen am Operationstisch das Skalpell vom Innungsvorsitzenden der Bäcker oder Fleischer geführt, wäre auf den ersten Blick klar, dass **Berufsfremde** ins Handwerk des Chirurgen pfuschen. Oder: Würden Psychologen oder Sozialpädagogen die Rechtsauslegung oberster Bundesgerichte (Bundesverfassungsgericht, Bundesgerichtshof, Bundesverwaltungsgericht) auf Grundlage ihrer Fachdisziplin korrigieren, würden die Juristen dies als unqualifizierte Einmischung in ihr Handwerk erleben und zurückweisen. Juristen aber, die noch nicht einmal ein halbes Semester „Menschenkunde"

---

[76] Wolters, J.M.: Der Jugendknast. Über die pädagogische Provinz. Sozialmagazin 1/2000, S. 29.

(Psychologie oder Sozialwissenschaften) studiert haben, maßen sich an, den dortigen Fachleuten Anweisungen für die Durchführung von Therapiekonzepten zu geben.

Letztlich ist die Geschichte des Strafvollzuges eine Geschichte der Verirrungen: Die Verstrickung in Entwicklung, Prüfung und Zurückweisung von Therapiekonzepten führt dazu, dass die Insassen schließlich sich selbst überlassen sind oder bestenfalls Zugang zu einigen wenigen „Alibi-Therapien" hatten. Die Veränderung menschenverachtender und feindseliger Grundhaltungen im Sinne des Bürgers, aber vor allem der Opfer, ist **so** nicht zu erwarten. Und: **Alle** Täter werden nach Strafende wieder entlassen, **unabhängig** davon, ob der Strafvollzug beim Täter wirksam war oder nicht...

Die Öffnung der Strafanstalten für Experten aus der Gemeinde, die mit ihrer Professionalität die Defizite des Täters ausgleichen, damit dieser nicht mehr auf Kosten Schwächerer seine eigene Mickrigkeit kompensieren muss, ist als sinnvolle Interaktion zwischen Öffentlichkeit und „ausgegrenztem Gefährdungspotenzial" anzusehen. Andererseits bestehen von Seiten des Strafvollzuges sowohl eine extreme Berührungsangst wegen der angeblichen Gefahr der Aufweichung interner Hierarchien als auch die Angst, ins Gerede zu kommen. Sowohl „Vorfälle" im Rahmen von Behandlungsversuchen als auch die Legende, dass es dem Täter zu gut gehen könnte, weil sich Experten aus der Gemeinde um ihn kümmern, fürchtet der Strafvollzug wie der Teufel das Weihwasser. Letztlich handelt es sich beim Strafvollzug um eine „gespaltene Persönlichkeit", die nach innen mittlerweile einiges erprobt – von der nach außen aber **angeblich** erwartet wird, nur nicht aufzufallen. Negativ auffallen will sie keinesfalls: Positiv hingegen gern; wer will das nicht? Hier liegt die Chance für neuartige und vielleicht im vollzuglichen Sinne „querdenkende und -handelnde" therapeutische Angebote, wie zum Beispiel das AAT in der Jugendanstalt Hameln. Schließlich werden doch Erfolge vorgewiesen und die Rückfallzahlen der behandelten Straftäter sind kleiner als die der nicht behandelten. So hat der Strafvollzug, dieses ungeliebte Kind unserer Gesellschaft, die Chance, positiv aufzufallen und Erfolge nachzuweisen, die von allen, aber auch wirklich allen Teilen unserer Bevölkerung nur gewollt sein können.[77]

Allerdings haben die Juristen es geschafft, das gesamte Vollzugspersonal so auszurichten, dass mit dem Justizminister der politisch Verantwortliche im Sinne dieses „Nicht-Auffälligkeits-Dogmas" „abgepuffert" sind. Die Opfer, die ein Interesse an der **wirklichen** Persönlichkeitsveränderung des Täters haben, bleiben oftmals auf der Strecke.

An den **Opfern orientierter Strafvollzug** hat deshalb die folgenden Vorgaben:

---

[77] vgl. Heilemann, M.: Ehrenamtliche gegen Gewalt – sie arbeiten am Täter, aber im Auftrag der Opfer. In: Lotse Forum, Dokumentation. Köln 12/99. S. 48.

1. Der Strafvollzug erhält seinen Auftrag insbesondere von einer Person: Dem Opfer.
2. Der Strafvollzug arbeitet am Täter, aber immer **im Auftrag des Opfers** ...
3. Der eingesperrte Gewalttäter muss sich mit dem Verlauf und den Folgen seiner Menschen verachtenden Tat für das Opfer auseinandersetzen.
4. Der Hauptjob des Trainers besteht darin, mit ihm und für ihn Wege der **direkten** und/oder **indirekten Wiedergutmachung** und damit der lebenslangen Übernahme von Verantwortung zu finden und in ihm zu verankern.
5. Der Täter übernimmt die Patenschaft für seine Opfer – **erst dann** übernimmt der Strafvollzug die Patenschaft für den Täter!
6. So lange der Körperverletzer der Feind des Opfers bleibt, kann er **nicht** erwarten, dass der Mitarbeiter des Vollzugs sein Freund und Unterstützer wird. Und hier liegt das Problem: Eine Partei der beiden Lager, Strafvollzugsbedienstete und Häftlinge, muss den ersten Schritt gehen. Für den Delinquenten ist ein gewaltiges Maß an Selbstüberwindung nötig, sich gegen sein bisheriges Dasein als Körperverletzer und „Opferproduzent" auszusprechen. Hier greifen wieder das schon erklärte Normenkorsett und der Katalog von Positiv- und Negativsanktionen im Gefängnis. „Wenn ich mich ändere, geht es mir hier (und überall) besser." Zu dieser Einsicht muss der Täter gelangen oder gebracht werden. Auf diese Idee müssen jedoch über kurz oder lang auch alle Bediensteten des Vollzuges eingeschworen werden.
7. Der im Strafvollzug angeleitete Kompetenzzuwachs des Täters muss nachweislich den Opfern zugute kommen und ihnen gewidmet sein.

Das AAT kann als „Speerspitze" eines „kundenorientierten" Strafvollzuges eingeordnet werden: Die Kraft der TrainerInnen für das **massive** Bemühen am Täter wird aus der „Parteilichkeit für die Hilflosen" geschöpft und vom **therapierten Täter** (Tutor) energisch unterstützt und refinanziert [78].

8.7 Kundenorientierter Strafvollzug: Wie soll das gehen?

Ein kundenorientierter Strafvollzug hat nur eine Maxime: Die Wirksamkeit seines Jobs. Der Job lautet: Verändere den Täter so, dass bei seiner Rückkehr in die Gesellschaft niemand mehr vor ihm Angst hat und der Täter sich nie wieder so schlecht fühlt, dass er erneut kompensieren muss. Die entscheidende Moderatorenvariable ist hierbei die lebenslange Verantwortung des Täters für „seine" Opfer.

---

[78] Heilemann, M. : Trainer stärker als Schläger. In: Forum Bellevue. Phönix TV, 3. September 1998.

Sieben Thesen zum „Servicevollzug" sollen diese neue Richtung nachvollziehbar machen:

1. Strafvollzug arbeitet am Täter, aber immer nur **im Auftrag der Opfer**.
2. Opfer und Bürger sind die Kunden, die das Projekt, die Veränderung des Täters, prüfen. Die Qualitätskontrolle liegt immer beim Opfer.
3. Ein resozialisierter Täter muss von sich aus die lebenslange Verantwortung für sein(e) Opfer übernehmen. Er muss in demütiger Haltung „den Vorgarten des Opfers umgraben" oder auch nach dem Strafvollzug freiwillig sein „Soziales Jahr" absolvieren.
4. Die Vorbereitung des kurz vor der Entlassung stehenden Straftäters auf die Freiheit ist ein wichtiger Auftrag für die Bediensteten: Sie müssen sicherstellen, dass er sich „konsensfähig" in der Freiheit bewegt. Denn: Entlassen werden sie alle.
5. Der Bürger muss sich entscheiden, wie er seine Strafvollzugsbediensteten behandelt: Nur wenn er ihnen Kraft gibt, wenn er klare Aufträge an sie formuliert, können sie ihm auch Sicherheit schenken.
6. Lob, Unterstützung und Synergie von der Bevölkerung ist für den Strafvollzugsbediensteten „die Luft zum Atmen" im engen Kerker. Ohne diesen Rückenwind wird er sich der Radikalität der Inhaftierten „unterordnen".
7. Jedes Kollektiv hat den Strafvollzug, den es verdient: Der Strafvollzug ist immer die Schnittstelle zwischen „extremen Verweigerern" und (möglichst) extremen Sozialtrainern. Nur wenn in die Kompetenz der Trainer „extrem" investiert wird, haben sie überhaupt eine Chance, der Radikalität des Zerstörers im Auftrag der Bürger etwas entgegen zu setzen.

Das Hamelner Modell (Anti-Aggressivitäts-Training) kann im geschlossenen Strafvollzug nur stattfinden, wenn dieser sich **extrem** den Ideen einer durchlässigen, lösungsorientierten therapeutischen Gemeinschaft öffnet und Bürgerinnen und Bürger als ehrenamtliche Trainerinnen und Trainer durch die „Stahlgitter" einlässt. Gleichzeitig müssen die ehrenamtlichen MitarbeiterInnen hofiert, gelobt und in einem umfassenden Sinne „belohnt" werden. Anti-Aggressivitäts-Training als multikulturelle, multisensorische und am Ende tatsächlich „wirksame" Therapieveranstaltung kann nur funktionieren, wenn der Strafvollzug seine „Dankbarkeit" für dieses Modul spürt, weil er weiß: Nur dadurch bleiben wir marktgerecht.

8.8 Knast als „therapeutischer Rahmen"

Bisher galt: Strafvollzug ist eine „Black-Box": Der Bürger ist froh, wenn der Täter sitzt.

Jetzt gilt: Auftraggeber des Strafvollzugs sind einzig und allein die Opfer – die Täter sind das Produkt und Objekt, dessen Ich in seiner Persönlichkeitsstruktur verändert werden muss: Das Projekt Persönlichkeitsveränderung mit dem Ziel einer möglichst genauen Persönlichkeitsjustierung muss als Service in all seinen Einzelteilen beschrieben und in seiner Umsetzung überprüft werden. Die Auftraggeber sind gleichzeitig auch die Kontrolleure: Die Opfer haben zu entscheiden, ob die Strafjustiz in ihrem Sinne funktioniert.

Der Strafvollzug war bisher ein Rekrutierungslager für den Paten, das auch noch staatlich subventioniert wird. Ähnlich wie die Bundesligavereine im Profifußball dürfen die Täter im Rahmen eines mehrjährigen Schaulaufens[79] ihre Brutalität und Radikalität nachweisen – nur die besten werden vom Paten mit einem hohen Handgeld geködert. Organisierte Kriminalität verläuft in konzentrischen Kreisen: Auf der Außenbahn verrichtet der Täter sein eigenes kriminelles Geschäft. Auf den inneren Kreisen paktiert er zunehmend stärker mit Gleichgesinnten und bestätigt diese in ihrer Fiesheit, wie diese ihn in seiner Menschenverachtung hofieren. Erst wenn er im inneren Kreis über Jahre nachgewiesen hat, dass er seinesgleichen zu zähmen vermag, weil er eine noch radikalere Brutalität auslebt, ist er Kandidat für den Paten.

Das AAT im geschlossenen Strafvollzug hat nur dann eine Chance, gegen das Rekrutierungssystem des Paten anzukommen, wenn es radikaler ist als alle:

1. Radikaler als der zu verändernde Täter.
2. Radikaler als der Pate.
3. Radikaler als die verkrusteten Knaststrukturen.
4. Radikaler als das Vorurteil, der Täter sei sowieso nicht zu verändern.
5. Radikaler als die Finanzminister, die in dieses Segment nicht investieren wollen.
6. Radikaler als die Vorgesetzten, die Trainer und Therapeuten „unter ihrer berufsständischen Kontrolle" behalten wollen.

Kooperation zwischen Trainern und „Nicht-Trainern" ist im Alltag des Strafvollzugs unerlässlich. Andernfalls setzt sich der Trainer an der Spitze des „AAT-Teams" der Gefahr aus, unverstanden zu bleiben und eher „torpediert" als auf- und angenommen zu werden.

Die stationäre Anti-Gewalt-Therapie ist so in das System einzupassen, dass alle Beteiligten, insbesondere die Mehrzahl der Mitarbeiter aus dem allgemeinen Vollzugsdienst, sich in gewisser Weise wieder finden und mit der Therapie identifizieren können, da sich ansonsten extremstes Insassen-Mobbing gegenüber den Teilnehmern des AAT entwickeln könnte.

---

[79] vgl. Fischer, G.: Lehrbuch der Psycho-Traumathologie. München 1998.

Misstrauen und Unverständnis, zwei Faktoren, die neue Entwicklungen und Maßnahmen häufig zu bremsen drohen, muss beharrlich entgegengewirkt werden. Mund-zu-Mund-Propaganda, Offenheit, Transparenz, Begeisterung und das Erklären des Neuen sind hierfür die besten Voraussetzungen. Vor allem die Tatsache, dass die Teilnehmer nicht nur von Mitarbeitern – Stichwort: „Denen geht es zu gut" – sondern auch von Mithäftlingen als „Abtrünnige" gemobbt werden, bedarf einer extremen Balance zwischen allen „Ansprüchen".

8.9 Erwartungen an die Therapie

Gewaltbereitschaft und Gewalttätigkeit bei Jugendlichen sind seit jeher ein großes soziales Problem. Stallberg definiert das Problem als einen unerwünschten gesellschaftlichen Zustand, der eine größere Anzahl von Gesellschaftsmitgliedern in ihrer Lebenssituation beeinträchtigt, öffentlich als veränderungsbedürftig definiert wird und zum Gegenstand spezieller Maßnahmen und Programme wird.[80]

Jugendgewalt macht den Mitgliedern unserer Gesellschaft Angst. Opfer leiden ihr Leben lang, andere Menschen befürchten, Opfer zu werden. Die Medien berichten nahezu täglich über Jugendgewalt, ihre Folgen, Entstehungsgründe und Strategien zur Bekämpfung des Problems. Ein Angebot spezifischer Maßnahmen und Programme gegen Gewalttätigkeit ist das Hamelner AAT-Modell, wobei der Frage nachzugehen ist, ob dieses „Modell" die Bezeichnung Therapie überhaupt verdient.

Nach Klaus Grawe[81] lässt sich psychotherapeutische Wirksamkeit auf grob vier Faktoren zurückführen:

1. **Die therapeutische Klärung**
   Mit ihr sollen Klarheit über die momentane Situation und die Zusammenhänge mit der biographischen Entwicklung erarbeitet werden. Das „Hamelner Modell" erfüllt diesen Anspruch mit der beschriebenen Biographiearbeit und dem Verdammen der Taten.

2. **Die Problem-Aktualisierung**
   Mit diesem Schritt soll die Problemsituation während der Behandlung kognitiv und emotional erfahrbar gemacht werden. Im „Hamelner Modell" wird dieser Schritt in der Konfrontation mit den Defiziten des Täters und dem Opferleid geleistet.

3. **Die Bewältigungsperspektive**
   Ihr Anspruch ist die Reflexion möglicher Problemlösungen. Das „Hamelner Modell" erfüllt ihn im Animieren neuer Wege, zu persönlicher Größe zu

---
[80] Stallberg, F.W.: Handbuch sozaialer Probleme. Wiesbaden 1999.
[81] vgl. Grawe, K.: Psychologische Therapie. Göttingen, 1994.

gelangen und in einer Neudefinition von Selbstwert. Gewalt soll als verachtenswert begriffen und verinnerlicht werden.

4. **Die Ressourcen-Aktivierung**
Durch sie soll Veränderungsbereitschaft motiviert werden. Anknüpfend an das Attraktivitätstraining führt das „Hamelner Modell" die Täter auf den Weg des „Guardian Body", also auf den Weg einer totalen Veränderung im Hinblick auf die Einstellung zur Gewalt, quasi vom Täter zum Therapeuten.[82]

Klaus Dörner und Ursula Plog benutzen in ihrem Buch „Irren ist menschlich – Lehrbuch der Psychiatrie und Psychotherapie" recht einfache Formeln: „Wir sprechen von Psychotherapie, wenn Änderungen im Handeln eines Menschen aufgrund psychischer Einflüsse erzielt werden." Und: „Psychotherapie ist ein wissenschaftlicher Versuch, der Rat- und Hilflosigkeit von Menschen zu begegnen."[83] Folgerichtig ist die Bezeichnung „Gewalttäter-Therapie" für das „Hamelner Modell" korrekt gewählt.

Außerdem liefert das Training einen praktikablen Weg der Aufarbeitung der Tat durch die Täter. „Der Strafgefangene soll sich, so wird es von ihm erwartet, mit seiner Straftat auseinandersetzen. In letzter Konsequenz soll die ‚Tataufarbeitung' Grundlage künftiger Verhaltensänderung und damit Legalbewährung sein. Die Auseinandersetzung mit der Straftat darf sich nicht allein in abstrakt-intellektuellen Betrachtungen erschöpfen, vielmehr sollten straftatbestimmende Motivstrukturen und emotionale Prozesse mit einbezogen werden."[84] Genau dieser Forderung entsprechen die Methoden des AAT nach dem „Hamelner Modell". Den Jugendlichen wird drastisch und unmissverständlich vor Augen geführt, warum sie die „Gewalt geheiratet" haben.

Simons schreibt ferner: „Die Tataufarbeitung lässt sich nicht testen... Die ‚Tataufarbeitung' erfolgt in einem Prozess. Sie kann Monate oder Jahre dauern, den Verurteilten auch ein Leben lang begleiten."[85]

Dem ist zu entgegnen: Mit der Verpflichtung zur Wiedergutmachung direkt beim Opfer oder indirekt bei anderen Opfern und der Verpflichtung als „Guardian Body" lässt sich Tataufarbeitung sehr wohl testen. Zwar nicht in klassischen psychologischen Test- oder Messverfahren, wohl aber im Handeln der Täter. Da aber hat Simons Recht: Diese Verpflichtung und Tataufarbeitung begleitet den Absolventen des „Hamelner Modells" lebenslang.

---

[82] ebd.
[83] Dörner, K. und Plog, U.: Irren ist menschlich – Lehrbuch der Psychiatrie und Psychotherapie, Bonn, 1994, S. 561 f.
[84] Simons, I.: Zeitschrift für Strafvollzug, 1996, S. 10
[85] ebd.

Der Autor kritisiert in seinem Artikel zum Thema Tataufarbeitung: „Er (Anm.: der Täter) soll sich offen zu Bedürfnissen, Motiven, Obsessionen bekennen, die möglicherweise sein Selbstbild bedrohen. All dies soll er Fremden gegenüber offenbaren, Personen, zu denen kein Vertrauensverhältnis besteht, sich aller Wahrscheinlichkeit nach auch nie entwickeln wird."[86]

Dem steht entgegen: Natürlich soll der Täter im AAT seine Psyche offen legen. Das ist Voraussetzung für einen Erfolg des Trainings. Natürlich soll sein altes Selbstbild bedroht, ja zerstört werden. Er soll sich ohne Selbstmitleid vor seiner „Schlägerpsyche" ekeln und selbst den Wunsch entwickeln, andere, akzeptierte Wege zur persönlichen Größe zu beschreiten. Und: Ein so verlässliches Vertrauensverhältnis, wie es der qualifizierte A-Trainer zu seinen Klienten aufbaut, haben gerade diese Jugendlichen wahrscheinlich noch nie bei einer anderen Person erfahren.

Zusammengefasst bleibt festzustellen, dass das „Hamelner Modell" geradezu optimale Bedingungen zur Tataufarbeitung schafft und die eher pessimistisch-resignative Meinung des Autors widerlegt – bei überschaubarem Kostenrahmen. Denn dem Hamelner AAT ist unschwer zu attestieren, dass es relativ „billig" mit zwei hauptamtlichen A-Trainern, Fahrtkostenerstattung für die ehrenamtlichen TrainerInnen und geringen „Tutorenlöhnen" seinen Erfolg erzielt. Rechnet man in größerem Rahmen betriebswirtschaftlich, so kommt man theoretisch zu folgendem Ergebnis: Würden von den in Hameln inhaftierten ca. 350 Gewalttätern alle einer solchen Spezialbehandlung unterzogen, bliebe der Gesellschaft der größere Teil der Inhaftierungskosten von etwa 200 Mark pro Tag im späteren Erwachsenenvollzug erspart. Dabei ist zu beachten, dass 60 bis 70 Prozent der konventionell einsitzenden jugendlichen Straftäter nach ihrer Entlassung rückfällig werden und für mehrere Jahre in den Erwachsenenvollzug „wandern". Die dann anfallenden Kosten könnten bei einem umfassenden Einsatz von Gewalttäter-Therapien mit den „Hamelner Methoden" möglicherweise in einer Größenordnung von 80 bis 90 Prozent eingespart werden.

Ein Merkmal besonderer Qualität wäre auch, dass der Gesellschaft in den erfolgreich therapierten Jugendlichen Mitglieder zur Verfügung stünden, die ihre Talente erkannt hätten, sie gezielt einsetzen wollten und so zum Wachsen des Bruttosozialprodukts und zum Schutz der Schwachen und der von Gewalt Bedrohten beitragen würden.

> Ein vormals rechtsorientierter Insasse bekennt: „In meiner wilden Zeit war ich früher nur Schläger - ich hab' dann jemanden umgebracht. Er war in unserem Ort für die Jugend zuständig. Ich glaube, dass ich nie wieder dort richtig leben kann. Mir blieb eigentlich nichts anderes übrig als irgendwie gut zu werden. Man hat mich gefragt: Kommst du in den Himmel oder

---

[86] ebd.

> kommst du in die Hölle? Ich hab' gesagt: Bei dem, was ich getan habe, komm' ich in die Hölle. Trotzdem hab' ich vielleicht ein ganz klein bisschen gehofft, wenn ich auf andere einwirke, dass es dann doch auch in die andere Richtung gehen kann. Man muss eben jeden Tag Gutes tun. Ich war Tutor und damit selbst Anti-Gewalt-Trainer. Ich glaube, in dieser Zeit hab' ich am meisten gelernt, weil ich die anderen von dem überzeugen musste, wovon ich selbst noch nicht zu 100 Prozent überzeugt war. Das ist ein ganz schöner Druck - du wirst auch als Verräter beschimpft. Gerade von den Kameraden aus der rechten Szene. Andererseits: Ohne Tutoren kann die ganze Sache nicht laufen, denn wenn einer sich auf dem Heißen Stuhl richtig zurückzieht, dann können nur wir ihn wieder ins Spiel holen.
>
> Richtig ernst wurde es dann in den Schulen: Ich war in der Sonderschule, ich war auch im Gymnasium. Das ist schon irre, wenn die Mädchen aus der 11. und 12. Klasse zu dir hoch schauen und denken: „Das war mal ein Harter - jetzt ist er einfach nur noch attraktiv." Dann war ich aber auch für das A-Team in Ost-Berlin, Pankow. Es gab eine Anti-Gewalt-Einheit - ich glaube vom DRK. Ich war so ein bisschen das Aushängeschild und sollte den Rechten zeigen, dass man sich auch ohne Springerstiefel und Embleme „groß" fühlen kann. Quasi: Bomber ohne Bomberjacke - und das nur mit Worten. Es hat wunderbar geklappt. Ich habe Geschenke bekommen, die Bahnfahrt wurde mir bezahlt und sie wollten mich wieder buchen. Ich glaube, als Tutor gehst du einen ganz schön großen Schritt weg von der Gewalt."

Ein AAT nach dem „Hamelner Modell" ist mit dem benötigten Personal in der erforderlichen Zeit und mit der verlangten Trainerkompetenz auch im ambulanten Bereich durchführbar. So lassen sich etwa an Schulen Elemente zur Gewaltprävention und Gewaltrepression etablieren.

Maßnahmen gegen Gewalt nach dem „Hamelner Modell" in der offenen Jugendarbeit einzusetzen, ist schwierig, aber nicht unmöglich. Sozialarbeiter in der offenen Jugendarbeit müssten dazu, angelehnt an die Arbeit in der Jugendanstalt Hameln, an die Kurse nach JGG und die Anti-Gewalt-Arbeit in Schulen, die bei ihnen einsetzbaren Methoden herausfiltern und aus dieser „Knetmasse" ein ihren Bedürfnissen adäquates Programm „modellieren".

8.10 Zwei Versuche zur Reduzierung von Gewaltbereitschaft im Vergleich

In den USA heißt es: „Warum kompliziert, wenn es auch einfach geht?". Die Deutschen dagegen sagen: „Warum einfach, wenn man es auch komplizieren kann?".

Der allgemeine Grundsatz bei der Behandlung von Gewalttätern lautet: Jeder Mensch – also auch der Gewalttäter – muss lebenslang zwei Hauptstränge in seinem Ich für sich selbst nachweisen: Geborgenheitsgefühl durch Zugehörigkeit zur Gruppe und Größenerfahrung auf Grund der Exklusivität des eigenen Ichs.

Der gesellschaftliche Auftrag der „Bändigung des Zerstörers" erfolgt in verschiedenen Schritten:

1. Erkennen des Aggressiven,
2. Verwalten des Aggressiven,
3. Verändern des Aggressiven,
4. Organisieren des inneren Friedens,
5. Organisieren der Friedlichkeit nach außen und der Vermittlung und der Unterstützung von Hilfsbedürftigen,
6. Überprüfung der Effekte.

Der amerikanische Weg (Glenn Mills) und der deutsche Weg (Hameln) unterscheiden sich in den ersten Schritten oder Phasen, was die Definition der Ansprüche angeht, wenig: Der Anspruch – in Glenn Mills sehr viel konsequenter eingelöst als in Hameln – lautet in dieser Phase:

1. Absolute Aufmerksamkeitskontrolle auf den Staff (das Personal).
2. Absolute Verhaltenskontrolle legalen Verhaltens – z.B. Kippen aufheben, Parkwege nicht verlassen.
3. Autoritäre, rigide Führung.
4. Kappen des subkulturellen „Wir" und Vereinzelung (Individualisierung) des Täters.
5. Konfrontation mit überzogenen Macht- und Dominanzansprüchen und mit Unterwerfungsbedürfnissen gegenüber anderen.
6. Freundliche, unterstützende, akzeptierende Grundhaltung selbst in den Anfangsphasen des konfrontativen Vorgehens.
7. Festlegung (Polung) auf neue Werte und Ideale – z.B. die US-Flagge oder das A-Trainings-Lied.
8. Ritualisierung des neuen prosozialen Verhaltens.
9. Festlegung auf Trainerverhalten durch Vergabe des Tutorenstatus'.
10. Einbindung des „Zerstörers" in eine aufbauende, unterstützende Ideologie mit Hilfe eines sozialen Kaders.

Stärker als in Hameln werden diese Ziele in Glenn Mills auch durch Einbindung von Stars aus hoch angesehenen Bereichen wie Football, Baseball, Basketball oder Showgeschäft unterstützt, um die innere Leitlinie durch eine äußere Führung im Sinne von Modell-Lernen zu erleichtern.

Der amerikanische Weg zeichnet sich durch Hemdsärmligkeit, robustes und theoretisch eher wenig hinterfragtes Vorgehen aus: Die Menschenwürde des Täters wird sichergestellt, weil er sich von seiner alten Zerstörer-Identität entfernen und ein sympathisches Verhalten erlernen kann. Maßstab ist der „Wunsch des Volkes". Es sind die nicht besonders differenzierten, aber deshalb gradlinigen Kundenwünsche, also das Auftragsbuch des Bürgers, wie es in der Politik der Neuen Mitte auch von Bundeskanzler Schröder gelebt wird: Für ihn hat das Volk unorganisiert und in seiner launischen Form als Fernsehpublikum die Traditionspartei SPD abgelöst. Das Ziel ergibt sich aus dem „Handlungsdruck", den all jene Menschen erzeugen, die arbeiten gehen: Ihren Bedürfnissen gilt es nach Ansicht von Schröder, den Sozialstaat und die Arbeitsgesellschaft anzupassen. Moderne Politik ist, was vernünftig ist. Die Enkelei hat sich erledigt. Der amerikanische Weg der Kriminalitätsbekämpfung (Bekämpfung von Gewalttätern) und Schröders Weg der Handlungslegitimation von Politik entsprechen sich in dieser „gradlinigen Ableitung".

Die Verminderung bürokratischer Verfahrensregeln und das Wegschieben administrativen Gestrüpps – also die **unmittelbare** Ableitung des Handlungsauftrages aus dem „Bürgerauftrag" – ist die eigentliche Stärke des amerikanischen Weges. Die Akzeptanz von außen ist gesichert. Ideologische und finanzielle Unterstützung funktionieren. „Falsches Spiel", Schuldgefühle der Handlungsträger und fehlende Kompatibilität zwischen informellen und formellen Leitlinien entfallen. Die Schwäche des amerikanischen Weges liegt gleichzeitig in seiner Stärke: Nämlich in seiner Begrenztheit.

Der Sozialpädagoge Christian Scholz – ein langjähriger Mitarbeiter im Christlichen Jugenddorf Deutschland (CJD Eckernförde) – vergleicht das Hamelner AAT mit dem Projekt Glenn Mills School. In beiden Projekten hat er über einen längeren Zeitraum mitgearbeitet und ist beiden Projekten immer noch „verpflichtet". Zurzeit fliegt er etwa einmal im Vierteljahr mit deutschen Jugendlichen nach Amerika, um sie in Glenn Mills einzugliedern. Seine Bewertung gliedert er in fünf Bereiche:

1. Beide Anti-Gewalt-Trainingsangebote arbeiten nach gruppenpädagogischen Maßgaben und „bedienen" sich einer speziellen Gruppendynamik, die sonst so nicht vorzufinden ist. Gerade die Idee, dass geläuterte Täter, die in ihrem persönlichen Lernfortschritt schon volle Kompetenz entwickelt haben, auf die „Neuen" einwirken und damit das Team (den Stuff) unterstützen und in seiner Glaubwürdigkeit und seinem Anliegen erweitern, ist ähnlich. Es kann in beiden Projekten vorkommen, dass ein Tutor aufspringt und sich vor einem Delinquenten aufbaut. Auf der anderen Seite sind die körperlichen Kontakte in Hameln

oftmals auch unterstützender Art: Es wird massiert, es werden Berührungsübungen zum Abbau von Näheangst abverlangt. In jedem Fall entwickelt die therapeutische Gemeinschaft eine eigene starke Kraft.

2. Das Erarbeiten einer Lernumgebung, in der ein reifes und respektvolles Verhalten unter den Tätern und den direkten Mitarbeitern einerseits, aber auch der gesamten Institution andererseits möglich ist, zeichnet die Glenn Mills School aus. Insbesondere das Einvernehmen zwischen diesen drei „Strängen" macht das besondere Klima dieser riesigen Einrichtung mit 700 bis 800 verhaltensauffälligen Jugendlichen aus. Wer dort Respekt erlernt, kann ihn auch „draußen" in der „normalen" Welt erbringen. Nicht nur Opfern gegenüber, sondern auch in jeder normalen sozialen Situation. In Hameln ist gerade das Aufmerksamkeitstraining, das Ausrichten des Körpers, des Gesichtes und der Blickrichtung sowie das Lächeln, das wohl wollende Nicken und das Zustimmen eine wichtige Anfangsvariable für die Teilnehmer, um überhaupt für das AAT zugelassen zu werden. Schon im Vorfeld müssen sie dies üben und daher ihre abweisenden, feindseligen und oftmals verächtlichen Gesten aufgeben. Was Scholz in Hameln fehlt: Die reelle Übereinstimmung und das „blinde Verstehen" zwischen den Trainingsteilnehmern und Trainern einerseits und dem Rest der Jugendanstalt andererseits. Während Glenn Mills konzeptionell vollständig auf die Veränderung des Täters ausgerichtet ist, wirkt das AAT in der Jugendanstalt Hameln bei genauem Hinsehen wie eine Art Fremdkörper.

3. In Glenn Mills ist ähnlich wie in Hameln das Erreichen beruflicher und schulischer Fortschritte ein absolutes Muss. Der Erweiterung der Qualifikation wird genauso wie in der Jugendanstalt Hameln ein hoher Stellenwert zugewiesen. Der Unterschied: Vorrang hat immer das Sozialverhalten, das Erlernen sozialer Kompetenz und das Aufarbeiten von Verhaltensdefiziten – vor allem deshalb sind die Täter ja mit dem Gericht in Berührung gekommen. Natürlich verbessert sich ihre Legalbewährungsprognose auch durch eine verbesserte berufliche Position – aber sie sind nicht primär inhaftiert oder in einem Anti-Gewalt-Training, weil ihnen eine Berufsausbildung fehlt, sondern weil sie vielen Menschen ins Gesicht geschlagen haben. Deshalb steht die Aufarbeitung ihrer Verhaltensdefizite und ihrer Gefühlsprobleme auch in jeder beruflichen Ausbildung im Vordergrund. Erst Therapie – dann Ausbildung. Das ist in Hameln offensichtlich eher umgekehrt.

4. Die Unterstützung und Wachstumsförderung haben sich sowohl das Hamelner AAT wie auch Glenn Mills als Ziel gesetzt. Denn ständig hörst du die Forderungen: Es ist dein Leben. Du hast die Begabung. Du musst dich anstrengen, um sie zu fördern – dann bist du auch gut für Andere. Hier gibt es kaum Unterschiede zwischen den beiden Konzepten. Nur: Das AAT dauert in der Marathonsitzung vier bis sechs Stunden – in Glenn Mills werden die „Schüler" vom Aufwachen bis zum Einschlafen auf ihr eigenes Wachstum festgelegt.

5. In der multikulturellen Gesellschaft von Glenn Mills lernen die Jugendlichen Akzeptanz und Toleranz gegenüber unterschiedlichen Nationalitäten. Die Mischung der Farben ist ansehnlich: von Braun und Schwarz über Gelb und Rot bis

> hin zu Weiß – alles ist vertreten. Ähnlich ist es im Hamelner Modell: Hier treffen sich Libanesen und Albaner mit Türken und Kurden, Skinheads und Osteuropäern – eine bunte Vielfalt, die sicherstellt, dass der Mensch den Menschen hinter der Fassade erkennt. Genauso halten es beide Modelle mit den „Tutoren": In Hameln hat Scholz erlebt, dass ein Türke und ein Skinhead gleichzeitig als „ehrenamtliche Mitarbeiter" verpflichtet wurden, um „ihren Gruppen" das Startsignal für die eigene Friedfertigkeit zu geben. Genauso funktioniert das auch in Glenn Mills, schließt Schulz seinen Vergleich.

Der Hamelner Weg geht einen Schritt weiter. Die Mauer zwischen den Herkunftsschichten und der daraus resultierenden Chancenminimierung, dem sich Abfinden mit dem Frust des Lebens in der untersten Kaste, aber der Erlaubnis, die oberen Kasten bewundern zu dürfen, wird endlich löchrig, weil die Möglichkeit besteht, sie zu durchbrechen. Der Täter wird zum Trainer, der die Mittelschichtnorm nicht nur erkennt und erlernt, sondern so flexibel handhabt, so dass er auch dem Therapeuten und dem Politiker den Spiegel vorhalten kann. Der emanzipatorische Anspruch des Hamelner Weges funktioniert über die Auseinandersetzung des Täters mit den Beziehungsansprüchen des Opfers an sein altes und an sein neues Leben (nach der Traumatisierung) und am Vergleich der Beziehungsansprüche des Täters vor seiner Tat und nach seiner Läuterung.

Der Täter wird zum Beziehungsmanager seiner selbst, seiner Opfer und seines persönlichen und privaten Umfeldes. Er lässt sich auf die Qual der Erinnerung ein, weil er weiß, dass nach der Gewalttat niemals wieder etwas so ist wie vorher – für die Opfer und damit auch für ihn als verantwortungsvollen Ex-Täter. Auf dem Hamelner Weg lernt der Täter zu erahnen: Die häufigste Spätfolge einer seelischen Traumatisierung ist eine gesteigerte seelische Verwundbarkeit. Es ist für uns alle eine sehr schwer erträgliche Vorstellung, von heute auf morgen aus unserem Optimismus herausgerissen zu werden. Wir stellen uns nicht gern vor, dass es eine Form seelischer Verletzung gibt, die uns in unserem Weltbezug, unserer Fähigkeit, Versagungen zu ertragen und Kränkungen hinzunehmen, **dauerhaft** verändert und unser ebenso hoffnungsvolles wie illusionäres Selbstbild zerstört.

Und weiter lernt der Ex-Täter: Wer einem mörderischen Angriff oder einer Vergewaltigung ausgesetzt war, verliert seine Geborgenheit in der Welt. Sein seelisches Trauma macht ihn für eine Weile schutzlos, lässt ihn nichts anderes mehr erleben als Gefahr. Warum gerade ich? Was habe ich getan, dass es gerade mich getroffen hat? Habe ich mich, ohne es zu wissen, doch irgendwie schuldig gemacht und so den Zorn des Schicksals auf mich gezogen? Die Folge gravierender Verluste des seelischen Reizschutzes ist panische Angst. Zwangserinnerungen treten auf, die wie ein nicht abschaltbarer Filmprojektor im Gehirn das Trauma wieder und wieder abspielen, ohne dass der Gequälte die Möglichkeit hat, sich dagegen zu schützen. Gut wäre eine Form von Erinnerung, die nicht unsere Seele vergiftet sondern uns weise macht, die uns belehrt, wie brüchig das Eis ist, auf dem wir durch unser Leben gehen, ohne uns den Mut zu nehmen. Aber es dauert oft sehr lange, bis Traumatisierungen eine solche Form der Erinnerung finden und wenn sie es tun, kann es ihr Leben grundlegend verändern.

Im „Hamelner Modell" absolviert der Täter opferbezogene Therapie-Phasen, die der amerikanische Weg offensichtlich noch nicht oder nicht mehr vorsieht: Der Täter im AAT identifiziert sich schließlich mit der Traumatisierung seines Opfers und wird zum Therapeuten, der dies lebenslang abzuarbeiten hat – wenn nicht bei seinem eigenen Opfer, dann bei anderen Menschen, die ihm in Zukunft als hilflos, schwach, ängstlich ausgeliefert und mit Kontrollverlust ausgestattet begegnen.

Der Hamelner Weg endet nicht mit Anpassung und Verhaltenskontrolle – Konfrontation und autoritäre Ausrichtung auf Trainerstab und Trainingsinhalte sind nur der erste (allerdings **unverzichtbare**) Schritt: Im zweiten Schritt lernt er, die Welt mit den Augen seines Trainers zu sehen. Und er muss lernen, seine Trainer loszulassen. Die Trainer sind in ihm, aber den Weg geht er allein. Er darf anklopfen, er darf anrufen, er darf nachfragen, er darf sich vergewissern – aber er marschiert ab jetzt selbstgesteuert. Er weiß, dass man sich im Leben immer wieder (und in jeder Sekunde) neu entscheiden muss: Bin ich Unterstützer oder bin ich Zerstörer? Bin ich eine Belohnung für meine Mitmenschen oder eine Bestrafung?

Die Emanzipation des Täters (Gewalt-Recycling-Modell) endet nicht mit dem **Unterlassen von Gewalt**, sondern sie beginnt mit dem **Sich Verlieben in Unterstützung**. Erst wenn sich der Täter als verantwortlich für eigenes Wachstum und für das Wachstum von anderen erlebt, ist er dem Therapeuten gleich. Erst wenn er sich dem Therapeuten gegenüber gleich oder – in speziellen Merkmalsbereichen – sogar überlegen erlebt, hat er die Mauer der imaginären und doch so realen „Schichtgrenze" durchbrochen. Erst wer sich zwischen den „Kasten" frei bewegen kann und Verhaltensstile aus allen Schichtbereichen kompatibel in sich integriert hat, produziert Nutzen, den die steuerzahlenden Bürger, die Investoren, abschöpfen können.

Ansonsten wird – über den amerikanischen Weg der Anpassung und des Drills – schon viel erreicht: Der Dämon ist zeitweise paralysiert ... Ab jetzt ist der „Innere Wiederaufbau" gefragt: Das Attraktivitäts-Training als lustvolles Quälen der eigenen Person emanzipiert den früheren Täter zum „Assistenten des Trainers". Bleibt er lebenslang „Ko-Trainer", ist dies die beste Versicherung gegen Rückfall – vielleicht die Einzige?

9 Hamelner Modell goes Prävention (AAT: Ambulant)

Das Hamelner Modell entspricht den Idealvorstellungen von Anti-Gewalt-Training inzwischen noch besser, weil es jetzt sowohl einen „stationären" als auch einen ambulanten und noch stärker präventionsorientierten Arm hat. Der „therapeutische Körper" ist nun vervollständigt.

9.1 Die Weiterentwicklung des stationären AAT: AAT.pro

Das präventionsorientierte AAT (AAT. pro) ist seit dem Herbst des Jahres 2000 erstmals als Modell im Offenen Vollzug der Jugendanstalt Hameln angesiedelt. Die Grundidee des „Hamelner Modells" (AAT) gilt sowohl für das LoGo (im geschlossenen Vollzug) wie für das AAT. pro (im offenen Vollzug): Der Schläger wird **nur** solange „klein gemacht" und „konfrontiert", bis er sich von der Gewalt „scheiden" lässt. Erst dann kann das Attraktivitätstraining einsetzen, bei dem der Täter Defizite aufholt, die er über 15 oder 20 Jahre hadernd und verdrießlich in sich gespürt hat. Das bedeutet für ihn: Er muss täglich zwei bis drei Stunden hart an sich arbeiten, er muss sich, wie dargestellt, in seinen „eigenen Schweiß verlieben".

Auch die Methodik – das Vier-Phasen-Modell – ist sowohl für das LoGo wie für das AAT.pro identisch. Ein wesentlicher Unterschied wird allerdings bei der Gewichtung der einzelnen Phasen deutlich: Unter anderem wegen der institutionellen Voraussetzungen und der örtlichen Gegebenheiten legt das LoGo den Trainingsschwerpunkt auf die Phasen 1 und 2 (biographische Analyse und Konfrontation), während im AAT.pro die wesentlichen Trainingsinhalte in der 3. und 4. Phase (Attraktivitätstraining und Realisation) stattfinden.

In der gesetzlichen Grundlage für den Offenen Vollzug heißt es im VVJug. § 3: „Um das angestrebte Erziehungsziel zu erreichen, kann der Vollzug aufgelockert und in geeigneten Fällen in weitestgehend freien Formen durchgeführt werden. Dies bedeutet, dass der Vollzug den Lebensverhältnissen außerhalb des Vollzuges angepasst werden soll."

Zu recht erwartet das Opfer, erwartet der Bürger Sicherheit vor dem Straftäter und seinen Straftaten. Er erwartet aber auch eine effektive Veränderungsarbeit. Diese Erwartung kann durch das präventionsorientierte AAT bedient werden.

9.1.1 Der Offene Vollzug

Was verbirgt sich überhaupt hinter dem Begriff „Offener Vollzug"?

1. Offener Vollzug bedeutet: Dem Häftling wird nach Verbüßung eines größeren Teils seiner Strafe zugetraut, tagsüber einer Tätigkeit in der Gemeinde nachzugehen und am Abend wieder in die Haftanstalt zurück zu kehren. In Hameln wurde der Offene Vollzug mit dem Neubau der Jugendanstalt Hameln vor etwa 15 Jahren ins Leben gerufen. Er ist nicht eigenständig sondern eine Abteilung der Jugendanstalt Hameln. Die äußerst zentrale Lage zeigt, dass es den Planern darum ging, möglichst viel „gesellschaftliche Nähe" herzustellen. Die Insassen können innerhalb von zehn bis 15 Minuten in die Innenstadt gelangen, zum Bahnhof benötigen sie höchstens fünf Minuten. Von außen ist der Bau nicht als Vollzugseinheit zu erkennen. Besucher haben deshalb häufig Schwierigkeiten, den Offenen Vollzug zu finden. Dies ist nicht Zufall, sondern gewünscht. Man wollte damit jeder Art von Stigmatisierung vorbeugen.

2. Der Offene Vollzug der Jugendanstalt Hameln bietet 74 Haftplätze. Es werden dort nicht nur Erstverbüßer untergebracht, sondern es befinden sich dort auch Inhaftierte aus dem Normalvollzug (Geschlossener Vollzug), die sich für eine Verlegung in den Offenen Vollzug qualifiziert haben und damit die unbezweifelbaren Vorteile des Freigängerstatus' genießen.

Im Rahmen des Offenen Vollzugs werden mit dem AAT.pro konkret folgende Bedürfnisse bedient:

1. Das Bedürfnis des Häftlings, seine gute Legalbewährungsprognose auch unter den Bedingungen der „Realität draußen" zu bestätigen, um seine Eingliederung in das reale gesellschaftliche System individuell für sich zu managen.

2. Das Bedürfnis des Strafvollzuges und insbesondere der Abteilung Offener Vollzug, die Akzeptanz der Bevölkerung auch für die Unter-Zielgruppe der Gewalttäter zu erlangen und zu behalten.

3. Das Bedürfnis der Justizverwaltung, den „Nutzen" von Strafvollzug auch nach außen abzubilden, da es sich bei den Teilnehmern des AAT.pro um Insassen handelt, die sowohl in ihren Heimatgemeinden als auch in Hameln aktiv Gemeindearbeit bei Anti-Gewalt-Projekten in Schulen, in Jugendfreizeitheimen, in Kirchenkreisen unterstützen [87].

4. Das Bedürfnis der Berufsgruppe der Sozialpädagogen und Diplompsychologen, welche die Wirksamkeit ihrer Maßnahme unter besonders realistischen Bedingungen erproben und nachweisen können und so ihren fachli-

---

[87] Heilemann, M.: Kopf oder Schwanz - Der Fisch stinkt vom Kopf her. In: Deutsche Bewährungshilfe. e.V., Bonn 1992.

chen Führungsanspruch im Strafvollzug unter dem Aspekt der „Nützlichkeit" akzentuieren.

9.1.2 Außenwirkung des AAT.pro

Beim AAT.pro handelt es sich damit um eine sehr stark präventionsorientierte Maßnahme, in der noch während des „laufenden Vollzuges" über die Anstaltsmauern hinweg die von den Schlägern erlernte „Friedlichkeit" in die Gesellschaft hineinfließen und sich ausbreiten kann. Und natürlich wird auch das Trainerteam aktiv: „Diplom-Psychologe Dr. Michael Heilemann und Diplom-Soziologin Gabi Fischwasser-von Proeck leisten mit ihrem Jugendseminar Ideen gegen Gewalt für Fußballspieler echte Überzeugungsarbeit. Davon konnten sich auch Eltern der Jugendfußballer, der 1. Vorsitzende und der Jugendtrainer überzeugen."[88]

Den folgenden Erfahrungsbericht schrieb Sabine Kintscher aus dem Jugendfreizeitheim „Regenbogen" in Hameln:

> „Der Regenbogen ist ein Haus mit einem multikulturellen Angebot, und so sind auch seine Nutzer unterschiedlichst ‚gestrickt'. Entgegen vielfachen Gerüchten und Vorurteilen hat der Regenbogen keine Probleme mit Gewalt. Das heißt nicht, dass bestimmte Kids, insbesondere Besucher des Jugendzentrumsbereiches, andernorts nicht Probleme damit hätten. Im Haus selbst haben die Jungs es schnell kapiert, dass ‚Hauerei' nicht angesagt ist und von uns Mitarbeitern ‚fix im Keim erstickt' wird.
>
> Für das Regenbogenteam ist der Umgang mit Gewalt dennoch ein Dauerbrenner. So kamen wir dazu, im Knast an einem Anti-Gewalt-Training teilzunehmen. Die Idee war, dass es vielleicht möglich sein könnte, Teile dieses Trainings in unsere Arbeit einfließen zu lassen und für unsere Jungs, wenn sie sich daneben benehmen, nutzbar zu machen.
>
> Das AAT von Dr. Heilemann und Frau Fischwasser-von Proeck ist beeindruckend und gerade bei den gemeinsamen Rollenspielen ist zu merken, wie die Jungs aus dem Knast hart mit sich selbst kämpfen müssen. Denn welcher harte Kerl möchte schon gern mit einem Seidentuch wie ein Ballett-Tänzer durch den Raum schweben?
>
> Das Angebot der Knastis, die durch das AAT gegangen sind, einzusetzen, um auch außerhalb des Knastes für Gewaltfreiheit zu sorgen, ist super. Der Regenbogen macht gern bei Großveranstaltungen mit über 600 Besuchern davon Gebrauch. Denn wie man sich vorstellen kann, ist es gerade hierbei von Nöten, eine gut funktionierende Sicherheitscrew am Start zu haben.

---

[88] Dewezet Hameln: Alkohol, Randale, Hass: Wenn Gewalt zum Lustgefühl wird. 23. Juni 1998

> Die Jungs vom AAT haben uns dabei prima unterstützt, und es gab Situationen, in denen sie völlig souverän und entspannt reagiert haben. Das Team vom Regenbogen hatte nie das Gefühl, wir müssten die Jungs auch noch im Auge haben, weil sie sich vielleicht in einer angespannten Situation selbst nicht im Griff haben könnten. Weit gefehlt. Die Jungs, die uns unterstützt haben, hatten einen siebten Sinn für brenzlige Situationen und tauchten aus dem Nichts auf und klärten die Situation, bevor mehr passierte ....
>
> So ist es bei uns im Team schon Standard, bei Mammutveranstaltungen kurz bei den Freigängern nachzufragen, ob jemand von den Guardian Bodies uns unterstützen kann. Einige Male ist es leider auch schon passiert, dass kein ‚Nachschub' zu Verfügung stand.
>
> Für das Team vom Regenbogen steht fest, es wäre sinnvoll, viel mehr Knastis so ein Anti-Gewalt-Training zu ermöglichen, denn der Einsatz der Guardian Bodies könnte noch vielfältiger sein."

Wie das AAT nach außen wirkt, zeigt auch der Erfahrungsbericht des Gymnasiallehrers Günter Hennig, der unter anderem das Fach Werte und Normen an einem Hamelner Gymnasium unterrichtet:

> „Ich kenne das AAT schon seit etwa vier Jahren. Erst nur vom Fernsehen, von den Talkshows, vom Spiegel TV und natürlich durch den Kontraste-Film, in dem die Konfrontation der Schläger gezeigt wurde. An unserem Gymnasium haben wir solche Schläger nicht. Auch unser Kollegium hat keinen Bedarf angemeldet, hier ein AAT durchzuführen – warum auch? Aber in unserem Entlassungskurs „Werte und Normen" kommt natürlich gerade von unseren Mittelschichtsschülerinnen immer wieder die Frage nach Kriminalität, Gewalt und Verbrechen. Nach außen die volle Distanz – nach innen vielleicht etwas Faszination? Das war immer das, was ich als Lehrer gespürt habe. War schon gut. Inzwischen war das Hamelner AAT-Team mit zwei bis drei zum Teil gefährlich aussehenden Ex-Schlägern bei uns im Gymnasium und hat hier für Furore gesorgt. Es gab nicht nur Zustimmung – viele Kollegen haben gefragt, ob sie sich das denn ‚antun' müssten. Die Resonanz bei den Schülern war jedoch überwältigend: Einige von ihnen sind dann als Gäste oder Ehrenamtliche im Strafvollzug einbezogen worden und konnten dann immer ‚brühwarm' den Stand des Anti-Gewalt-Trainings hier im Hamelner Strafvollzug in die Schule hineintragen. Einzige Voraussetzung war: Sie mussten über 18 Jahre alt sein. Nicht nur Anti-Gewalt-Training im engeren Sinn hat sie fasziniert – gerade das Anti-Blamier-Training, das Offensivitäts-Training und – für uns Lehrer besonders wichtig – das Aufmerksamkeits-Training haben sie mir und den anderen hier vermittelt. Ich muss schon Danke sagen: Das AAT hat auch meine Position als Lehrer gestärkt – und nicht nur die Friedensbereitschaft an der Schule im Allgemeinen."

Auch für das AAT.pro gilt das Vier-Phasen-Modell: Natürlich müssen Phase 1 und 2 abgearbeitet werden. Dieses „Nadelöhr" muss jeder Schläger schaffen, um für Phase 3 (Attraktivitäts-Training) fit gemacht zu werden. Und natürlich muss Phase 3 mit viel Akribie, Energie, Schweiß und Biss durchlaufen werden, aber immer mit dem **einen großen** Ziel: Ich muss stark sein für die Wiedergutmachung, für die Friedensarbeit, ich muss eine „Belohnung für meine Umwelt sein und keine Bestrafung"[89].

Das bedeutet: Der Schwerpunkt des AAT.pro liegt in Phase 4, der Realisationsphase: Die Insassen müssen durch konkretes Handeln und durch ihr eigenes Verhalten nachweisen, dass sie an der indirekten oder manchmal sogar direkten Wiedergutmachung des Schadens „operational" arbeiten[90]. Das kann zum Beispiel als Guardian Body im Jugendfreizeitheim geschehen oder auch in Anti-Gewalt-Aktionen an Schulen, wie der Konrektor der Sonderschule Hameln, Horst Schultz, berichtet:

> „Ich habe das Anti-Gewalt-Team Heilemann/Fischwasser-von Proeck im Laufe von zwei Jahren für mehrere Veranstaltungen gewinnen können: Zweimal in unserer Schule für Lernhilfe, und einmal zu einer Abendveranstaltung für Erwachsene im Rahmen der Kinderschutzbundarbeit in Springe. Und ich habe die Absicht dieses Angebot weiterhin wahrzunehmen. Zu den Schulveranstaltungen habe ich ausschließlich die Schüler eingeladen, deren Gewaltbereitschaft hinlänglich bekannt war. Ich habe keinen Schüler erlebt, der nicht beeindruckt gewesen wäre, beeindruckt von der anrührenden Offenheit, mit der zwei jugendliche Strafgefangene ihre Lebensgeschichten darlegten.
>
> Man hätte eine Stecknadel fallen hören können – so still war es im Klassenraum. Manch ein Junge mag sich selbst, seine Biographie, seine Traumata wieder gefunden haben in dem, was dort berichtet wurde. Aber auch unerwarteter Spaß, Singen und Lachen, Schunkeln, Meditation mit Qi Gong sorgten für ein Feuerwerk unterschiedlichster Gefühle und Eindrücke.
>
> Seitdem bin ich oft gefragt worden: ‚Wann kommen die mal wieder?' Was hat unsere Jugendlichen, die normalerweise keine zehn Minuten still sitzen, aufpassen und zuhören können, derart ‚gefesselt'?
>
> Da sind zwei gewalterprobte, körperlich überlegene junge Männer, die in unseren gewaltbereiten Schülern Bewunderung und Identifikationsbereitschaft auslösen. Und unversehens konfrontieren die beiden ‚Idole' die

---

[89] vgl. Heilemann, M. und Fischwasser-von Proeck, G.: Attraktivitäts-Training. In: Weidner, J., Kilb, R. und Jehn, O.: Gewalt im Griff II. Weinheim, 2001.
[90] vgl Heilemann, M.: Gemeindenahe Sexualstraftätertherapie. In: Berufsverband Deutscher Psychologen. Bonn 1985.

> Anwesenden mit ihrer neuen Identität: Mit einem neuen Ziel, für das es sich zu lohnen scheint, das Altgewohnte abzulegen.
>
> Ergebnis: Irritation, Faszination, nachdenkliches Schweigen – ja sie sind stiller geworden, unsere kleinen und großen Schläger.
>
> Da ist aber auch dieser unnachahmliche ‚fesselnde' Stil des Dr. Heilemann und der Sozialtherapeutin Gabi Fischwasser-von Proeck. ‚Der Mann war geil drauf', sagte ein Schüler nach der Veranstaltung. Wohlbemerkt. Diese Schüler haben drei Stunden lang – ohne Pause – stillgesessen, aufgepasst, mitgemacht! Sie wurden persönlich angesprochen – mit ihrem Vornamen. Sie fühlten sich unausweislich in die Pflicht genommen – weshalb sie die Selbstdisziplin an den Tag legten, die ihnen ‚dieser Mann', wie sie sagen, zutraute. Und ‚dieser Mann' stahl ihnen die Show, die sie im Unterricht immer so gut drauf haben. Und ‚dieser Mann' hat keine Angst vor Schlägern und solchen, die es werden wollen. Diese Angstfreiheit, Selbstsicherheit, Gelassenheit sind die Grundvoraussetzungen für einen erfolgreichen Umgang mit gewalttätigen Mitmenschen – in der Schule wie im Knast.
>
> Und da ist noch ‚diese Frau', deren Namen die Schüler schon gar nicht erinnern konnten, die das ausstrahlt, was gewalttätigen Jugendlichen zu Hause oft fehlt: mütterliche Wärme und weibliche Souveränität. Diese Frau ‚verführt' auch die hartgesottensten Schläger dazu, sich ‚fallen zu lassen'. Unsere Schüler haben – sichtlich angerührt – registriert, wie einer der Strafgefangenen mit den Tränen kämpfte, als sie ihn tröstend in die Arme nahm.
>
> Was hier ‚abgeht', ist pointierte Demonstration angewandter Psychologie. Und insofern verwundert weder die nachhaltige Wirkung auf die Zuhörer noch der Erfolg der Therapie.
>
> Bleibt zu wünschen, dass dieser Weg der Qualifizierung von Ex-Schlägern mehr Strafgefangene anlockt als bisher – vielleicht gelingt das über veränderte Bedingungen des Strafvollzuges?"

Die ambulante Anwendung des AAT zur unterrichtsbegleitenden Friedensarbeit (Gewaltprävention in der Schule) fließt nun auch in die Schulprogramm-Entwicklung mit ein (vgl. Anlage 5).

9.1.3 Integration in den Offenen Vollzug

Grundlage für den Vollzugsverlauf eines Inhaftierten im Offenen Vollzug ist ebenfalls ein Phasenmodell. Es wird unterteilt in fünf Phasen:
- Orientierungsphase
- Vorbereitungsphase
- Übungsphase
- Verselbständigungsphase

- Entlassungsphase.

In den einzelnen Phasen werden bestimmte Programme angeboten, z.B. ein Einführungsprogramm für neu aufgenommene Insassen, Trainingskurse zum Sozialverhalten sowie ein Vorbereitungskurs auf die Entlassung. Wegen der klaren Gliederung in unterschiedliche Abschnitte bietet es sich an, das vierphasige präventionsorientierte AAT in das Phasenmodell des Offenen Vollzugs und dort speziell in die Phase 5, die Entlassungsphase, einzuarbeiten.

Im AAT.pro wird vor allem Handlungswissen und direktes Umlernen von Verhalten vermittelt. Durch **Nähe-Training** erlangt der „Ex-Schläger" ein Gefühl für seine eigenen Bedürfnisse nach Zärtlichkeit und Zuwendung. Er lernt, Nähe zu ertragen und Nähe abzurufen. Er lernt, „seinen Hunger nach Zuwendung" beim anderen Menschen einzulösen und er lernt durch Umarmungsübungen, Massageübungen, Streicheln des Handrückens und ähnliche Maßnahmen Nähe zu geben. Durch **Entspannungstraining** wird die Atmung und die langsame Bewegung des Körpers vereinheitlicht, damit es zum Spüren der „Inneren Mitte" kommt. Der Teilnehmer schottet sich gegen Reizüberflutung, ein Übermaß an Impulsen von außen, ab. Er wird langsamer. Dieser Entschleunigungseffekt führt zu einer inneren Beruhigung, ohne dass er sich bewusst auf seine Entspannung konzentrieren muss. **Synchronisationsübungen** erlauben ein besseres Wir-Gefühl in der Trainingsgruppe. Insbesondere das Erarbeiten und Einüben „gespielter Lieder" und das „Marschieren in die gleiche Richtung", aber auch das Tragen ähnlicher Embleme führen zu einer hohen Identifikation mit der „Friedensaufgabe". Das **Anti-Blamier-Training** führt zu einem lockeren Umgehen mit dem eigenen Selbst und zur Fähigkeit, auch mal „neben sich stehen" und sich selbst beobachten zu können. Gleichzeitig wird die Angst vor Blamage, vor Kränkung und Demütigung reduziert. „Die Härtesten der Harten müssen vor allen Kumpels auf einem Bein hopsen oder wie ein Toastbrot hochspringen, sich der scheinbaren Lächerlichkeit aussetzen und dabei die Souveränität spüren."[91] Die Fähigkeit, über sich selbst zu lächeln, steigt an. Das **Aufmerksamkeitstraining** erlaubt eine bessere Ausbeute bei der Informationsaufnahme. Gleichzeitig wird die Fähigkeit des Teilnehmers, die Aufmerksamkeit seiner Umgebung im Bedarfsfall ultimativ auf sich lenken zu können, trainiert [92].

Die Konzentration auf Präventionsarbeit und Wiedergutmachungsaktionen ist vor allem in den Abteilungen des **Offenen Vollzuges** gut aufgehoben. Die Gruppe der in Vollzugslockerungen bereits bewährten Häftlinge kann z.B. im Rahmen des erstmals in Deutschland vom CJD (Christliches Jugendwerk Deutschland) angebotenen **„Trainingskurses für Opfer"** direkt und unmittel-

---

[91] Strothmann, D.: Gesellenbrief für friedliche Schläger. In: Hamburger Abendblatt vom 28. Januar 1999
[92] vgl. Hallowell, E.M.: Zwanghaft zerstreut. Die Unfähigkeit aufmerksam zu sein. Hamburg 1999.

bar Wiedergutmachungsarbeit leisten. Für die Justizverwaltung lassen sich darüber hinaus die folgenden Vorteile darstellen [93]:

1. Wegen des hohen Verzahnungsgrades mit der Gemeinde auf Grund der Teilnahme von ehrenamtlichen Mitarbeitern, Gästen und Medienvertretern ist die Durchführung des AAT möglich, ohne dass zusätzliche **Sicherheitsrisiken** für den geschlossenen Strafvollzug entstehen (vgl. Anlage 1; vgl. Anlage 2).

2. Die Insassen können die erlernten **Sozialtechniken** unmittelbar und direkt unter Anleitung und Kontrolle der TrainerInnen umsetzen [94].

3. Die durch das Training erzielten sozialpädagogischen, entwicklungspsychologischen und identitätsstabilisierenden Effekte wie die stärkere Übernahme von Verantwortung und mehr Bereitschaft zu Solidarität sind weniger gefährdet als im dichten subkulturellen Umfeld der geschlossenen Hauptanstalt. Die Teilnehmer müssen sich im OV für ihre Veränderung zu einem friedliebenden Menschen gegenüber der fast „erdrückenden" Subkultur im Geschlossenen Vollzug weniger stark rechtfertigen [95].

4. Die Einbeziehung des sozialen Umfeldes und damit die **Kontaktaufnahme** zur „**Entlassungsgemeinde**" fallen sowohl den Teilnehmern als auch den TrainerInnen leichter.

5. Durch die frühzeitige, zielgerichtete Einbeziehung von Experten aus der Umgebung – Pastoren, Schauspieltrainer, Rhetorik-Trainer, Tanztrainer – ist der **Personalaufwand** der Justiz bei gleichzeitig erweitertem Wirkungsgrad noch einmal reduziert [96].

6. Da sich das AAT.pro auch als „Entlassungstraining" versteht, ist die **Langzeitwirkung** über den Entlassungszeitpunkt hinaus besser gesichert: Im Gegensatz zum Training im Geschlossenen Vollzug, wo den Häftling nach dem AAT unter Umständen noch eine jahrelange Haftzeit erwartet, werden im Offenen Vollzug die problematischen „Vergessensphasen durch die bevorstehende Entlassung weitgehend ausgeschaltet.

Das AAT.pro ist das neue „Spielbein" des herkömmlichen Anti-Gewalt-Trainings in der geschlossenen Anstalt. Hier können die langjährigen Erfahrungen des AAT schon fast unter „Realbedingungen" bei gewaltbereiten Tätern angewendet werden. Die Bevölkerung erhält Sicherheit da, wo sie sie braucht –

---

[93] vgl Fischwasser-von Proeck, G. u. Heilemann, M.: Anti-Aggressivitäts-Training in der Jugendanstalt Hameln. In: Nds. Landesjugendamt, Forum Sozialarbeit, 1997.
[94] vgl. Heilemann, M.: Das Kurzstrafenprojekt. In: Auf Neuen Wegen, 1982.
[95] vgl. Heilemann, M.: Männergewalt – therapierbar? In: Fuhlbohm D.: Männergewalt gegen Frauen. Und was ist mit dem Täter? Wilhelmshaven 1993.
[96] vgl. Heilemann, M. : Gemeindenahe Sexualstraftätertherapie. In: Berufsverband Deutscher Psychologen. Bonn 1985.

bei der direkten Berührung mit den **noch inhaftierten Gewalttätern** oder bei den **unmittelbar vor der Rückkehr** in die Heimatgemeinde stehenden Körperverletzern. Im AAT.pro entscheidet sich unmittelbar, ob die Interventionen des Vollzuges in Richtung „Friedfertigkeit" bei **dieser Tätergruppe** tatsächlich wirksam sind.

9.1.4 Das therapeutische Dreieck

Die Bevölkerung wird aufgrund des leichteren Zugangs zum Offenen Strafvollzug vermehrt in die Bemühungen des Programms eingebunden. Durch die Mitarbeit der – meist fachkundigen – Bürgerinnen und Bürger wird eine hohe Identifikation mit dieser Maßnahme des Strafvollzuges im Besonderen und somit auch mit der Justiz im Allgemeinen nachweislich erreicht. **Das „therapeutische Dreieck"** zwischen „**entlassender Instanz**" (Freigängerabtei- lung), „**aufnehmender Region**" (Heimatgemeinde) und „**verbleibender Betreuungsinstanz**" (Bewährungshilfe) wird völlig neu definiert. Die berufsbegleitende Zusatzausbildung des interessierten Vollzugspersonals – der Fachkräfte, die ihrerseits im geschlossenen Strafvollzug das traditionelle AAT anzubieten bereit sind – wird mit dem entsprechenden „Kompetenzüberhang" **zusätzlich** ermöglicht.

Das Therapeutenteam selbst muss sich an unmittelbar beobachtbaren Veränderungen des **Verhaltensstils** und der **Verhaltensrichtung** der Trainingsteilnehmer messen lassen. Der Druck auf das „Funktionieren" der einzelnen Elemente, aber auch der Gesamtmaßnahme wird Projekt-Controlling und Qualitätsprüfung verstärkt. Der Täter kann in der **Präventionsarbeit** zeitnah und umfassend eingesetzt werden und wird so als Co-Trainer, Tutor oder Guardian Body schnellstmöglich zur **Produktivkraft der Justiz** in der ihn umgebenen Gesellschaft. Die Überprüfbarkeit der Verhaltensänderung ist durch parallelisierte **wissenschaftliche Erkundung,** etwa fortlaufend vergebene Diplomarbeiten, „hautnah" sichergestellt. Die neu entwickelten Interventionselemente können – in adaptierter Form – wiederum dem eher „traditionellen" AAT in der geschlossenen Anstalt zugute kommen. Aufgrund der Freiheitsgrade beim Abschluss von „Verhaltensverträgen" zwischen Trainerteam und Ex-Täter ist eine **Individualisierung** („Behandle Ungleiches nie gleich") im Sinne der verbesserten soziotherapeutischen Wirksamkeit möglich.

9.1.5 Rückwirkung auf den klassischen Vollzug

Durch die Konzept-Differenzierung zwischen **LoGo** einerseits und **AAT.pro** andererseits ergeben sich darüber hinaus Vorteile für den Geschlossenen Vollzug: In dieser eher frühen Phase der Strafverbüßung des Gewalttäters kommen vor allem restriktive Elemente ins Spiel. Der Schwerpunkt liegt in der Konfrontationsphase (Heißer Stuhl). Die Konfrontation mit den Folgen der Tat für das Opfer und für das Opferumfeld, aber auch für die Gesellschaft sowie für die

Familie des Täters ist die inhaltliche Leitidee des **LoGo**. Der zusätzliche Aufwand durch externe TrainerInnen kann hier weitgehend entfallen, da in dieser Vollzugsphase eher einschränkende denn wachstumsorientierte Interventionen Vorrang haben. Im Vordergrund stehen hier insbesondere die Aneignung von Selbstkontrolle, Selbstdisziplin und das Hinlenken der Anstrengungsbereitschaft auf die eigene Person z.B. durch Sport in körperorientierten Maßnahmen. Gleichzeitig ist aber die Beachtung der Sicherheitsvorschriften einer geschlossenen Anstalt und damit auch der **„Respekt der Körperverletzer vor der Institution"** zu gewährleisten.

Die Ergänzung dieses „Klassischen AAT" durch ein in der Freigängerabteilung etabliertes präventionsorientiertes Modell AAT.pro beinhaltet die Hoffnung, im Strafvollzug entwickelte Behandlungskonzepte **linear** in ambulante Therapiebereiche (Jugendhilfearbeit; Arbeit der Präventionsräte) zu transportieren.[97] Die justizpolitischen Auswirkungen – beim AAT handelt es sich um ein medienwirksames und letztlich **von den Medien akzeptiertes Projekt** – sind so auch für andere Anstaltsbereiche vollzugspolitisch von Nutzen.[98] Insbesondere die Idee des **„Gewalt-Recycling-Modells"** demonstriert die Wirksamkeit justizpolitischer Maßnahmen für die Bürger im Allgemeinen und speziell für die Opfer von Gewalttaten. Und in den Medien vor Ort kommt es offenbar gut an, dass Maßnahmen gegen die Gewalt trainiert werden: „Mit dem Satz ‚Bitte keine Gewalt' haben sie bei einer provozierten Eskalation in der Innenstadt (ein Mann wurde von zwei anderen bedrängt, geschubst, beleidigt) Widerstand gegen Gewalt eingeübt. Heilemann, der auch Anti-Aggressivitäts-Trainings in der Jugendanstalt Hameln betreibt: Erst durch das sinnliche Einüben kollektiver Vorgehensweisen ist das früher vorhandene schlechte Gewissen und das Schuldgefühl des Zuschauers bei erlebter Gewalt zu beheben."[99]

„Der abschließende Aspekt des Hamelner Trainings bedeutet, dass wir Sicherheit exportieren wollen. Was heißt denn Prävention, wenn Präventionsräte so wie die Leute hier um den runden Tisch sitzen und aufpassen, dass ihr Anzug nicht knittert. Was willst du von diesen Jungs hier lernen, die kaum Sport machen, weil sie dauernd in ihren Fraktionssitzungen auf die Macht der Sprache setzen. Z.B. Otto (Schily) ist schon wieder in Eisenach und macht dort Politik. Solche Leute können diese Profis, die ja Profis sind in Männlichkeit, Profis im Verwalten von eingebildeter Arroganz und in ihrer subjektiven Wahrnehmung Profis im Frauen Rumkriegen, nicht erreichen. Besser sind da schon Absolventen unseres Trainings, die als Tutoren im nächsten Programm auf Trainerseite mitjobben. Sie helfen uns dann, die nächste Generation der Schläger weich zu

---

[97] vgl. Heilemann, M.: Geschichte des Antagonistentrainings. In: ZfStrVo. 1994. Heft 6.
[98] vgl. Heilemann, M.: Einzelunterbringung oder Wohngruppenvollzug, In: ZfStrVo 1986, Heft 1.
[99] Dewezet: Gegen Aggression und für eine Stadt ohne Gewalt. 14. Oktober 1998.

kochen. Wir schicken sie aber auch auf die Straße und sagen: Ihr seid der aktive Arm des Präventionsrates."[100]

Grundsätzlich sollte gelten: Was immer der Geist eines Menschen erfassen und glauben kann, kann er auch erreichen (Napoleon Hill).

LoGo und **AAT.pro** sind tatsächlich zwei „Supermodule" eines kundenorientierten Strafvollzuges. Man könnte auch sagen: Getrennt therapieren – gemeinsam wirksam sein ...

9.1.6 Das AAT in der Bewährungshilfe

Ein neues AAT-Modell wird in Magdeburg seit 1997 von den Sozialarbeitern Anke und Tim Marx angeboten. Zusammen mit der Justizministerin in Sachsen-Anhalt wird mit diesem Projekt versucht, schädliche Folgen von Inhaftierung zu vermeiden. Der "Heiße Stuhl" und "Knallharter Opferschutz" sind auch hier die Grundlagen für das "ambulante" Anti-Aggressivitäts-Training". Das **Anti-Gewalt-Training** (AGT) arbeitet mit anderen Inhalten und Methoden, unterscheidet sich jedoch nicht vom globalen Ziel des AAT, der Erlangung der Friedfertigkeit. Einige Teilziele sind jedoch deutlich anders gelagert. Wie im Hamelner Modell sollen die Jugendlichen aber auch hier die Auslöser ihrer Aggressionen erkennen und lernen, ihr Verhalten zu steuern.

Das AGT handelt auf der Grundlage verschiedenster therapeutischer Ansätze aus der RET, der Gestalttherapie, der kognitiven Verhaltenstherapie und der Provokationstherapie und wird jährlich über jeweils 4 Monate durchgeführt. Das besondere in Magdeburg: Es findet sowohl im Bereich der Bewährungshilfe wie auch im Bereich des stationären Strafvollzuges Anwendung.

Das AGT besteht aus 5 Säulen:

- „Kosten-Nutzen-Phase" mit Einbindung eines Gerichtsmediziners
- Körpersprache-Training
- Gewaltdiagramm
- Konfrontationssitzung
- Empathiephase.

Das AGT ist das Erste dieser Form in Sachsen-Anhalt und den anderen neuen Bundesländern. Und es ist wirksam, denn seit 1997 gibt es erst **einen** Rückfalltäter von allen Absolventen.

Tim Marx berichtet: „Wenn nur einer der Teilnehmer seine Konflikte künftig nicht mehr durch Schlagen, sondern durch Reden löst, gibt es 100 Opfer weniger, denn so viel hat fast jeder hier auf dem Kerbholz."

---

[100] Heilemann, M.: Das Hamelner Modell. In: Fraktion der SPD im deutschen Bundestag. Prävention gegen Jugendkriminalität. Strategien und Projekte. Bonn, 1997. S. 28

Anke und Tim Marx sind nur zwei von rund 200 Fachleuten, die beim Hamelner Modell als Gäste ihre eigene Praxis noch weiter ausbauen wollen. In ihr neues Konzept 2001 haben sie einige Anregungen des AAT einfließen lassen und an ihr Programm adaptiert. Beide Trainer berichten, dass es schwer ist, zu zweit gegen die Subkultur der Täter anzukommen und dass dies viel Energie verbraucht. Deshalb wurde sofort die Idee aus dem AAT, das Prinzip der „Gäste", übernommen. Erst durch die zusätzliche „Potenz" der Gäste bekommt das Trainerteam seine „Lufthoheit".

Tim Marx hat an drei Sitzungen der Hamelner Teams teilgenommen und schwärmt davon: „Wir in Magdeburg sind gut. Wir sind wirksam. Doch was ich hier in Hameln erlebe, hat noch eine andere Qualität. Es ist phantastisch in wie kurzer Zeit es das Team schafft, die Insassen von der Gewalt ‚wegzuziehen'. Dieser Enthusiasmus, diese Penetranz, diese Hartnäckigkeit und diese Gier nach Erfolg kommen letztlich ja nicht nur den Tätern, sondern auch den Opfern zugute. Ich selbst gehe immer erfüllt und neu motiviert nach Magdeburg zurück und sage: Es funktioniert."

Das Hamelner AAT-Modell kann in der Bewährungshilfe in bestehender Form ohne Probleme eingesetzt werden.

10 Opferhilfe

10.1 AAT als „Opfertherapie"?

Eine neue Epoche, ein Paradigmenwechsel in der sozialtherapeutischen Versorgung: Im Strafvollzug steht die Tätertherapie nicht mehr „allein" – seit einiger Zeit werden nachdrücklich Programme zur Ich-Stärkung, zur Wiederherstellung der Persönlichkeit, von Opfern gefordert. Das AAT (Hamelner Modell) bietet nicht nur Tätern sondern auch Opfern Maßnahmen zur

- Selbststärkung,
- Selbstachtung,
- Körperverteidigung

und damit zur Wiederherstellung der Menschenwürde von Gewaltopfern an. Die Kurse werden für die Gewaltopfer vom Niedersächsischen Ministerium der Justiz koordiniert.

Das Hamelner AAT erscheint durch seine bisher einzigartige Konfiguration eines „**opferorientierten Strafvollzuges**" geradezu prädestiniert, den Kompetenzrahmen zur Durchführung von Ich-stützenden und damit identitätsstabilisierenden Trainingsseminaren für Opfer zu erstellen. Den in den Kommunen angesiedelten „Präventionsräten" wird empfohlen, einen „Opferbeauftragten" zu benennen. Die Opferbeauftragten werden eingeladen, Trainingskurse für Opfer „von außen" im Sinne einer opferfördernden Ausrichtung zu kontrollieren.

10.2 Trainingskurse für Opfer

Trainingskurse für Opfer werden nach zwei „Obermaximen" konfiguriert:
1. Konsequente Parteilichkeit
2. Konsequente Transparenz des Geschehens

Über die Zusammenarbeit mit niedergelassenen psychologischen Psychotherapeuten vor Ort und mit der Kassenärztlichen Vereinigung können Folgetherapien angeregt werden. Dem Täter wird geholfen – das Opfer steht „im Regen". Das muss sich ändern. Aus den Erkenntnissen des AAT hat sich eine neue Kultur der Opferstützung und der Opferstärkung mit folgenden Zielleitlinien ergeben:

- Stärkung der Menschenwürde,
- Erhöhung der Selbstachtung,
- Verbesserung der Selbstverteidigung,
- Aufbau der Identität eines „mutigen und überlegenen Pazifisten".

Die Stärkung des Opfers erfolgt in diesem Kontext auch unter Einbeziehung von therapierten (friedlichen) Ex-Schlägern, die als Guardian Bodies, als Opfertutoren oder als Konfliktlotsen dem Opfer nicht nur Schutz geben, sondern auch Aufklärung über „Schlägermentalität" leisten. Insbesondere die konsequente Parteilichkeit der Ex-Schläger für die „an der Seele gemordeten" Mitmenschen ermöglicht die Umsetzung der oben formulierten opferorientierten Zielsetzung. Als Voraussetzung für einen Täter-Opfer-Ausgleich nennt Kuhlmann: „Wenn das Opfer einverstanden ist, und wirklich nur dann, sonst würde das Opfer zum zweiten Mal in diese demütigende Rolle gedrängt, werden Opfer und Täter zunächst in getrennten Gesprächen auf ein Täter-Opfer-Ausgleichsgespräch vorbereitet. Sollte materieller Schaden entstanden sein, so muss der Ausgleich des Schadens als Erstes geregelt werden."[101]

10.2.1 Was das Opfer fühlt

Welche Reaktionen laufen eigentlich bei einem Opfer von Gewalt ab? Welche Gefühle beherrschen Opfer, wenn sie sich gefährdet sehen? Was geschieht in ihrem **Inneren**, wenn sie spüren, dass jemand sie möglicherweise bedrohen, überfallen, vergewaltigen, zusammenschlagen oder gar ermorden will?

Im Folgenden sollen die „Gedankenimpulse" oder die sich verdichtenden bedrohlichen Gefühle dargestellt werden, die sich im Bewusstsein und der Psyche des Opfers ausbreiten:

1. Unangenehme Anspannung.
2. Diffuse Katastrophenahnung.
3. Ängstliche Neugierde.
4. Körperliche Beklemmung.
5. Flucht in schwarzen Humor.
6. Erstickende Furcht.
7. Wachsende Zweifel, „ob man da wieder heraus kommt".
8. Zunehmend zögerliches und unsicheres Handeln.
9. Verdichtung von furchtbarer Vernichtungsangst.
10. Panikreaktion mit extremem Orientierungsverlust.

---

[101] Kuhlmann, A.: Faustrecht. Gewalt in Schule und Freizeit. Köln, 1998. S. 115 f.

Wenn der Schläger gewalttätig wird, verspürt er eine unbändige Feindseligkeit gegenüber seinem Opfer, das er sich meist willkürlich „heraussucht". Der Täter kompensiert seine eigene Ich-Schwäche, sein Unterlegenheitsgefühl, seine Hilflosigkeit und seine Frustrationen auf Kosten des Opfers **im Moment der Tat**. Sein einziges Ziel besteht darin, ein **Überlegenheitsgefühl** herzustellen: Er will Gott über den anderen Menschen spielen.

Ein wichtiges „Selbststärkungsmodul" könnte im **Vorfeld** eines möglichen Täterübergriffs darin bestehen, dass das „ausgewählte Opfer" ein Gespür dafür entwickelt, was bei einem drohenden Übergriff passieren könnte. Dieses Gespür muss sich auf den Schutz des eigenen Ichs, der Unverletzlichkeit der eigenen Identitätsgrenzen, und auf die Abwehr eines unerwünschten Eindringens in den eigenen Persönlichkeitsraum ausrichten. Hinweise für die Absicht eines potenziellen Täters, einen solchen Übergriff zu planen und auf eine Gewalthandlung zuzusteuern, könnten in folgenden Wahrnehmungen des „ausgeguckten" Opfers bestehen:

1. Der Angreifer beharrt auf einer „Wir-Situation", obwohl diese nicht gegeben ist.
2. Der Täter baut eine Schuldbeziehung auf.
3. Er tut dem Anderen vermeintlich einen Gefallen, fordert in Wirklichkeit aber eine Gegenleistung.
4. Der Angreifer verliert sich in vielen Einzelheiten: Er plaudert ausschweifend auf unangemessene Weise über Nebensächliches, um das Opfer abzulenken.
5. Der Aggressor gibt ungebeten Versprechungen und will das Opfer so in Sicherheit wiegen. („Ich helfe Ihnen schon dabei und bin dann auch sofort wieder verschwunden.")
6. Das zukünftige Opfer wird auf eine bestimmte Rolle vom Täter festgelegt. („Sie brauchen jemanden, der Ihnen hilft.")
7. Der Täter nimmt ein „Nein" nicht zur Kenntnis. („Sei doch kein Spielverderber.")
8. Der Täter versucht, das Opfer systematisch auszufragen, um das Risiko des Angriffs und die zu erwartende Gegenwehr abschätzen zu können. („Was würden Sie tun, wenn jemand plötzlich dies oder jenes mit Ihnen machen würde ...?")
9. Der Täter entwickelt eine penetrante Hartnäckigkeit, auch wenn klar ist, dass das Opfer sein vermeintlich „tolles Angebot" nicht annehmen möchte.

Das Auftreten mehrerer dieser „Warnsignale" muss sofort und unmittelbar ein **„Verteidigungsverhalten"** des Opfers in Gang setzen können. Für das Opfer, das potenzielle Opfer oder das tatsächliche Opfer ergeben sich verschiedene

Arbeitsaufträge, um eine Ich-Störung in den verschiedenen „Bedrohungsphasen" bewältigen zu können.
1. Abwehr der möglichen Gewalttat.
2. Richtiges Verhalten während der „Unterwerfungssituation".
3. Wiederherstellung des Gefühls der Selbstachtung, des Ehrgefühls, des Gefühls eigener Stärke und letztlich des Kontrollerlebens nach der Tat.
4. Durchsetzung eigener Rechtsansprüche und Wiedergutmachungsideen während der Gerichtsverhandlung.
5. Schutz vor sekundären und tertiären Übergriffen des Täters vor, während und nach der Gerichtsverhandlung, weil auch „Helfer des Täters" dieses Zeugen- und Opfer-Mobbing durchführen könnten.

10.2.2   Opferarbeit nach der Tat

Das Opfer beschäftigt sich **nach der Gerichtsverhandlung** und damit **während der Strafverbüßung des Täters** insbesondere mit folgenden Gedanken:
1. Wie war meine **Beziehung zum Täter** vor der Tat? Wie hätte ich die Beziehung so strukturieren können, dass es nicht zur Tat gekommen wäre? Hätte ich mich während der Tat anders verhalten können? Und wie hat sich die Beziehung zwischen mir und dem Täter unmittelbar nach der Tat, nach der Anzeige, während der Ermittlungsphase, während der Gerichtsverhandlung und jetzt, während der Strafverbüßung, verändert?
2. Wie haben die **Ermittlungen** von Polizei/Staatsanwaltschaft und die Gerichtsverhandlung meine persönliche Situation bzw. meine Persönlichkeit verändert?
3. Erlebe ich die **Strafzumessung** als gerecht? Wie erlebe ich die Lebenssituation des Täters bezüglich seiner Schuld? Kann die Strafzumessung einen Schuldausgleich herstellen? Wie werden meine Ansprüche auf Wiedergutmachung und persönliche Genugtuung durch die Strafzumessung und durch die von mir wahrgenommene Art der Strafverbüßung eingelöst?
4. Welche Hinweise gibt es auf konkrete **Rachepläne** des Täters? Wo muss ich mich bedroht fühlen? Für wie gefährlich halte ich den Täter während der Strafverbüßung und nach der Entlassung? Wann wird der Täter zum ersten Mal Hafturlaub erhalten? Hat er starke Freunde, die seine möglichen Rachegelüste gegen mich umsetzen könnten? Gibt es Vorfälle, die als Bedrohung durch den Täter gemeint sein könnten? Wie vermindert sich der Rachegedanke des Täters im Lauf der Zeit?
5. Wie hat sich die **Strafverbüßung** auf die Gewaltbereitschaft des Täters ausgewirkt? Ist mein Leben durch die erlittene Gewalttat beeinträchtigt? Kann ich jemals mein Selbstwertgefühl und mein Selbstbewusstsein wieder-

erlangen? Wird der Täter auch während und nach der Strafverbüßung über mich triumphieren? Wie könnte ich die Subdominanz gegenüber dem Täter in Dominanz umwandeln? Was müsste und könnte ich tun, um die/der Überlegene zu sein? Wie könnte ich mein Bedürfnis, es dem Täter einmal „richtig zu zeigen" umsetzen, ohne dass ich wieder neue (Rache-)Angst entwickeln muss? Was muss ich tun, damit der Täter mich künftig weder psychisch noch physisch erreichen kann?

6. Wer kann mir in meiner **jetzigen Situation** tatsächlich helfen? Über welche beratenden, helfenden und materiellen Möglichkeiten verfügen die Opferschutzinstitutionen? Welche Hilfsangebote wirken sich tatsächlich stärkend bzw. rehabilitierend auf mich aus? Inwiefern kann ich mit materieller Unterstützung rechnen, und was kann sie mir in meiner Gesamtsituation überhaupt bedeuten? Gibt es spezielle Opfer-Psychotherapien? Kann ein Therapeut tatsächlich mein Leiden und meine Selbsterniedrigung nachempfinden und mit mir zusammen aufarbeiten? Welcher Typ von Psychotherapeut wäre für mein Problem am ehesten geeignet? Kann ich durch die Tatsache, dass ich eine Psychotherapie absolviere, weitere Selbstwertprobleme bekommen?[102]

Unter Berücksichtigung dieser Fragestellungen muss ein **Trainingskurs für Opfer** die folgenden Interventionselemente enthalten:

1. Wissenskontext des Opfers für Gewalttaten und Gewalttäter verbessern.
2. Stärken der eigenen Persönlichkeit wieder erkennen und trainieren.
3. Mentale Power (Energie, Willenskraft, Anstrengungsbereitschaft) aktivieren und auf die eigene Person (auf die Person des Opfers) zentrieren.
4. Schutzpatrone kennen lernen und für sich gewinnen (buchen, reservieren).
5. Die Idee des „Mutigen Pazifisten" kennen lernen und als lebenslangen Auftrag in das eigene Ich „neu einbauen".

Speziell das letzte Interventionselement kann den Opfern, die sich einem gezielten Selbststärkungstraining anvertrauen, in Zusammenarbeit zwischen Psychotherapeuten (Sozialtrainern) und Ex-Tätern („friedlichen Gewaltprofis") vermittelt werden. Hierfür sind vor allen Dingen die Absolventen des AAT (Inhaber des „Gesellenbriefes als friedlicher Schläger") prädestiniert: Sie sind Beschützer des Opfers, das heißt, sie nehmen die Menschen „unter ihre Fittiche", die sich gerade im Moment bedroht fühlen oder durch eine Gewalttat in ihrem Ich zerstört wurden.

---

[102] vgl. Heilemann, M.: Opferorientierter Strafvollzug. In: Weidner, J. u.a.: Gewalt im Griff. Weinheim 1997.

10.3 Opfertraining – die „Versorgungslücke" wird geschlossen

Opfertrainingskurse – die sich maßgeblich aus den Ideen des Hamelner Modells ableiten – könnten aus 15 Seminarelementen bestehen:

1. Gewalt verstehen: Aggressive Unterjochung als eine besondere Form der Interaktion von Menschen ...?
2. Mein Leben vor der Tat: Was war ich für eine Person? Was waren meine Stärken?
3. Opfergefühl: Die Hierarchie der Gefahrensignale, die einen bevorstehenden Übergriff des Täters ankündigen können.
4. Opfer schützen sich im Vorfeld: Intuition hilft gegen Übergriffe.
5. Opferbedrohung während und nach der Tat: Der Täter nimmt Einfluss auch auf das zukünftige Verhalten des Opfers (Anzeigeverbot usw.)
6. Die Zeit nach der Tat: Fortschreitende Persönlichkeitsstörung und Empfindungen von Hilflosigkeit, Kontrollverlust, Resignation und „Aufgeben Wollen".
7. Wiedererlernen von Selbstcoaching: Techniken des Selbstlobes, der Selbstinstruktion und der Fähigkeit, anzunehmen und einzufordern.
8. Opfer treffen Täter: Der „Heiße Stuhl" als Initialzündung für die Wiedergutmachungshandlungen des Schlägers/Körperverletzers.
9. Gewalt-Recycling-Modell und Guardian Bodies: Täter werden Trainer ...?
10. Direkte oder lieber indirekte Wiedergutmachung: Was kann ich als Opfer überhaupt ertragen?
11. Opfer helfen Opfern: Das frühere Opfer als Opfer-Coach übernimmt Verantwortung nicht nur für den eigenen Körper und die eigene Abwehrfähigkeit (Ein-Meter-Abstand verteidigen können) sondern auch für „Schwächere".
12. Mentale Stärke und de-eskalative Techniken: Thai-Chi-Abwehr der bösen Energie und Rhetorikspiralen zur Abwendung von unberechtigter Kritik und Mobbing als Grundlage stabiler Selbstwertüberzeugung.
13. Wir werden aktiv: Ausdauertraining, Selbstverteidigungstraining des Intimraumes und Kampfsporttraining als Grundlage der neuen Selbstachtung.
14. Nur wer sich selbst liebt, wer sich selbst feiern kann, wer sich selbst bejubelt und wer sich selbst etwas „zugesteht", hat wenig oder keine Schuldgefühle – wenig Schuldgefühle sind Grundlage von wenig Schuldzuschreibung. Dem Täter wird der Boden entzogen (Gewalt-inszenierungen und Legitimationsstrategien des Täters können **mich** weniger erreichen).

15. Einmal Opfer – immer Opfer? Ich nicht! Reflexionsrunde. Wo stehen die Klaviere...?

Solche Opfertrainingskurse könnten eine Versorgungslücke im „psychosozialen Netz" füllen, die denen zugute kommt, die mit jedem Tag ihres Opferdaseins (mit jedem Tag, der seit der Tat vergangen ist) schwächer, einsamer und hilfloser werden. Den Lebensverdruss des Opfers in eine neue Vision des Lebensgenusses und der Lebenszufriedenheit zu verwandeln – das wäre der Auftrag ...

Die Opfertrainingskurse sollen dazu beitragen, dass sich im Erleben des geschädigten Menschen die von Gandhi (1947) ausgedrückte Hoffnung zur Gewissheit verdichtet: „Es ist möglich, sich gegen Gewalt zu wehren, ohne selbst gewalttätig zu sein."[103]

Ein konkretes Bekennen zum Opferleid wird durch die bisher einzigartige Initiative **„Tätertrainer als Opferpaten"** – begründet durch Heilemann/-Fischwasser am 20. Februar 2001 in Frankfurt – umgesetzt (vgl. Anlage 6).

---

[103] Gandhi, M., Kalenderspruch.

11 Zeitalter der Aufmerksamkeit

Im Zeitalter der Aufmerksamkeit stehst du in Konkurrenz mit allem und jedem: Jeder will das Interesse deines (Gesprächs-)Partners in Konkurrenz zu dir „buchen": Du aber musst gewinnen. Du musst seine Körperachse, seine Augen, seine Ohren und letztlich auch seine Kommentare und damit seine Reaktion **auf dich** programmieren – so lange und so intensiv wie möglich. Wenn du es nicht schaffst, wenn er/sie sich abwendet, dann hast du verloren. Und dies geschieht verdammt oft, denn die Konkurrenz ist groß. Und die Konkurrenz hat viele Tricks. Ständig werden dazu neue Strategien der Aufmerksamkeitskontrolle entwickelt. Und du – als armer Wicht – sollst in diesem Meer der Impulse den „Killerimpuls" setzen. Jedenfalls ist dies die Voraussetzung, damit du dich weiterhin exklusiv und geborgen erlebst und dein Leben als lebenswert beurteilen kannst.

Wie sieht der Job des Senders oder des Aufmerksamkeits-Catchers **im Zeitalter der Aufmerksamkeit** aus?

- **Epoche**
  Wir leben in der Zeit der Hochblüte des „inszenierten Auffallens". Das Zeitalter des Geldes, in dem das Motto „Geld macht sexy" gilt, ist von der Informationsepoche mit dem Motto „Wissen ist Macht" abgelöst worden. Die Informationsepoche wiederum wird vom Zeitalter der „Aufmerksamkeit" verdrängt. Die Aufmerksamkeit, die man „einnimmt", ist das Maß für Erfolg und Reichtum. Als knappe Ressource ist sie das „begehrteste Einkommen" unserer Zeit. Im Zeitalter der Industrialisierung ging es um Ökonomisierung der körperlichen Kräfte – heute geht es um Ökonomisierung der geistigen Kräfte.

- **Grundregel**
  Jeder will unsere kostbare Aufmerksamkeit, und wir wollen die der anderen: Je knapper eine Ressource, desto systematischer werden die Anstrengungen für ihre „Einnahme". Wir haben es hier mit einer Ressource zu tun, die einerseits nicht vermehrbar ist, deren Verwendungsmöglichkeiten andererseits aber ungehemmt wachsen. Momentan muss sich alles andere nach dieser knappen Ressource richten.

- **Ökonomie**
  Jeder, der über die Aufmerksamkeit anderer gebietet, kann heute auch gut verdienen. Die Aufmerksamkeitsökonomie bestimmt die Geldökonomie. Das Geld hat als „lebenspraktische Leitwährung" verloren: Die Aufmerksamkeitskontrolle läuft ihr den Rang ab.

- **Arbeitswelt**
  Die heutigen Rationalisierungen in der Arbeitswelt gelten gezielt der Aufmerksamkeitssteuerung als Produktionskraft.

- **Reizüberflutung**
  Der Verdrängungswettbewerb „innerhalb des Einzelnen" führt zu einer Tendenz der Doppel- und Dreifachbeschäftigung.
- **Bündelung**
  Der Mensch hat immer weniger Zeit für Langatmiges. Er will kurze und prägnante Informationen: Genaue Beratung und präzise Anleitung. Die „Häppchen-Information" hat höheren Stellenwert als der „Hintergrund".
- **Wertschöpfung**
  Hohes Geldeinkommen ist heute nur noch ein Mittel, um das immaterielle Einkommen zu steigern: Der Eindruck, den wir auf unsere Mitmenschen machen, ist das Maß für die Aufmerksamkeit, die wir von unseren Mitmenschen beziehen.
- **Wertmaßstab**
  Beachtung und Aufmerksamkeit werden zum Maß der „intersubjektiven Wertschätzung". Die bloß wörtlich versicherte Wertschätzung ist ein weites Feld der pflichtschuldigen Lüge: Worte kosten nichts. Dagegen ist die Aufmerksamkeit (meine Beachtung für den anderen und umgekehrt) ein knappes Gut und alternativ verwendbar.
- **Operationalisierung des Wertmaßstabes**
  Das Gütekriterium – der Messwert für die Aufmerksamkeit – wird in immer neuen Informa-tionsmaßen festgelegt: Wie oft wird im Internet eine Webseite „besucht", wie hoch sind die Einschaltquoten einer Sendung, wie ist hoch die Auflage einer Zeitung, wie hoch der Zitations-Index eines Wissenschaftlers?
- **Beurteilung des Selbstwertes**
  Wenn wir vor uns selbst gut dastehen wollen, sind wir geradezu verpflichtet, für ein „ausreichendes Einkommen" an Beachtung und Aufmerksamkeit zu sorgen.
- **Machtausübung**
  Es besteht ein Zusammenhang zwischen den Tauschbeziehungen von Aufmerksamkeit und Macht: Überall dort, wo der Tausch von Aufmerksamkeit asymmetrisch ist, ist Macht im Spiel. Macht habe ich, wenn ich einem anderen das Wort abschneide, wenn ich seine Zeitzuwendung merklich knapp mit meiner Aufmerksamkeit beantworte, wenn ich also demonstrativ ein asymmetrisches Tauschverhältnis durchsetze, ohne dass es zum Konflikt kommt.
- **Verzinsung**
  Die ursprüngliche Form, Aufmerksamkeit zu erhalten, war der Tausch, also das wechselseitige Geben und Einnehmen von Beachtung. Darüber hinaus beobachten wir auch, wie andere einander beachten. Das soziale Ansehen eines Menschen ist also das Ergebnis des direkten und indirekten Austauschs von Aufmerksamkeit. Ist man selbst Gesprächsthema, ohne anwesend zu sein, bezieht man dadurch indirekte Aufmerksamkeit.
  Viel Aufmerksamkeit zieht viel Aufmerksamkeit nach sich: Wenn registriert wird, dass jemand besonders viel Aufmerksamkeit auf sich zieht, erhält er

oder sie allein für diesen Sachverhalt noch einmal einen zusätzlichen Aufmerksamkeitsbonus. Das hohe Einkommen an Beachtung beginnt sich zu verzinsen. Es wächst dem Eingehandelten, dem aktiv Erarbeiteten, noch ein weiteres, leistungsfreies Einkommen hinzu. Im Extremfall führt dieses Aufkommen an „indirekter und generalisierter" Aufmerksamkeit auch zu einem Leben nach dem Tod. Prinzessin Diana bezog auch nach ihrem Tod noch lebendige Aufmerksamkeit als Sekundärzins ihrer damaligen direkten und indirekten Einkünfte. Die Hoffnung von einem „Leben nach dem Tod" wird hier durch Aufmerksamkeitsüberhang symbolisch eingelöst. Jeder Aufmerksamkeit, die ich als Einkommen habe, geht aber ursprünglich eine Arbeitsleistung voraus.

- **Zuwendung und Beachtung**
  Es gibt eine neue Kultur der „Attraktivität": Es wird immer wichtiger, sich andere Menschen gewogen zu machen. Politiker sind gezwungen, Wählerstimmen zu maximieren. Dieser Zwang ist es, der sie von unten kontrolliert. Die Stimmenmaximierer sind „Aufmerksamkeitsmaximierer", die gute Absichten in eine noch bessere Show mit hohem Aufmerksamkeitsindex verpacken müssen.

- **Versagensangst**
  Gerade weil die Aufmerksamkeit der anderen ein so begehrenswertes Gut darstellt, bei dem es immer um sehr viel mehr geht – nämlich um uns und unser Ansehen –, ist sie auch angstbesetzt. Es gibt keine Menschenseele, die nicht sehnlichst darauf aus wäre, eine bestimmte Rolle im Bewusstsein und damit im Seelenhaushalt anderer Menschen zu spielen. Man könnte sagen: Die Aufmerksamkeitsökonomie ist unser kollektives Unbewusstes. Sie ist der riesige Markt, auf dem ausgehandelt wird, was jeder von uns an narzisstischer Zuwendung erhält oder nicht erhält. Die Aufmerksamkeit, die mir zukommt und auf die es mir ankommt, setzt letztlich ein Bewusstsein von der „anderen Seite" voraus: Nur wenn ich mich wirklich für den Empfänger interessiere, kann ich seine Antennen und damit seine Aufmerksamkeit tatsächlich auf mich polen.

- **Elite**
  Der Begriff der „Elite" muss für jede Epoche neu definiert werden. Elite bedeutet heute, dass ich Besitzer eines leistungsfreien und gleichzeitig massenhaften Aufkommens von Aufmerksamkeitszuwendung bin.

- **Aufmerksamkeitscoach**
  Auch der Therapeut bekommt einen neuen Stellenwert: Er ist künftig nicht mehr nur Behandelnder von Ängsten und Depressionen sondern ein „Betriebsberater" im schwierigen Geschäft der Aufmerksamkeitsvergabe und der Aufmerksamkeitseinkünfte.

- **Askese**
  Das Ansteigen sozialer Phobien und das Ansteigen von Schüchternheit sowie die Sehnsucht nach Aufmerksamkeitsaskese, wie sie im Buddhismus gepflegt

wird, oder auch nach Medienaskese kann fast als neuer „spirituelle Snobismus" verstanden werden: Keine Aufmerksamkeit von der falschen Seite, lieber fundierte Beachtung von wenigen, aber verständigen Menschen. Die Distanzierung von „undifferenziertem Massenerfolg" mit einer massenhaften Überschüttung von Aufmerksamkeit entspricht der „Schutzfunktion des Ichs" vor einer kulturell-epochalen Überforderung. Die Rückzugsoption des Ichs vor ungebetener Aufmerksamkeit ist dann der „wahre Luxus" dieser Epoche.

Fazit: Im Zeitalter der Aufmerksamkeit konkurriert der Therapieteilnehmer des AAT und Ex-Schläger mit dem E-Commerce-Jungmanager um „narzisstische Zuwendung" – und wir wollen, dass er seinen verdienten Teil vom Aufmerksamkeitskuchen abbekommt und wirksam abrufen kann! Eine Anti-Gewalt-Therapie ist dann wirksam, wenn sie die Wirksamkeit des Klienten-Ichs nachdrücklich vergrößert.

12 Grundsätze der Anti-Gewalt-Arbeit in der Zukunft

Es gibt sieben Verhaltensregeln, die dem Anti-Gewalt-Coach ins Stammbuch geschrieben werden. Jede dieser Regeln muss er „in sich aufnehmen", in sich abschichten und so stark in sich spüren, dass sie bei ihm „von innen nach außen strahlen". Die sieben goldenen AAT-Regeln lauten:

1. **Bewerte eine Theorie erst, wenn du alle Ableitungen kennst.**
   Sammle und kombiniere – bevor du urteilst.

2. **Bewerte einen Handlungsauftrag erst, wenn du ihn sinnlich über eine gute Weile „abgearbeitet" hast.**
   Dein Gehirn ist zu klein, um sämtliche Er-Fahrungen vorwegnehmen zu können. Gib deinem Ich eine Chance, zu handeln. Erst dann erlaube deinem Kopf, sich mit seiner „Bewertungssucht", „Antizipationssucht" und „Einwandsucht" einzumischen.

3. **Baue Distanz ab.**
   Der Schläger benötigt Abstand, um sein böses Tun in seiner Verhaltensnische durchführen zu können. Er will dich nicht ranlassen. Gehe trotzdem ran an sein Ich und rein in sein Ich.

4. **Du willst, dass der Schläger dir auf deinem friedlichen Weg folgt.**
   Du kannst nur erwarten, dass jemand dir folgt, wenn du auch bereit bist, zu folgen. Lerne folgsam zu sein, lerne dankbar zu sein, lerne hinterher zu laufen, lerne zu dienen und man wird bereit sein, dir all dies auch zu schenken.
   Bedenke:
   Wer hinterherläuft, ist souverän.
   Wer dient, ist mächtig.
   Wer zuerst grüßt, ist stark.
   Wer nicht aufrechnet, ist bei sich.

5. **Dein Ziel ist die Wirksamkeit.**
   Du willst wirksam den anderen so erreichen, dass er sich in deiner Gegenwart wohl fühlt. Du willst ihn nicht einschränken, sondern du willst sein Wachstum fördern. Einschränkung dient nur dazu, seine momentane Wachstumsblockade schnellstmöglich „wegzuschieben". Danach gibt es nur noch Förderung und Coaching und vorbehaltlose Unterstützung – aber keine Einengung und kein Verbot.
   Das einzige Verbot, das du aussprichst: Ich verbiete dir, nicht zu wachsen.

6. **Der wirksame Coach muss bei sich immer wieder die folgenden Persönlichkeitsvariablen stimulieren bzw. restimulieren:**
   a) Demut und Dankbarkeit
   b) Offenheit

c) Gefühlsstabilität
d) Treue

Du bist dann ein Friedens-Modell für andere, wenn du diese vier Eigenschaften nach außen glaubwürdig abbildest. Sie sind die vier Stützen deines „Charismas". Ohne Charisma kannst du keinen jungen Mitmenschen „hinter dem Ofen vorlocken".

7. **Die Grundlage von Selbstachtung ist Körperorientierung.**
Körper führt – Geist folgt.
Zeige das wünschenswerte Verhalten und du wirst die dazugehörige, wünschenswerte Einstellung entwickeln.
Wer lächelt, wird fröhlich.
Wer langsam spricht, findet zu sich.
Wer streichelt, beginnt zu lieben.

Zusätzlich zu diesen Verhaltensregeln gibt es „20 Grundsätze des AAT", deren Kenntnis jedem Teilnehmer (Schläger) und jedem Trainer als „Eintrittskarte" zu seiner Mitarbeit in diesem Konzept dienen. Wer diese Grundsätze nicht kennt, nicht beachtet, nicht respektiert und nicht „anhimmelt", hat in diesem komplexen Gefüge „nichts zu suchen". Er stört den Auftrag, der ja immer noch lautet: **Arbeit am Täter – im Auftrag der Opfer.**
Die wünschenswerten Einstellungen und Verhaltensweisen sollen im Folgenden als Gegensatzpaare **konkret** benannt werden:

Nicht gewünscht ist:	Gewünscht ist:
1. Unnötige Einschränkungen des Trainingsteilnehmers / Insassen	Extreme „gierige" Unterstützung seines Wachstums und seiner Kompetenzerweiterung.
2. Lagerbildung (Fronten, Parteien)	Auflösung der Unterschiede im Menschenbild und Verhalten zwischen Insassen und Mitarbeitern: Offenheit, Transparenz, Zuneigung, Wohlwollen, Loyalität, nicht mehr lagerbezogen sondern lagerübergreifend verteilen.
3. Opferabstinenz	Indirekte oder direkte Einbeziehung des Opfers (Opfer als Auftraggeber für die Arbeit am Täter und für die Arbeit des Ex-Täters).
4. Unnötige formale Regelungen für alle	Nichts ist falscher als Ungleiches gleich zu behandeln. Ungleiche Täter in einer Therapie werden unterschiedlich behandelt. Insbesondere müssen aber Täter, die therapiebereit sind (Therapieteilnehmer) anders behandelt werden, als Nicht-Therapieteilnehmer.

Nicht gewünscht ist:	Gewünscht ist:
5. Einmischung von Nicht-Fachleuten	Eindeutige „Führung" durch nachgewiesene Therapiefachleute (Approbation usw.). Also: Angleichung an die Qualifikationsstandards außerhalb der Justiz im Sinne der Menschenwürde. Äquivalenz zwischen inhaftierten und nicht inhaftierten Klienten.
6. Reduzierung der Insassen auf Insassenstatus	Einbeziehung der Insassen erst als Tutoren und später als „Guardian Bodies" oder als Co-Trainer (Seminarleiter) bei der Weitergabe von Therapiewissen.
7. Therapieteilnehmer, die gemobbt werden (von Insassen oder gar von Mitarbeitern), im Regen stehen lasssen	Extreme Parteilichkeit für Therapieteilnehmer, sofern sie sich der Therapie „ganz hingeben" und ihre Persönlichkeitsveränderung als ihr neues Hauptziel definieren und im Verhalten „parteilich für den Frieden" sind.
8. Geheimniskrämerei	Extreme Transparenz und Offenheit.
9. Aussagen über das, was der andere wohl will oder unbedingt will	Fragehaltung: Der andere (Mitarbeiter, Klient) soll erklären, unter welchen Bedingungen er zu welchen Veränderungen/Verhaltensweisen bereit ist (unterstellungsfreies Vorgehen).
10. Extremer Planungs- und Konferenzaufwand	Konvergentes Vorgehen in Einzelschritten, die sich dann zu einer Zielleitlinie (einem Gesamtkonzept) durch die jeweils zwischenbewerteten Einzelaktionen verdichten.
11. Kritik, In-Frage-Stellen, Relativieren	Zusätzliche Pro-Argumente finden, unterstützen, stark machen, Synergie herstellen.
12. Kritik-Scout	Geniepunkt-Scout.
13. Kopf schütteln, grimmig gucken, Bedenkenträgermentalität	Aufmunterndes, optimistisches, zugewandtes, in die Augen guckendes, berührendes und zugewandtes Verhalten.
14. Autoritätshörigkeit.	„Keine-Angst-vor-niemand"-Mentalität.
15. Das Mäntelchen in den Wind hängen	Sich zu seiner Überzeugung bekennen, auch wenn die Mehrheit noch dagegen ist. Die Regeln der Mehrheit anerkennen, aber deutlich machen, dass man sie unbedingt verändern möchte, weil ...
16. Untreue	Treue, Loyalität.
17. Blockade	Schnelles Unterstützen, „Gehorsam" und sofortiges Handeln statt „erst einmal Nachdenken". Danach bewerten, interpretieren
18. Phlegmatismus	Enthusiasmus.
19. Unterbewertung von Gewalt	Vermittlung von „persönlicher Wirksamkeit" als effiziente Gewaltalternative
20. Beliebigkeit	Dankbarkeit an das Leben (dafür, dass „gerade ich" leben darf).

13 Justizpolitische Einordnung

Der geschlossene Strafvollzug hat sich letztlich als „zu eng" für die „Emanzipationsgier" des AAT erwiesen. Die Teilnehmer werden von anderen Knackis belächelt und bespöttelt – das macht sie aber nur noch stärker und souveräner. TrainerInnen werden beneidet und in Mobbing-Abläufe verstrickt. Das fördert ihre Widerstandskraft. Ehrenamtliche Trainer und Gäste werden von der Institution teilweise verprellt – das verwundert und erstaunt diese Menschen, die ihre Kraft, Energie und Kreativität vorbehaltlos an das System verschenken wollen.

Problematisch wird das alles, wenn die ausgewählten Teilnehmer, die sich ja einer langen Auswahlprozedur und einem hohen Numerus clausus unterzogen haben, bei Funktionieren der Therapie von den Beamten auf allen Ebenen der Bedienstetenschaft geärgert und vielleicht auch provoziert werden: „Das musst du abkönnen, du bist doch im AAT, du bist doch nicht mehr aggressiv, ich kann dich herumschubsen, soviel ich will." Möglicherweise entsteht sogar Neid von Bediensteten auf AAT-Teilnehmer: Sie werden interviewt, sie sind im Fernsehen, für sie reisen Gäste aus 500 Kilometer Entfernung und manchmal noch weiter an – eine Ehre, die dem normalen Mitarbeiter des Strafvollzuges in diesem Maße nicht erwiesen wird.

Die Mitarbeiter im geschlossenen Strafvollzug leiden unter einem Gratifikationsvakuum: Der eine Bedienstete kann den anderen loben und der Zweite den Dritten, bis sich der Kreis bestenfalls irgendwann einmal schließt – von außen kommt jedoch wenig. Vor allen Dingen kaum Anerkennung für die „Sicherheitsarbeit" im vergitterten System. Die narzisstischen Impulse unter der geschlossenen Glocke sind kaum vermehrbar – das AAT ist die Ausnahme. Und von daher das Neidobjekt.

Die leichtlebigere Verzahnung von Gesellschaft draußen und Knast drinnen ist hingegen in den Abteilungen des offenen Vollzuges, den Freigängerabteilungen, möglich. Hier liegt die Zukunft eines wachstumsorientierten und auf Attraktivitätssteigerung programmierten Anti-Aggressivitäts-Trainings. Das Anti-Aggressivitäts-Training im offenen Vollzug (AAT.pro) ist das jüngste, aber vielleicht auch das begabteste Kind des Hamelner Modells.

Das **AAT** ist in Niedersachsen entstanden. Es wird nach „15-jähriger Bewährungszeit" zunehmend in anderen Bundesländern, aber auch durch andere große Institutionen und Verbände wie GEW, DRK, AWO, CJD, ISS nachgefragt und dort teilweise in adaptierter Form angeboten (vgl. Anlage 3). Niedersachsens Vollzug entwickelt und „exportiert" damit ein besonders bekanntes und nachgefragtes Instrument bei Gewaltbekämpfung. Das **AAT. LoGo** ermöglicht – aus dieser Sicht – den Erhalt der Vorreiterfunktion unseres Bundeslandes in diesem Vollzugssegment. Wir bedanken uns für die bisherige „extreme" Unterstützung in diesem neuen/alten Trainingsmodell. Für das Hamelner Modell des AAT.LoGo gilt weiterhin:

Man muss sich an Maßstäben orientieren oder Maßstäbe setzen[104]

Ob die Maßnahme wirkt, bleibt weiteren speziellen – manchmal zurecht spitzfindigen – wissenschaftlichen Untersuchungen vorbehalten. Ein langjähriger Tutor, der damals als Knastboss nicht nur bei der örtlichen Polizei, dem SEK und den Sicherheitsbehörden der Justiz für Angst sorgte, sondern der vor allem 600 Mithäftlinge regierte, der jetzige Guardian Body Kerim, soll hier den Schlussakzent setzen.

> Kerim hat im Oktober 2000 bei „Heilemann" angerufen und gesagt: „Michi, das AAT ist Deutscher Meister. Ehrlich, das AAT ist Deutscher Meister. Du verstehst bestimmt nicht, was ich dir sagen will. Ich bin gestern in Köln im Mittelschwergewicht des Vollkontakt-Kickboxens Deutscher Meister geworden. Für das AAT. Ich trainiere jeden Tag, weil ich ein guter Verteidiger des Friedens bin. Ich unterrichte deutsche und türkische Kinder in der waffenlosen Selbstverteidigung, aber eben nicht im Angriff. Andere Trainer lachen mich aus und lachen die Kinder aus, die zu mir kommen: Das bringt doch nichts, du hast doch keinen Punch. Aber, Michi, ich hab' den Punch. Wenn es sein muss, hab' ich ihn aber - ich setz' ihn nur dort ein, wo es legal ist und wo es gewünscht wird. Ich glaube, dass A-Training ist in mir drin und ich bin – du hast es mir damals immer wieder ‚geschworen' – erfolgreich. Auf allen Ebenen. Ohne straffällig zu werden und ohne jemanden zu verletzen, der nicht in einem fairen und offiziellen Kampf dasselbe will wie ich. Ich habe es nicht nötig, damit anzugeben. Ich habe es für das A-Team und für meine Kinder gemacht. Und ich sage dir eins, Michi, ich mach' es dafür, dass wir weiter auch den Opfern Kraft und Mut geben können, die vielleicht immer noch bedroht werden. Es ist schließlich nicht schlecht, wenn man als Guardian Body auch Deutscher Meister ist, oder...?"

---

[104] Canfield und Hansen: Kalenderspruch.

14 Fazit: Gewalt im Wandel – Gewalt gewandelt ....?

1984 zum ersten Mal gedacht – 1986 zum ersten Mal gemacht.[105] Das AAT ist in die Jahre gekommen und wird trotzdem immer jünger, spritziger, lebendiger, spannender – aber auch wirksamer?

Die Ausübung von Gewalt stellt sich für den „Benutzer" spannend und verdammt wirksam dar. Gewalt scheint evolutionär als Artikulations- und Befriedigungsmittel tief im Stammhirn verankert zu sein – eine Möglichkeit, die sich gerade in Notsituationen anbietet, aufdrängt und als Überlebenshilfe vielleicht sogar obligatorisch erscheint. Und trotzdem kann Gewalt als Psychospiel für den Täter auf die „freiwillige Verzichtsliste" gesetzt werden. Voraussetzung: Es gibt wirksame Animateure dafür.

Die empirische Überprüfung der Wirksamkeit dieser Animateure wendet sich den tatsächlichen Rückfallzahlen zu. Dabei zeigt sich, dass die Behandlung von Gewalttätern ein „hartes Geschäft" ist. Das AAT hatte schon einmal bessere Zeiten (sprich weniger Rückfall bei den entlassenen Gewalttätern) – obwohl die Rückfallquote grundsätzlich wohl unter 50 Prozent zu liegen scheint. Gemessen an dem langen Zeitraum, in dem das AAT praktiziert wird, sollte dies als guter Wert zu akzeptieren sein; aber auch inhaftierte Gewalttäter, die unter anderen Bedingungen „behandelt" werden, liegen in ihrem Resozialisierungserfolg über der Marge, die für einen „normalen Insassen" zu erwarten wäre. Weil aber die „Vernichtungsbereitschaft" der jugendlichen inhaftierten Gewalttäter in den vergangenen zehn Jahren zugenommen zu haben scheint, müssen AAT-TrainerInnen trotz vielleicht verfeinerter und noch effizienterer Arbeitsmethoden eventuell mit einer geringeren Erfolgsquote kalkulieren.

Gründe für Rückfallquoten „um die 50 Prozent" bei den Trainingsabsolventen sind möglicherweise erklärbar

- bei einer Anhebung der Gruppengröße über sechs Teilnehmer hinaus,
- bei mangelnder institutioneller Unterstützung durch die Strafanstalt,
- auf Grund der angesprochenen höheren Vernichtungsbereitschaft der Täter,
- wegen eines stärkeren Einflusses „subkultureller Führer", was das „Geschäft" noch schwerer macht,
- auf Grund der multikulturellen und gegensätzlichen Besetzung der Trainingsseminare mit rechtsorientierten Tätern, türkischen, libanesischen, osteuropäischen Teilnehmern,
- durch nochmals verstärkten „individuellen Beweisdruck" auf Grund der Globalisierung von Vergleichsstandards für „statusgedrückte" Jugendliche,

---

[105] vgl. Heilemann, M. 1994

- bei weiterer Institutionalisierung von gewaltbereiter Kriminalität in der Gesellschaft als „medienhofierte Artikulationsform".

Den Opfern jedoch wird schon dann geholfen, wenn Rückfälle in ihrer Häufigkeit oder auch in ihrer zeitlichen Distanz zur Entlassung abnehmen. Ihnen wird schon geholfen, wenn die Brutalität bei einem möglichen Rückfall abnimmt oder der Rückfall nicht als Gewalttat sondern vielleicht „nur" als Diebstahl stattfindet.

Im Rahmen einer vergleichenden Rückfallstudie hat Ohlemacher kaum Unterschiede zwischen den AAT-Teilnehmern und einer parallelisierten Kontrollgruppe von inhaftierten Gewalttätern gefunden. „Vergleicht man die Rückfallraten, -häufigkeiten und -geschwindigkeiten von AAT-Trainierten und AAT-Untrainierten, so erweisen sich diese als nahezu identisch."[106] Lediglich die **Intensität** der erneut begangenen Gewaltdelikte war bei den Untrainierten, also Häftlingen, die **nicht** am AAT teilgenommen haben, ungünstiger: „56 Prozent der Gewaltrückfälligen weisen ein stärkeres Rückfalldelikt, 32 Prozent ein schwächeres, bei 12 Prozent ist die Gewaltintensität ohne Veränderung. Bei den Trainierten zeigt sich hier ein günstigeres Bild: 55,6 Prozent wiesen schwächere Delikte auf, 14,8 Prozent waren unverändert in ihrer Deliktschwere, nur 29,6 Prozent wiesen bei den Trainierten einen stärkeren Rückfall auf."[107]

Die Aussagekraft einer solchen „Zwillingsstudie" ist jedoch durch die Schwierigkeit bei der Parallelisierung der beiden Gruppen (Experimentalgruppe = AAT-Teilnehmer; Kontrollgruppe = Nicht-Teilnehmer) eingeschränkt: „Will man eine methodisch bestabgesicherte Evaluation des ‚Netto-Effektes' einer Maßnahme erreichen, so bedarf es einer zufälligen Zuweisung von Inhaftierten zu der Gruppe der Trainingsteilnehmer und der Nicht-Teilnehmer – und damit der Planung der Evaluation **bevor** eine Maßnahme beginnt."[108] Genau dies ist bei dem vorliegenden Anti-Gewalt-Training aus fachlich psychologischer Sicht nicht sinnvoll und nicht möglich, da die „absolute Hingabe" an das Trainingsgeschehen eine der Grundvoraussetzungen für eine wirksame Persönlichkeitsveränderung bei Gewalttätern zu sein scheint.

Außerhalb der Überprüfung von Rückfällen, wobei insbesondere die „Veränderung des Rückfalls" – weg von der Gewalttat, vielleicht hin zu Eigentumsdelikten – auch als wichtiger Erfolg aus Sicht der Opfer zu beschreiben wäre, gibt es noch Messungen zur Veränderung von Einstellungen durch Aggressions-Tests,

---

[106] Ohlemacher, T. u.a.: Anti-Aggressivitäts-Training und Legalbewährung. Versuch einer Evaluation. In: Bereswill M.: Interdisziplinäre Beiträge zur Kriminologischen Forschung. Baden-Baden 2001, S. 33
[107] ebd.
[108] ebd. S 34 f.

die vor und nach der Maßnahme durchgeführt werden. Auch hier scheinen Effekte in Richtung auf mehr „innere Friedlichkeit" festzustellen zu sein.[109]
Revolutionäre Überprüfungsmethoden von „weniger Aggressivität im Menschen" scheint auf mittlere Sicht die Hirnforschung zu versprechen, die aber im Moment nach dem „Ort" und der Funktion des Bewusstseins sucht. Während Immanuel Kant noch glaubte, dass das Bewusstsein sich nicht selbst zum Objekt machen könne, werden z.B. in Frankfurt, Magdeburg und Leipzig die „letzten Geheimnisse des Ichs" erforscht: „Statt mit Elektroden im Hirn, belauschen die Forscher das menschliche Denkorgan bei seiner mentalen Arbeit millimetergenau mit Elektroencephalographen, Magnet- und Kernspintomographen. Dann studieren sie die charakteristischen Reizmuster, etwa während eine Versuchsperson sich erinnert, spricht, Probleme löst oder frustriert ist."[110]

Die Entzifferung des „neuronalen Codes" ist vielleicht die größte Herausforderung der Menschheit. Das Problem liegt in der Komplexität des Gehirns, also in der „Theorie vom Ganzen", die erklärbar machen könnte, wie alle einzelnen Wahrnehmungs- und Denkfunktionen zusammenlaufen und wie der Mensch letztlich vom Wahrnehmen über das Denken zum Handeln kommt. Eine Reihe von deutschen Neurologen und Hirnforschern (von Cramon; Singer; Kasten) beschreiben das „Ich" bzw. das „Selbst" inzwischen als einen Regelkreis, der einen permanenten Realitäts-Check durchführt: „Immerfort melden die Sinnesorgane, in welchem Zustand sich der Körper und dessen Umgebung befinden. Bewusstsein wäre demnach in Wahrheit primär die Fähigkeit, Wissen aus der Perspektive des eigenen Körpers zusammenzutragen, auszuwählen und zu überblicken."[111] In jedem Fall scheint sich das Bewusstsein auch bei Leistungsausfällen immer wieder neu zu organisieren, so dass der Organismus immer wieder das Gefühl bekommt, dass seine eigenen Gedanken wirklich seine eigenen sind und dass er auch nach diesen Gedanken handeln kann. Hieraus könnte das „alles vereinende Gefühl des Ichs" und damit das Bewusstsein von der eigenen Person zusammenhängen. Anders ausgedrückt: Ich-Störungen und eben geistige Störungen – z.B. eine übermäßige Aggressionsbereitschaft – können über messbare Fehlfunktionen im Gehirn „geortet" werden. Der „Wissenschaftsstar" von der Universität in Iowa wird wie folgt zitiert: „Bald werden wir wissen, wie wir Glück und Trauer, Lust und Schmerz erfahren und selbst die Mechanismen des Bewusstseins werden uns keine Rätsel mehr aufgeben."[112]

Die Kernfrage für das AAT lautet: Werden „Folgen" eines Anti-Gewalt-Trainings, das vielleicht sechs oder neun Monate dauert, dann auch durch hirnphysiologische Messungen „empirisch zu beweisen" sein? Gibt es nach solch

---

[109] vgl. Schanzenbächer aaO
[110] Traupetter, G.: Demut vor dem letzten Rätsel. Der Spiegel 1/2001, S. 153
[111] ebd.
[112] aaO, S. 151

einem Anti-Gewalt-Training vielleicht „neuronale Bewegung" im Lustzentrum, im Zentrum für Freude, Fröhlichkeit und Optimismus und weniger „neuronale Entladungen" im Zentrum für Ärger, Wut und Aggression?

Bei Sozialpädagogen und Psychologen hat sich das AAT inzwischen als „Königsweg" für die Behandlung von Tätern etabliert: Es ist die einzige Maßnahme, die durch ein eigenes Ausbildungscurriculum und durch klar strukturierte Behandlungskataloge dem einzelnen Team nachhaltig Handlungssicherheit verleiht: „Das Anti-Aggressivitäts-Training (AAT) ist ein eingetragenes Warenzeichen des Instituts für Sozialarbeit und Sozialpädagogik (ISS) in Frankfurt/Main und ist damit an festgelegte Qualitätsstandards gebunden."[113] (Vgl. auch Anlage 4)

Ein Anti-Schläger-Training als „Patent" angemeldet – wo gibt es denn schon so etwas? Der Ausbildungsboom ist ungebrochen: In Frankfurt wurde Ende 2000 sogar ein wissenschaftlicher Beirat gegründet, um die Qualitätssicherung des AAT ins nächste Jahrtausend hinüber zu retten.

Die Täter werden radikaler – das AAT eilt ihnen immer einen Schritt voraus. Hase und Igel – das AAT ist schon da? „Knackis am Rande des Nervenzusammenbruchs. Das Psychologenteam Michael Heilemann und Gabriele Fischwasser-von Proeck rollen Direktors Egers Haftanstalt von innen auf: Jeder Tag, an dem hier nichts passiert, sagt Dr. Heilemann selbstbewusst, ist für die Gesellschaft ein verlorener Tag. Die Knacki-Knacker machen in Hameln Furore, die Kandidaten für das Training stehen hinter Gittern Schlange. Anti-Aggressivitäts-Training haben Heilemann und Fischwasser-von Proeck zu einem Allround-Programm für Gewalttäter ausgebaut. Von Glenn Mills gelernt? Ach was, weltweit einzigartig, freut sich der eloquente Heilemann, sei das Programm: Ein Generalangriff auf die Identität der Täter. Wer sich seinem Programm stelle, verspricht der Psychologe, dem mache er mit dem Skalpell seiner Methode an der Persönlichkeit herum, aus notorischen Gewalttätern werden Friedensapostel."[114]

In jedem Fall muss das AAT dem Täter weiterhin ein Bewusstsein für die „eigene Entscheidung aus der Ausweglosigkeit" vermitteln: „Und: Wenn ich weiß, wer ich bin, kann ich entscheiden, ob ich so bleiben will, wie ich bin oder ob ich mich ändern möchte."[115]

Im AAT kann sich der Täter auch gegen das AAT entscheiden – wenn er sich **weiterhin gegen** die Menschenrechte der Opfer entscheidet und verhält. Ansonsten wird er nicht nur als Tutor früh in das Geschehen einbezogen, „hineingezwungen" und vom AAT zumeist gänzlich „aufgefressen", wobei aber die Coa-

---

[113] Münchener Informationszentrum für Männer e.v., München 1999, S. 4
[114] Darnstädt, P.: Jugendkriminalität. Der Spiegel 12/99
[115] Fiedler, P.: Integrative Psychotherapie bei Persönlichkeitsstörungen. Göttingen u.a., 2000, S. 20

ching-Grundsätze von P. Struck ihre Gültigkeit behalten: „... das einzig wirklich Schädliche in der Entwicklung der Kinder sei Erziehung, weil sie immer nach dem Grundsatz arbeiten: Ich weiß besser als du, was für dich gut ist"[116]. Andererseits: Gerade aus dem Wissen der AAT-TrainerInnen, was „besser für die Opfer ist", ergibt sich ihr Ehrgeiz nach wirksamer Persönlichkeitsveränderung beim Täter.

Weil es im AAT um Menschenwürde geht, ist dieses Training auch ein „Philosophie-Seminar für Knackis". Aber wie dem Täter Menschenwürde beibringen? „Er findet also weder sich selbst noch die anderen Menschen würdig. Andere Menschen darf er aus seiner Überzeugung heraus ‚vernichten' und sich selbst findet er nur in diesem kurzen Moment der Kompensation akzeptabel. Er kann also seine Menschenwürde nur durch Therapie zurückgewinnen. Die Interventionsschilder des ‚Hamelner Modells' ermöglichen ihm genau dies. Er erlernt Selbstwertgefühl und persönliche Größe. Außerdem erhält er soziale Kompetenzen und einen neuen Maßstab wertvollen und menschenwürdigen Umgangs mit seinen Mitmenschen."[117]

Das Leben als feindselige, hinterhältige und verwundene Glocke zu erfahren, die sich über meine Person stülpt – anfangs hat der kleine Mann sich noch gewehrt. Durch lautes Schreien, durch Weglaufen, durch Widerstand hat er probiert, dem Leben vielleicht doch noch gute Seiten abzugewinnen. Dass es ihn genauso lieb hat, wie es offenbar die anderen kleinen Jungen in seiner Umgebung lieb hat. Nur ihn eben nicht. Alles vergebens. Je mehr er sich gewehrt hat, umso feindseliger wurde die Landschaft, umso sinnloser erschien ihm letztlich sein Bemühen. Bis er es mehr oder weniger ganz aufgab.

Der Protest gegen das Leben im Allgemeinen wurde zum Protest gegen das eigene Leben. Und schließlich zu dem Hass, der Vernichtungsbereitschaft und der Rachsucht, die nur ein Ziel kannten: „Keinem soll es mehr besser gehen als mir. Die Schweine sollen genauso leiden. Da ich viel länger leide als sie, müssen sie nun eben mehr leiden."

Gewalt wandeln, heißt Funktion von Feindseligkeit abgeben können. Du kannst jemandem nur ein funktionierendes Element wegnehmen, wenn du ihm eines gibst, das noch besser funktioniert. Gewalt wandeln, heißt letztlich: Sich in den Frieden verlieben. Frieden habe ich dann, wenn ich gut zu dem Anderen bin. Gut zu dem Anderen sein zu wollen, ist die Grundlage von Liebe: Wenn ich gut zu dir bin, gebe ich dir die Chance, dass du mich liebst. Wenn ich gut zu dir bin, gebe ich aber auch mir die Chance, dass ich mich liebe.

Gewalt wandeln, heißt: Gut sein wollen zu ...

---

[116] Struck, P. und Wirtel, I.: Vom Pauker zum Coach. München, Wien 1999. S. 16
[117] Ramm, T.: Durchführung von Anti-Gewalt-Trainings nach dem „Hamelner Modell". Diplomarbeit, Düsseldorf 1999. S. 142.

Um zu jemandem gut sein zu können, muss ich mich in meine Trainingswellen und in meinen eigenen Schweiß verlieben. Die Kompetenz, die ich dann in mir erwirke, ist die Kompetenz, die ich im „Gutsein" weitergeben kann. Mein eigener Schweiß ist der Stoff, dem mein Wachstum und dein Wachstum entsprießt

Gewalt wandeln heißt, Wachstum als Grundlage von Kompetenz für Frieden schaffen. Nicht den Finger in die Wunde zu legen, sondern mit Optimismus die eigene Größe zu entfachen. Das dokumentiert schon die erste Phase im AAT. Schon in der chinesischen Wandzeitung werden die persönlichen Wachstumshoffnungen des Täters genährt. Schon da lernt er: Verhalten führt – Geist folgt. Alles was ich ausprobiere, wandert in mein eigenes Ich, gehört mehr und mehr zu mir und wird quasi von der Außenwelt in die Innenwelt resorbiert. Alles, was ich nur denke – vor allem Einwände, die ich aus früheren Erfahrungen ableite und die mich blockieren – verhindern diesen Aneignungsprozess und verhindern, dass ich stolz auf mich sein kann.

Wer lächelt, wird glücklich, wer sich bewegt, wird hübsch, wer tanzt, wird anmutig, wer Witze macht, wird fröhlich, wer streichelt, verbreitet Zärtlichkeit und wer lobt, schafft Frieden in der Seele des anderen. Verhalten führt – Bewusstsein formt sich langsam aus.

Die Distanzierung vom Zerstören ist letztlich eine Distanzierung vom bisherigen Leben des Täters. Und damit auch eine Distanzierung von dem Ambiente, das der Täter bisher gewöhnt war. Eine Distanzierung von der eigenen Routine, aber auch von den Menschen, zu denen er als kleiner Mann aufgeschaut hat. Diese Distanzierung fällt schwer – wie unwirklich die Lebenswelt des kleinen Lebewesens (in diesem Fall des kleinen männlichen Menschen) auch war. Die Distanzierung lernt der Täter in der Konfrontationsphase: Er geht auf Distanz zu denen, die zerstören. Er möchte eigentlich bei ihnen bleiben, denn sie sind die Einzigen, die er hat. Er wird im AAT gezwungen, sie zu verraten. Er lässt sich von der Gewalt scheiden, er lässt sich von denen scheiden, die ihm die Gewalt nahe gelegt haben. Oftmals von denen, die sie direkt in ihn hineingeprügelt haben. Von denen, die über ihn bestimmt haben. Trotzdem möchte er lieber einen größeren Abstand zu den „Friedensaposteln", den Therapeuten, haben als zu jenen, mit denen er aufwuchs. Er verteidigt sich noch. Er muss durch das Nadelöhr der Distanzierung und des Verrates, damit er möglicherweise als geläuterter Mann zurückkehren und auch die anderen retten kann. Hier verlernt er auch, andere künstlich zu beschuldigen, die legal handelnden Erwachsenen, die Erzieher, Lehrer, Richter und Therapeuten „zu verarschen". Im AAT lernt er, dass nicht er bestimmt, was die Therapeuten zu lernen haben, sondern dass die Therapeuten ihn lehren, was sie vor 20 oder 30 Jahren, als sie in seinem Alter waren, erlernen mussten, um den Status, den er ihnen jetzt neidet, für sich erkämpfen zu können.

Selbst Pünktlichkeit und Ordnung haben diese „Versöhnlichkeits-Scouts" bis zum Erbrechen geübt, damit sie letztlich Führungskräfte (**sie führen ihn**) werden konnten. Die Therapeuten müssen nicht mehr nachweisen, was sie können – sie müssen nur nachweisen, dass sie ihn zu seinem Wachstum verleiten, verführen – und möglicherweise zwingen können. Behandle Ungleiches niemals gleich – der Täter lernt, dass er die Therapeuten nicht so behandeln kann, wie diese ihn behandeln. Er lernt Ehrfurcht, er lernt Demut, er lernt Anstrengungsbereitschaft und er lernt, so werden zu wollen, wie sie sind. Ausgestattet mit den Freiheitsgraden, auch einmal den „Sekundärtugenden in den Arsch treten zu dürfen", die ihm noch lange nicht genehmigt werden.

Im Attraktivitäts-Training lernt er, was in ihm steckt und wie massiv er seine Begabungen durch eigenes Training formen und gestalten kann. Neben der Sehnsucht nach der eigenen Größe und der Sehnsucht nach einem eigenen Stolzgefühl lernt er hier insbesondere Treue, Dankbarkeit und Traditionalismus: Nur weil „seine" Therapeuten ihr ganz Leben lang für sich so viel trainiert haben, können sie ihm nun erstmals in seinem Leben ein Fundament geben, auf dem er sicher stehen kann. Von dem aus er auch anderen zuwinken kann. Zu dem andere auch zu ihm hinwinken und das er selbst täglich vergrößert. Er erlernt Dankbarkeit dafür, dass seine Therapeuten zehn, zwanzig, oder dreißig Jahre massiv um ihre eigene Kompetenz gerungen haben. Letztlich dafür, um sie an ihn weiter „verfüttern" zu können. Obwohl er sich anfangs gegen ihre Message, gegen ihre Rituale und gegen ihre Verhaltensaufgaben gewehrt hat. Er lernt, sich hinzugeben, sich fallen zu lassen, sich anzuvertrauen. Er wirft sein eigenes Misstrauen über Bord und sagt: „Wenn du es so willst, mache ich es gerne sofort und möglichst genauso wie du es willst. Ich mache es gerne für dich, weil ich weiß: Es ist letztlich für mich."

Irgendwann geht der Schläger mit seinem Gesellenbrief als „kleiner Friedenscoach" wieder zurück auf die Straße. Die Wiedergutmachung an seinem Opfer, die Beseitigung der Traumatisierung seines Opfers, wird ihm in aller Regel auch durch diesen Schritt nicht möglich sein – er muss schon bei den Menschen ansetzen, die **heute** in Not sind. Er muss ihre Angst lindern und ihre Stärke fördern, immer im Angesicht des Leides, das er früher seinen Opfern zufügte. Als lebenslange Entschuldigung. Die Dankbarkeit, die er dann vielleicht erfährt, gibt er direkt weiter: Auf der virtuellen Gedankenbahn an seine ungläubigen Opfer, die ihm seine Veränderung niemals abnehmen werden, wie nachhaltig er sich selbst nun auch für die andere Seite der Gewalt, die Anti-Gewalt engagieren mag. Sein Nicht-Rückfall ist letztlich das größte Geschenk, das er seinen Opfern präsentiert.

Das AAT ist ein revolutionäres Bekenntnis zum Ich. Das AAT ist ein Geschenk des Strafvollzugs an alle Gewaltopfer. Das AAT ist ein Trainingsbassin für Dankbarkeit, für Treue, für Demut, für Wachstumsfreude, für Stolz auf sich selbst, für ein klein wenig Größenwahn als Grundlage von wahrer Größe und letztlich ein Tummelplatz von Leuten, die sich zum Ende des Seminars gegenseitig feiern: Trainingsteilnehmer, Therapeuten, Ehrenamtliche, Gäste und die vielen Experten aus der Gemeinde, die ehrenamtlich ihre Kompetenz schenken. An die Täter – zum Wohle der Opfer! Im AAT sitzen alle in einem Boot. Der Knacki lernt, für den Therapeuten, für seinen Berufserfolg, für seine tägliche Fröhlichkeit Verantwortung zu übernehmen. Der Therapeut ist in seinem Wohlgefühl von der tatsächlichen Veränderung des Schlägers abhängig, aber auch von seiner alltäglichen Laune. Der Therapeut bittet um Milde und um ein gutes Leben. Der Schläger kann es ihm schenken. Jedenfalls gilt der altbewährte Satz sowohl für den Antagonisten (Therapeuten) auf der einen Seite wie für den Antagonisten (Schläger) auf der anderen Seite des Ruderbootes[118] als gemeinsamer Wunsch an das Universum: „Gott gebe mir die Gelassenheit, Dinge hinzunehmen, die ich nicht ändern kann, den Mut, Dinge zu ändern, die ich ändern kann und die Weisheit, das eine vom anderen zu unterscheiden."[119] Also Mädels und Jungs: Weiter rudern ...

Aber in welche Richtung, wer gibt den Kurs an, wo geht es entlang? Der Schläger darf **sehrwohl** sagen: So läuft das aber nicht weiter, liebes **Leben**. In dieser – bisherigen – Form will ich dich nicht mehr. So kann ich nicht weiter existieren. Er darf jedoch **niemals** wieder fordern: So nicht, liebes **Opfer**. Was nimmst du dir heraus, dich zu wehren, oder gar mich anzuzeigen. Wer glaubst du, wer du bist? Diesen Kurs durchzusetzen, ist **unser** Hauptjob, wenn es heißt: Gewalt wandeln ...

---

[118] vgl. Glase, F.: Aktuelle Erfahrungen ehrenamtlicher Straffälligenhilfe. In: Lotse Forum. Gewaltkriminalität. Auswirkungen auf den Strafvollzug. Dokumentation, Köln 1999.
[119] aaO

Literatur

Albes, A.: Leben oder lebenslänglich. Stern, 17/2000.
André, C. u. Lelord, F.: Die Kunst der Selbstachtung. Leipzig, 2000.
ARD: Der heiße Stuhl. Das Konfrontationselement im Anti-Aggressivitäts-Training. Kontraste, 4/1996.
Artel, A.C. u. Derksen, B.: Oh, wie peinlich. Hamburg, 1999.
Barnim von, F.: Erwachsene auf Schleichwegen. Strafe allein genügt nicht. KSA. 4/99.
Barth, A.: Schießt mich auch gleich tot. Der Spiegel 1/2001.
Baumgartner-Heppner, M.: ...weil Gewalt keine Lösung ist. In: Landesstelle Jugendschutz Niedersachsen. Infodienst, 1/2001.
Beier, M.: Über den Mythos des Externen. In: ZfStrVo 5/2000.
Beyer, G.: Gedächtnistraining. Düsseldorf, 1994.
Breternitz, S.: Aus dem Dilemma eine Chance machen. Die Interaktion zwischen allgemeinem Vollzugsdienst und Sozialarbeit/Sozialpädagogik im Strafvollzug. Jena, 1997.
Bühler, C. u. Allen, M.: Einführung in die humanistische Psychologie. Stuttgart 1974.
Bürer, B.: Wir bieten unsere Hand. Die Zeit, 13. Juni 1997.
Buss, D.: The dangerous Passion. New York, 1999.
Bundeskriminalamt: Polizeiliche Kriminalstatistik. Wiesbaden, 2000.
Darnstädt, P.: Jugendkriminalität. Der Spiegel, 12/99.
Deutsche Presseagentur : Tiefstand bei Straftaten und höchste Aufklärungsquote – Erste Zusammenfassung. Berilin, 22.05.2001.
Diepold, A.: Das Idealprofil eines AAT-Trainers. Hausarbeit ISS e.V.. Frankfurt, 2001.
Dörner, K. und Plog, U.: Irren ist menschlich – Lehrbuch der Psychiatrie und Psychotherapie, Bonn, 1994.
Durkheim, E.: Über soziale Arbeitsteilung. Studie über die Organisation höherer Gesellschaften. Frankfurt, 1999.
Eccles, J.C.: Das Gehirn des Menschen. Das Abenteuer der modernen Hirnforschung. Weyarn, 2000.
Eckert, R.: Gewalt unter Jugendlichen: Probleme und Interventionschancen. In: DVJJ-Journal 2/1997.
Ellinghaus, W.: Wozu Ethikunterricht? Harsewinkel, 1996.
Ferrainola, C.D.: Glen Mills Schools. Glen Mills, 1995.
Fiedler, P.: Differenzielle Indikation und differenzielle Psychotherapie bei Persönlichkeitsstörungen. In: Saß, H. und Herpertz, S.: Psychotherapie von Persönlichkeitsstörungen. Stuttgart, 1999.
Fiedler, P.: Verhaltenstherapie in und mit Gruppen. Weinheim und Basel, 1999.

Fiedler, P.: Integrative Psychotherapie bei Persönlichkeitsstörungen. Göttingen u..a., 2000.

Fischer, G. u. Reedesser, P.: Lehrbuch der Psycho-Traumatologie. München, 1998.

Fischwasser-von Proeck, G. u. Heilemann, M.: Anti-Aggressivitäts-Training in der Jugendanstalt Hameln. Weierentwicklung und Ausdifferenzierung der Konzeption. In: Nds. Landesjugendamt, Forum Sozialarbeit (1/1997).

Frehse, D.: Sinnvoller Umgang mit straffälligem Verhalten Jugendlicher in einer sich wandelnden Gesellschaft. In DVJJ-Journal 2/1997.

Funke, A.: Mein Leben als Dagobert. Berlin, 1998.

Gamper, H.: Schulkultur: Pädagogisch-psychologische Prävention. In: Guggenbühl, A.: Dem Dämon in die Augen schauen. Zürich, 1996.

Geffroy, E.K. (HG): Das Einzige, was immer noch stört, ist der Kunde. Landsberg/Lech, 1999.

Glase, F.: Aktuelle Erfahrungen ehrenamtlicher Straffälligenhilfe. In: Lotse Forum. Gewaltkriminalität. Auswirkungen auf den Strafvollzug. Dokumentation. Köln, 1999.

Goldstein, P.: Messer im Schuh und kistenweise Waffen. Lehrerfortbildung mit Gefängnispsychologen. Berliner Morgenpost 29. September 1999.

Golman, D.: Haben Sie Ihre Gefühle im Griff? Psychologie Heute 2/1996.

Grammer, K.: Signale der Liebe. Die biologischen Gesetze der Partnerschaft. München, 2000.

Grawe, K. u. Donati, R. u. Bernauer, F.: Psychotherapie im Wandel. Von der Konfession zur Profession. Göttingen, 1994.

Grawe, K.: Psychologische Therapie. Göttingen, 1994.

Gschwend, G.: Neuro-Physiologische Grundlagen der Hirnleistungsstörungen. Freiburg, 2000.

Günter, U. u. Sperberg, W.: Handbuch für Kommunikations- und Verhaltenstrainer. München und Basel, 1995.

Hacker, M.: Männlichkeit und Gewalt. Eine empirisch-qualitative Studie bei heranwachsenden männlichen Inhaftierten. Göttingen, 1998.

Hallowell, E.M.: Zwanghaft zerstreut. Die Unfähigkeit, aufmerksam zu sein. Hamburg, 1999.

Hansen, D. u. Römhild, F.: Konzept für ein Anti-Gewalt-Training. Frankfurt, 1998.

Hechinger, S.: Jugendstrafvollzug in Europa – Beispiel Deutschland. Arte, 2. Februar 1998.

Heilemann, M.: Das Kurzstrafenprojekt. In: Auf neuen Wegen. 1982, Heft 2.

Heilemann, M.: Gemeindenahe Sexualstraftätertherapie. In: Berufsverband Deutscher Psychologen. Bericht über den 13. Kongress für angewandte Psychologie. Bonn, 1985.

Heilemann, M.: Einzelunterbringung oder Wohngruppenvollzug – Differenzierte Zuweisungskriterien im Strafvollzug unerlässlich. ZfStrVO, 1986, Heft 1.

Heilemann, M.: Kopf oder Schwanz – Der Fisch stinkt vom Kopf her. In: Deutsche Bewährungshilfe e.V. Umgang mit Sexualstraftätern (Tagesdokumentation). Bonn, 1992.

Heilemann, M.: Männergewalt – therapierbar? In: Fuhlbohm, D.: Männergewalt gegen Frauen. Und was ist mit den Tätern? Dokumentation. Wilhelmshaven, 1993.

Heilemann, M.: Die Geschichte des Antagonisten-Trainings. In: ZfStrVo, 1994, Heft 6.

Heilemann, M.: Sexuelle Gewalt. Möglichkeiten und Grenzen der Intervention bei Tätern. Überlegungen zu einer gemeindenahen konfrontativen und deliktspezifischen Behandlungsmaßnahme für junge inhaftierte Sexualstraftäter. In: Wieden, H.J. (HG): Gewalt gegen Frauen unter besonderer Berücksichtigung sexueller Gewalt. Münster, 1995.

Heilemann, M.: Konfrontation im Knast. In: Lollorosso. WDR 3, 10/1995.

Heilemann, M.: Rolle von Frauen im Strafvollzug. Radiosendung Radio Bremen II, 13. April 1996.

Heilemann, M.: Moraltraining und Gewissensbildung bei Kindern und Jugendlichen. In: Ellinghaus, W.: Ethikunterricht. Erwartungen der gesellschaftlichen Organisationen und Institutionen. Bielefeld, 1996.

Heilemann, M.: Verhaltenstraining bei gehemmt-aggressiven Männern. In: Brandes, H. (HG): Handbuch Männerarbeit. Weinheim, 1996.

Heilemann, M.: Anti-Gewalttraining im Strafvollzug (Hamelner Modell). Fernsehsendung SFB 1: „Kontraste Spezial", 1. Juli 1996.

Heilemann, M.: Kommunikationstraining. Vermittlung von Kulturtechniken für jugendliche Insassen der Sozialtherapie. ZfStrVo, 5/1997.

Heilemann, M.: Opferorientierter Strafvollzug. Über ein neues Professionalisierungsverständnis im Umgang mit Gewalt. In: Weidner, J., Kilb, R. u. Kreft, D.: Gewalt im Griff. Weinheim, 1997.

Heilemann, M.: Tertiäre Prävention. In: Fraktion der SPD im Deutschen Bundestag: Prävention gegen Jugendkriminalität. Dokumente 10/98.

Heilemann, M.: Stadt ohne Gewalt. Seminar für Ratsherren, Präventionsrat und Jugendpflege. In: Deister- und Weser-Zeitung, Hameln, 16. März 1999.

Heilemann, M.: Schläger studieren Sozialkompetenz. Das Hamelner Anti-Aggressivitäts-Training als Modellprojekt. In: Degener, G. (HG): Therapie bei sexueller und körperlicher Gewalt. Weinheim, 1999.

Heilemann, M., Dörr, E. u. Fischwasser-von Proeck, G.: Antagonistentraining. Gemeindenahe Formen delikt- und defizitspezifischer Trainingsangebote im Jugendstrafvollzug. In: Auf neuen Wegen, 1987.

Heilemann, M. u. Fischwasser-von Proeck, G.: Das Hamelner Modell. Prävention gegen Jugendkriminalität. Thesenpapier für Projektwoche Kriminalitätsbekämpfung der SPD Bundestagsfraktion, Bonn 1997.

Heilemann, M. u. Fischwasser-von Proeck, G.: Kampagne gegen Gewalt. ZfStrVzg 4/1998.

Heilemann, M. u. Fischwasser-von Proeck, G.: Täter als Trainer. In: Jesse, J. u. Wischka, B. (HG): Justizvollzug in neuen Grenzen. Modelle in Deutschland und Europa. Sammelband zum 11. Bundeskongress der Psychologinnen und Psychologen im Justizvollzug. Lingen, 2001.

Heilemann, M. u. Fischwasser-von Proeck, G.: Attraktivitätstraining. Die Lehre von der guten Gestalt. Selbstachtung und Stolz als Grundlage für „Inneren Pazifismus". In: Weidner, J., Kilb, R. u. Jehn, O. (HG): Gewalt im Griff II. Weinheim, 2001.

Heilemann, M. u. Weidner, J.: Anti-Aggressivitätstraining bei Jugendlichen/Heranwachsenden Gewaltstraftätern. In: BDP, Bonn 1989.

Heise-Trip, G.: Anti-Aggressivitäts-Training. Lokaltermin, NDR 4, 25. Oktober 1998.

Hermer, M.: Therapeuten zwischen Wissenschaft und Charisma. Report Psychologie 3/1997.

Höhn, S. u.a.: Die Entstehung, Wahrnehmung und Reaktion auf Gewalt. Hausarbeit, Hildesheim, 1997.

Hollweg, P.: Den Paten entreißen. Psychologen glauben, dass man auch schwere Jungs wie Mehmet noch zu ganz patenten Zeitgenossen umformen kann. In: Focus 48/1998.

Horgau, J.: Der menschliche Geist. New York, 2001.

Huxley, T.H.: Zeugnisse für die Stellung des Menschen in der Natur. München, 1982.

Jugendhilfswerk Ulm: Jugend und Gewalt. Dokumentation Fachtagung. Ulm, 1999.

Kleine, B.: Gewalt an Schulen. Was können wir dagegen tun? In: „Mein Morgen" RTL, 12. Oktober 1999.

Kleine, B.: Ehrenamtliche Arbeit im Strafvollzug. Diplomarbeit. Hildesheim, 2000.

Kruse, K.: Gefangen in Babylon. Der moderne Strafvollzug verwaltet nur noch das Elend hinter Gittern. Der Spiegel, 5/1999.

Kuhlmann, A.: Faustrecht. Gewalt in Schule und Freizeit. Köln, 1998.

Lamberty, S.: Stellenwert des Attraktivitäts-Trainings am Beispiel der Arbeit an der Primarstufe der Schule für Erziehungshilfe in Münster. Hausarbeit ISS e.V.. Frankfurt, 2001.

Lemmermann, H.: Grundlagen und Techniken der Redekunst. München 1992.

Lößnitz, R.: Das Idealprofil eines Anti-Aggressivitäts-Trainers. Hausarbeit ISS e.V.. Frankfurt, 2001.

Mayer, C.: Gesellenbrief für ehemalige Schläger. Das katholische Hilfswerk in Ulm sucht Auswege aus der Jugendgewalt. Katholisches Sonntagsblatt, 11. Juli 1999.

Meribov, G. u.a.: Entwicklungs- und Verhaltensprofil für Jugendliche und Erwachsene. Dortmund, 2000.

Miller, G.: The Mating Mind. New York, 1999.

Münchner Infomationszentrum für Männer, e.V.: Anti-Aggressivitäts-Training für männliche Jugendliche und junge Erwachsene. München, 1999

Nack, C.: Wenn Eltern aus der Haut fahren. Von der Unmöglichkeit, immer liebevoll, geduldig und ausgeglichen zu sein. München, 1998.

NDR 4: Das Opfer ist mein Auftraggeber. Streitgespräch über das Anti-Aggressivitäts-Training. Redezeit, 08.09.1997.

NDR: Justiz: Zu laut und zu lasch? Talkshow N 3: „Butter bei die Fische", Hamburg, 24.10.1999.

Ohlemacher, T. u.a.: Anti-Aggressivitäts-Training und Legalbewährung. Versuch einer Evaluation. In: Bereswill, M.: Interdisziplinäre Beiträge zur Kriminologischen Forschung. Baden-Baden, 2001.

Oschlies, R.: Vom knallharten Schläger zum Beschützer. Berliner Zeitung, 4. August 1998.

Petermann, F. u. Petermann, U.: Training mit aggressiven Kindern. Einzeltraining, Kindergruppen, Elternberatung. Weinheim, 2000.

Pfeiffer, C. (HG): Täter-Opfer-Ausgleich im allgemeinen Strafrecht. Die Ergebnisse des WAAGE-Projekts Hannover. Baden-Baden, 1997.

Phönix TV: Trainer stärker als Schläger: Forum Bellevue, 3. September 1998.

Portmann, R.: Spiele zum Umgang mit Aggressionen. München 1998.

Ramm, T.: Was passiert mit Strafentlassenen? In: „Vera am Mittag", Sat1, 4. Oktober 1999.

Ramm, T.: Durchführung von Anti-Gewalt-Trainings nach dem „Hamelner Modell". Diplomarbeit. Düsseldorf, 1999.

Rausch, R.: Schädigungen von Klienten durch Psychotherapie und Möglichkeiten ihrer Verminderung. In: Kleiber, D. und Kuhr A,.: Handlungsfehler und Misserfolge in der Psychotherapie. Tübingen 1988.

Reh, V.: Das Idealprofil eines Anti-Aggressivitäts-Trainers. Besondere Berücksichtigung der Konzepte Offensivität, Treue und Radikalität. Hausarbeit ISS e.V.. Frankfurt, 2001.

Richter, T.: Jugendgewalt – SPD wendet sich Ursachen zu. taz vom 25. Oktober 1997.

Rotthaus, K.P.: Zum praktischen Umgang mit dem therapeutischen Geheimnis im Strafvollzug. Das Dilemma von Schweigen und Offenbaren. In: ZfStrVo 5/2000.

Schäfer, M.: Jugendgewalt. Bonn am Rohr. WDR 3, 14. Nobember 1997.

Schanzenbächer, T.: Erste Ergebnisse einer Effizienzstudie über das AAT. In: Weidner, J., Kilb, R. u. Jehn, O. (HG): Gewalt im Griff II. Weinheim, 2001.

Scherhag, N.: Die Konfiguration, die Wirkungsweise und der Stellenwert des Attraktivitäts-Trainings. Hausarbeit ISS e.V.. Frankfurt, 2001.

Schrade, G.: Einengung statt Wachstumsförderung: Einfluss auf die Legalitätsprognose. Hausarbeit ISS e.V.. Frankfurt, 2001.

Schramm, A.: Gnadenlos. Dokumentarfilm. Deutschland, BR 24. Februar 2001.

Sieg, K.: Du kannst mit deiner Gang nicht 70 werden. Psychologie Heute 8/1999.

Simons, I.: Zeitschrift für Strafvollzug, 1996.

Sommerfeld, C.: Auf unsichtbaren Ponies durch die Aula reiten. Anti-Gewalt-Seminar mit Dr. Michael Heilemann. In: Rheinische Post, 13. Mai 1999.

Springer, R. K.: Mythos, Motivation. Frankfurt/New York, 1999.

Stallberg, F.W.: Handbuch sozaialer Probleme. Wiesbaden 1999.

Steinebach, C.: Entwicklungspsychologie. Stuttgart, 2000.

Strothmann, D.: Gesellenbrief für friedliche Schläger. In: Hamburger Abendblatt vom 28. Januar 1999.

Struck, P.: Die Kunst der Erziehung. Ein Plädoyer für ein zeitgemäßes Zusammenleben mit Kindern und Jugendlichen. Darmstadt 1996.

Struck, P. u. Würtel, I.: Vom Pauker zum Coach. Die Lehre der Zukunft. München, Wien 1999.

Svennevig, B.: Übertriebenes Selbstvertrauen bringt Gefahr. Illustrierte Wissenschaft 10/99.

Tampe, E.: Verbrechensopfer, Schutz, Beratung, Unterstützung. Stuttgart, 1992.

Thies, H.: Wenn Schwere Jungs auf „Heißen Stühlen" weinen, HAZ, 30. Oktober 1997.

Thornhill, T. und Palmer, S.: A natural History of Rape. Cambridge, 1999.

Train, A.: Ablachen, fertig machen, draufstiefeln. Wie Erziehen doch Opfern und Tätern wirkungsvoll helfen kann. München, 1998.

Traupetter, G.: Demut vor dem letzten Rätsel. Der Spiegel 1/2001.

Trenczek, T.: Restitution – Wiedergutmachung, Schadensersatz oder Strafe? Baden-Baden, 1996.

Truchsess, U.: Anti-Aggressivitäts-Training: So werden Schläger friedlich. Dewezet 20. April 2000.

Tügel, H. u. Heilemann, M.: Frauen verändern Vergewaltiger. Frankfurt, 1987.

Vinocur, A.: Ein außergewöhnliches Therapiekonzept: Das Anti-Aggressivitäts-Training in Hameln. In: Spiegel TV, Hamburg, 20. Juni 1999.

Vohland, U.: Hören, sehen, behalten. Welcher Lerntyp bin ich? München, 1994.

Walter, J.: Anti-Gewalttraining im Jugendstrafvollzug – Tummelplatz für „crime-fighter"? Zeitschrift für Strafvollzug und Straffälligenhilfe, 1999.

Weidner, J.: Anti-Aggressivitäts-Training für Gewalttäter. Lüneburg, 1990.

Witzig, K.: Berührung ist das Allerschlimmste. Harte Jungs lernen Gefühle zu zeigen. HAZ, 08.09.1997

Wolters, J. M.: Das therapeutische Interventionsprogramm gegen Gewalt und Aggressionen. GVJJ Journal 4/1998.

Wolters, J.M.: Friedvolle Krieger. Kurse für Gewalttäter. Das praktische Anti-Aggressivitäts-training im Hamburger Jugendstrafvollzug. Sozialmagazin, 6/1998.

Wolters, J.M.: Der Jugendknast. Über die pädagogische Provinz. Sozialmagazin 1/2000.

Zimbardo, P.G.: Psychologie. Berlin u.a., 1983.

Anlage

Anlage 1
Funktion und Stellenwert der Gäste

Anlage 2
Funktion und Stellenwert der ehrenamtlichen Mitarbeiter

Anlage 3
Trainerausbildung: Didaktische Vermittlung des AAT-Trainings-Manuals (Präsentationen und Workshops)

Anlage 4
Trainer-Zertifizierung

Anlage 5
Übertragbarkeit des AAT auf den schulischen Bereich (Beispiel Niedersachsen)

Anlage 6
Patenschaft für Gewaltopfer

Anlage 1
Funktion und Stellenwert der Gäste

Auf Grund des hohen Bekanntheitsgrades hat das AAT in den letzten Jahren eine Art „Kultcharakter" für Anti-Gewalt-Interessierte gewonnen. Gäste aus verschiedenen Bundesländern – auch außerhalb der Bundesrepublik – melden sich zur einmaligen Teilnahme an, um einen direkten Eindruck des Geschehens „sinnlich" in sich aufnehmen zu können. Einzige Voraussetzung: Sie müssen an der jeweiligen Inhaltslinie der Seminareinheit aktiv teilhaben.

Vorteile, die durch das Zulassen von Gästen für das AAT entstehen:

1. Umfassende Transparenz und Kontrolle bei einem auf die Persönlichkeit des Täters einwirkenden Trainingsgeschehen.
2. Ständige Weiterentwicklung des Konzeptes durch Gefühle interdisziplinärer Ergänzungsempfehlungen.
3. Flexible, spontane und dynamische Gruppenprozesse und hoher Interessantheitsgrad für „die Standardteilnehmer" (insbesondere für die Täter) durch immer wieder „neue Gesichter" und neue Lebensgeschichten.
4. Aufweichung der homogenen „Männerkultur" im Strafvollzug durch „Einschleusung weiblicher Mitmenschen".
5. Weitere Verbreitung der Maßnahme durch „induktive Didaktik".
6. Qualitätssicherung auch durch Aufbau eines umfassenden „Fremdbewertungs-Rücklaufes".
7. Motivation für das Trainerteam durch „nachgewiesenes" Interesse der Fachöffentlichkeit (es wird mit den Füßen abgestimmt).

Die Autoren initiieren und begleiten das AAT künftighin vorerst nur im ambulanten Bereich. Auch hier ist eine Hospitation möglich. Interessenten wenden sich an:

AAT.Company
Domeierstr. 6
31785 Hameln
Tel.: 05151/23204

Anlage 2
Funktion und Stellenwert der ehrenamtlichen Mitarbeiter

Ehrenamtliche Mitarbeiter nehmen konstant während des gesamten Zeitraums eines Seminars (4 Monate / 7 Monate) am AAT teil. Sie werden vorher über Ziele und Durchführungsmodalitäten instruiert – im Prinzip erlernen sie das „Handwerk" aber durch prozessbegleitende und verlaufsorientierte Didaktik. Der Verpflichtung, regelmäßig und kontinuierlich teilzuhaben, steht das „Versprechen" gegenüber, eigene Handlungskompetenz in diesem Berufsfeld nachdrücklich zu entwickeln und zu erweitern.

Insgesamt werden pro Seminareinheit etwa vier bis sieben Ehrenamtliche zugelassen. Erst aus der Vielfalt der Einzelcharaktere und den sich ergänzenden Persönlichkeitskonzepten des Gesamttrainerteams ergibt sich die Wirksamkeit des AAT. Insbesondere das Korrektiv zu den hauptamtlichen Mitarbeitern und das Korrektiv zur Institution (Strafvollzug) definiert die besondere Motivationskraft ehrenamtlicher MitarbeiterInnen.

Interessenten wenden sich an:

>Thomas Ramm
>Projekt „Logo"
>JA Hameln
>Tündernsche Str. 50
>31789 Hameln

Anlage 3
Trainerausbildung: Didaktische Vermittlung des AAT-Trainings-Manuals (Präsentation und Workshops)

Die Liste der Workshops und Tagesseminare bzw. der Präsentationen des AAT ist umfangreich. In den Workshops (ein bis drei Tage) wird insbesondere Grundlagenwissen vermittelt. Hierbei wird sowohl die theoretische Kompetenz wie auch die Handlungskompetenz trainiert. Die Basiskompetenz bezieht sich vor allem auf die folgenden Themenkomplexe:

8. Gestalt von Gewalt
9. Die vier Phasen des Hamelner Modells
10. Adaptierung und Ausweitung der stationären Gewalttherapie auf ambulante Bereiche
11. Präventionsarbeit
12. Opferschutz
13. Einsatz der Täter als Trainer
14. Handlungsmodule zur Verbesserung der sozialen Kompetenz
15. Lobkultur
16. Machtstile
17. Jungencoaching
18. Institutionsberatung und Implementierung

Die Workshops werden sowohl als „In-House-Veranstaltung" für Kinderheime, Jugenddörfer, Justizbehörden, Jugendämter und Präventionsräte sowie für Schulen und Lehrerverbände angeboten – können aber auch im Sinne einer offenen Ausschreibung durch einen Dachverband (AWO, DRK, CJD) organisiert werden.

Die Teilnahmebescheinigung dokumentiert die vermittelten Lehrinhalte, ohne dass hierdurch der Status eines zertifizierten „AAT-Trainers" ableitbar ist. Die Workshops werden grundsätzlich durch zwei Instrukteure und – auf Wunsch – durch spezialisierte Zusatztrainer (Schauspieltraining, Karatetraining) ergänzt.

Informationsmaterial zu den Fortbildungsseminaren sowie Vertragsangebote und Vertragsabschlüsse können bei der zuständigen Seminarzentrale angefordert werden:

AAT.Company
Domeierstr. 6
31785 Hameln
Fax: 05151/959544

Anlage 4
Trainer-Zertifizierung

Die Zertifizierung zum anerkannten und geprüften AAT-Trainer ist rechtlich durch das ISS e.V. (Frankfurt a.M.) geschützt. Es handelt sich in der Regel um zweijährige Zusatzqualifikationen für MitarbeiterInnen öffentlicher und freier Träger der Jugendhilfe oder anderer Institutionen, in denen gewaltbereite und aggressive „Verhaltensauffällige" friedlich gestimmt werden sollen. Die fachliche Leitung der in sieben Untereinheiten à drei Tage gegliederten Fortbildungsreihe wird in Kooperation der wissenschaftlichen Mitarbeiter des ISS und der hierfür vom ISS ausgewählten Anti-Gewalt-Instrukteure (ca. zehn „Supervisor") erstellt. Der wissenschaftliche Beirat, dem auch die Buchautoren angehören – stellt seit Dezember 2000 sicher, dass das Curriculum im Rahmen der Zertifizierungsvorgaben fortgeschrieben und der „gewandelten Gewalt" angepasst wird.

Bewerbungen für die Ausbildung zur ISS-TrainerIn und Bestellungen für die jährlich neu aufgelegte Fortbildungsbroschüre können gerichtet werden an:

Otto Jehn
ISS e. V.
Am Stockborn 5-7
60439 Frankfurt

Anlage 5
Übertragbarkeit des AAT auf den schulischen Bereich
(Beispiel Niedersachsen)

Der AAT-Trainer Martin Baumgartner-Heppner arbeitet seit 1999 in der Gewaltprävention an Schulen in Norddeutschland. Seine Erfahrungen:

„Im Kontext der Veränderungen von Lebenslagen, der Auflösung sozialer Milieus und der sozioökonomischen Ungewissheit insbesondere für junge Menschen mitsamt den daraus resultierenden Bewältigungsmustern, sieht sich Schule vor neue Aufgaben gestellt. Wie Schulen diese Aufgabe bewältigen, stelle ich am Beispiel des Schulzentrums Wildbahn (Hauptschule) in Norden dar. Die Schule hat sich als eine von 40 Schulen in Niedersachsen der Schulprogrammentwicklung nach Vorgaben des Niedersächsischen Kultusministeriums als Pilotschule angeschlossen. In diesem Zusammenhang wurde im November 1999 das Projekt HELP (Handlungs- und Erfahrungsorientiertes Lern-Programm) zur Weiterentwicklung und Verbesserung der Unterrichts- und Erziehungsarbeit implementiert. Das Projekt HELP setzt neben konstruktiver Konfliktregelung und Fachberatung die Methoden des Anti-Aggressivitäts-Trainings® im schulischen Bereich um. Die Grundannahme des Projektes ist die Selbstachtung, die als Grundlage jeder Lernmotivation betrachtet wird. Wer sein eigenes Leben als wertvoll erachtet und das Recht auf Unverletzlichkeit wahrnimmt, kann Solidarität, Loyalität, Fürsorge und Einfühlsamkeit für sich und andere entwickeln. Im schulischen Alltag wird dieses durch ein gezieltes wachstumsorientiertes Kompetenzentraining – analog zum Anti-Aggressivitäts-Training angestrebt. Das Kompetenzentraining ist ein wichtiger Baustein für den Auftrag, Schüler auf ihre Zukunft vorzubereiten. Fähigkeiten wie Konflikt- und Teamfähigkeit, Kooperationsbereitschaft, kommunikative Kompetenz, Ausdauer und Durchhaltevermögen, Toleranz, Verantwortungsbereitschaft, Konzentrationsfähigkeit und Kreativität werden auch im Berufsleben gefordert. Das Projekt trägt also nicht nur zu einer guten und gewaltfreien Atmosphäre an der Schule bei, sondern es unterstützt die Kinder darin, ihre Begabungen und ihre Persönlichkeit positiv zu entwickeln. Diese wesentlichen Elemente entwickelten sich seit Implementierung des Projekts HELP zu zentralen Bausteinen des Schulprogrammes und verleihen der Schule ein unverwechselbares Profil, das besonders durch die Lösungs-, Ressourcen- und Wachstumsorientierung gekennzeichnet ist.

Lenhard Janssen, der Schulleiter der Hauptschule Norden (Schulzentrum Wildbahn), bewertet die fortschreitende Schulprogrammentwicklung an seiner Schule als sehr positiv: „Ziel der Bemühungen an der Wildbahn ist es, Kinder und Jugendlichen auf die veränderten Anforderungen der Gesellschaft umfassend vorzubereiten und damit jedem Kind eine Chance zu bieten als mündiger Bürger an dieser Gesellschaft teil zu haben. Das Projekt HELP leistet in diesem

Zusammenhang und besonders für die Entwicklung und Etablierung des Schulprogrammes einen wichtigen Beitrag." Janssen konstatiert weiter: „Um auf die veränderten Lebenslagen der Kinder und Jugendlichen reagieren zu können, ist Schule auch in Zukunft auf die Unterstützung von Institutionen, der Wirtschaft und dem Elternhaus angewiesen."

Grundlage hierfür ist die Schulprogrammentwicklung:
Mit einem Schulprogramm bestimmt eine Schule ihre gemeinsame „Leitlinie" zur Planung und Realisierung des Unterrichts und des Schullebens. Sie leistet damit einen wichtigen Beitrag zur gesellschaftlichen Debatte um die Qualität von Schulen. Diese Debatte wird über das Jahr 2000 hinaus an Bedeutung gewinnen und zu einer Schule führen, die in Niedersachsen als „Schule-2000-Plus" bezeichnet werden soll – ein Gütesiegel! Alle Schulen in Niedersachsen sind aufgerufen, sich an dem Vorhaben der Schulprogrammentwicklung in der freiwilligen Phase zu beteiligen. Zur Vorbereitung der generellen Einführung von Schulprogrammen wird vom Schuljahr 1998/99 bis zum 31. Juli 2001 das Pilotprojekt „Schulprogrammentwicklung, Beratung und Evaluation" durchgeführt, um die Entwicklung und Evaluation von Schulprogrammen in Schulen unter Beteiligung schulexterner Institutionen und Gruppen gezielt zu erproben. Hier hat das AAT® schon einmal „einen guten Job" gemacht.

Anlage 6
Patenschaft für Gewaltopfer

Seit Februar 2001 werden alle durch das Autorenteam ausgebildeten AAT-TrainerInnen gebeten, zumindest eine „Opferpatenschaft" zu übernehmen. Dies stellt sicher, dass jede sozialpädagogische Fachkraft, die in der Tätertherapie tätig ist, immer auch die Perspektive des Geschädigten „sinnlich" in sich aufnimmt. Nachfolgend der Vertragsentwurf zwischen Tätertherapeut und Gewaltopfer.

Patenschaft für Gewaltopfer[*]

Sehr geehrter, lieber ...

Ich arbeite im sozialpädagogischen Bereich und habe mich auf Seminaren zum Thema „Anti-Aggressivitäts-Training" (AAT) weitergebildet. Mein Ziel ist es, Gewalttäter so zu verändern, dass sie später friedlich sind. Als Friedenstrainer für Gewalttäter liegt mir besonders das „Wohl und Wehe" der Opfer am Herzen. Mir wurde im Rahmen meiner Fortbildung durch den Anti-Gewalt-Trainer Dr. Michael Heilemann (Dipl. Psychologe) und durch seine Kollegin Gabriele Fischwasser-von Proeck (Dipl. Sozialwissenschaftlerin) immer mehr klar, wie groß das Ausmaß der persönlichen Beeinträchtigung von Gewaltopfern ist. Deshalb lautet unser Motto: Wir arbeiten am Täter – aber im Auftrag der Opfer. Aus diesem Grunde habe ich mich entschieden, eine Patenschaft für ein Gewaltopfer zu übernehmen. Die Patenschaft beinhaltet:

19. Wenn es darum geht, rauszubekommen, ob und wie sich der Täter verändert hat, ziehe ich entsprechende Erkundigungen ein.
20. Ich bin immer für Sie (Dich) ansprechbar.
21. Wenn Sie (Du) Interesse entwickeln, zu erfahren, ob und wann der inhaftierte Täter entlassen wird (wo er sich aufhält), werde ich dies erkunden.
22. Bei Ängsten oder bedrohlichen Situationen stehe ich als Helfer / Helferin bereit.
23. Ich bin Ansprechpartner in der Vermittlung von therapeutischer Hilfe und seelischer Unterstützung.

Mit der Unterschrift unter diesem Vertrag verpflichte ich mich, für Sie (Dich) die „Patenschaft" solange zu übernehmen, bis Du selbst sagst: „Nun fühle ich mich nicht mehr als Opfer." Für die Umsetzung dieses Unterstützungsvertrages werden meine persönlichen Daten in dieses Patenschaftsblatt eingetragen.

---

[*] Eine Friedensidee von Dr. Heilemann und G. Fischwasser v. P., kreiert am 20. Februar 2001 im ISS e.V. (Frankfurt a.M.)

Anlage

	Opferpate:	Gewaltopfer:
Vorname:		
Name:		
Geburtsdatum:		
Straße:		
Postleitzahl, Ort:		
Hausnummer:		
Telefonnummer:		

Ich verpflichte mich einseitig, die Verantwortung für Sie (Dich) zu übernehmen. Durch Ihre (Deine) Unterschrift erhalte ich die Erlaubnis hierfür.

Opferpate
Datum:
Unterschrift:

Gewaltopfer
Datum:
Unterschrift:

Heinfried Duncker

Gewalt zwischen Intimpartnern
Liebe, Aggressivität, Tötung

Die Affekttat ist das seltene wenn auch spektakuläre Ende partnerschaftlicher Beziehungen. Die Gewalt der Handlung ist häufig immens, das Drama hat fast stereotype Züge, vergleicht man die formalen Handlungsabläufe. Warum bringen in diesen Situationen häufig Männer ihre Frauen um? Die Frage nach der Entstehung und dem Verlauf der Affekttaten werden nicht durch die genaue Beschreibung des Tatablaufes selbst beantwortet. Dies erfordert die Betrachtung der Vorgeschichte und der partnerschaftlichen Entwicklungsprozesse. Warum tritt in diesen Taten Gewalt als eine Art Dammbruch auf, bei dem alle Barrieren weggespült werden? Scheint doch die chronisch larvierte Gewalt in partnerschaftlichen Bezügen einen vermeintlich stabilisierenden Effekt zu haben. In jeder partnerschaftlichen Beziehung bleibt die Möglichkeit der Regression auf primäre narzißtische Abwehrmechanismen bestehen. Gibt es jenseits der Frage nach der Schuldfähigkeit nicht die nach den Möglichkeiten, diesen Prozeß zu verstärken oder ihn im Gegenteil zu vermeiden? Wenn aus Partnerschaften Bemächtigungsverhältnisse werden, dann taucht mit der Möglichkeit des Verlustes die Frage nach dem Tod auf, lange bevor er unter Form einer Handlung realen Charakter annimmt.

ISBN 3-934252-10-9   Preis: 30,- DM

PABST SCIENCE PUBLISHERS
Eichengrund 28, D-49525 Lengerich, Tel. ++ 49 (0) 5484-308,
Fax ++ 49 (0) 5484-550, E-mail: pabst.publishers@t-online.de
Internet: http://www.pabst-publishers.de

Ulrich Kobbé

Zwischen gefährlichem Irresein und gefahrvollem Irrtum

Mit dieser psychologischen Forschungsarbeit legt der Verfasser - längjährig in der forensischen Psychiatrie tätiger Psychotherapeut - eine fundierte Analyse der Institution "Maßregelvollzug" vor: Anhand theoretisch-textkritischer Untersuchungen leitet er her, in welcher Weise gesellschaftliche, politische, rechtliche und wissenschaftliche Änderungen und Vorgaben die Entwicklung und Ausgestaltung forensischpsychiatrischer Praxis bedingen, d.h. ermöglichen wie verunmöglichen. Von einem gesellschafts- und institutionskritischen Ansatz ausgehend und einer sozialpsychiatrischen Sichtweise verpflichtet, arbeitet der Verfasser die baulichen, konzeptuellen, diagnostischen, therapeutischen, prognostischen, nachsorge-und ausbildungsbezogenen Praxen und Diskurse des Maßregelvollzugs in Deutschland heraus.

Aus der höchst differenzierten Aufbereitung eines umfangreichen Textapparats mit über 1.000 Literaturstellen resultiert die Zusammenschau involvierter Wissenschaftsdisziplinen (Psychologie, Psychiatrie, Kriminologie, Philosophie, Psychoanalyse, Soziologie, Wissenschaftstheorie u.a.), die auch wissenschaftliche Grenzgänge gestattet. Die kompakte Textur garantiert umfassende Darstellung, alltagspraktische Analyse, konzise Kritik, erlaubt auch sprachspielerische wie fachliche Provokationen, wodurch "eine sehr detaillierte, teilweise subtil differenzierende Karte der im Maßregelvollzug gegebenen oder begründet vermutbaren individuellen und sozialen Bedeutungsstrukturen, Handlungsmuster und Institutionalisierungen erreicht wird" (Prof. Dr. phil. Skowronek, Universität Bielefeld).

Die sich anschließende empirisch-explorative Felduntersuchung intrainstitutioneller Beurteilungspraxis sondiert den Datenpool einer statistischen Gesamterhebung im Westfälischen Zentrum für Forensische Psychiatrie Lippstadt mit Hilfe multivariater, strukturenprüfender Verfahren. Statistisch geprüft und geklärt werden - implizite wie explizite - Vorgaben bzw. theoretische Annahmen

- über Mehrdimensionalität eines Beurteilungsbogens zur Vorbereitung von Lockerungen,
- hinsichtlich einzelner psychoanalytischer Konstrukte,
- zum Gefährlichkeitsbegriff und zur institutionellen Störerdefinition,
- bezüglich der Kontextabhängigkeit des Beurteilungsprozesses,
- über Paradigmenwechsel und Kriterienreduktion bzw. Mehrdimensionalität bei der Lockerungsentscheidung.

ISBN 3-931660-18-4   Preis: 60,- DM

PABST SCIENCE PUBLISHERS
Eichengrund 28, D-49525 Lengerich, Tel. ++ 49 (0) 5484-308,
Fax ++ 49 (0) 5484-550, E-mail: pabst.publishers@t-online.de
Internet: http://www.pabst-publishers.de

K. Vanhoeck, E. van Daele
deutsche Bearbeitung: Ulrich Kobbé

Arbeitsbuch Täterhilfe –
Therapie bei sexuellem Missbrauch

Sexueller Mißbrauch ist ein ernsthaftes gesellschaftliches Problem. Die Einsicht wächst, dass Haftstrafe allein das Problem nicht lösen wird.

Psychologische Beratung, Behandlung und/oder Psychotherapie können einen Beitrag für die Rückfallvorbeugung leisten. Diese Form der Behandlung bezeichnet man auch als »Täterarbeit« oder »Täterhilfe«.

Täter melden sich jedoch eher selten freiwillig für Therapie. Sie wissen meist nicht, was sie von Therapie halten sollen und was sie da erwartet. Daher sind sie oft skeptisch, oder sie verhalten sich ablehnend.

Dieses Arbeitsbuch für Sexualstraftäter will hierauf konkrete Antworten anbieten. Es ist für den Täter selbst geschrieben. In 20 Lektionen wird ihm geholfen, sich auf Therapie vorzubereiten.

In Ausbildung befindliche Therapeuten sowie nicht auf die Behandlung von Tätern spezialisierte Berater und Therapeuten können das Buch als Leitfaden für Täterarbeit nutzen.

Darüber hinaus hat hiermit auch jeder Interessierte, der sich konkret über Täterhilfe für Sexualstraftäter informieren will, die Möglichkeit, praktisch und verständlich Aufschluss über Inhalte von Behandlung, Standards der Therapie und Antwort auf Fragen zur Täterarbeit zu erhalten.

ISBN 3-934252-94-X   Preis: 40,- DM

PABST SCIENCE PUBLISHERS
Eichengrund 28, D-49525 Lengerich, Tel. ++ 49 (0) 5484-308,
Fax ++ 49 (0) 5484-550, E-mail: pabst.publishers@t-online.de
Internet: http://www.pabst-publishers.de

Jetzt

Die psychologischen Fachzeitschriften bei PABST:

❶ **COGNITIVE PROCESSING**
Target groups: Scientists in psychology, neurology, informatics

❷ **FORENSISCHE PSYCHIATRIE UND PSYCHOTHERAPIE**
Innovativ, praxisorientiert: Übersichten und aktuelle Informationen (nicht nur) für forensische Therapeut(inn)en

❸ **MPR-online - METHODS OF PSYCHOLOGICAL RESEARCH**
Internationale, interdisziplinäre Methodenzeitschrift: das erste psychologisch-wissenschaftliche Online-Journal aus Deutschland

❹ **PRAXIS KLINISCHE VERHALTENSMEDIZIN UND REHABILITATION**
Wissenschaftlich fundiert, praxisorientiert: Übersichten und aktuelle Informationen für Therapeut(inn)en

❺ **PSYCHOANALYSE - TEXTE ZUR SOZIALFORSCHUNG**
Wissenschaftlich fundiert, praxisorientiert: Übersichten und aktuelle Informationen für Therapeut(inn)en

❻ **PSYCHOLOGISCHE BEITRÄGE**
International, traditionell progressiv: Publikationen mit der Relevanz für alle Teilgebiete der Psychologie

❼ **UMWELTPSYCHOLOGIE**
Wissenschaftlich fundiert, praxisorientiert: Übersichten und aktuelle Informationen für Psycholog(inn)en und Umweltpraktiker/innen

❽ **VERHALTENSTHERAPIE & VERHALTENSMEDIZIN**
Wissenschaftlich fundiert, praxisorientiert: Übersichten und aktuelle Informationen für Therapeut(inn)en

❾ **WIRTSCHAFTSPSYCHOLOGIE**
Arbeits-, Betriebs- und Organisationspsychologie für die Wirtschaft

PABST SCIENCE PUBLISHERS
Eichengrund 28, D-49525 Lengerich, Tel. ++ 49 (0) 5484-308,
Fax ++ 49 (0) 5484-550, E-mail: pabst.publishers@t-online.de
Internet: http://www.pabst-publishers.de

Der Film zum Buch:

GNADENLOS

Ein Film von Andrea Schramm und Jana Matthes

Sie sitzen im größten Jugendknast Deutschlands in Hameln und sind berüchtigt für ihre Brutalität: Jens, der erbarmungslose Schläger, Nils, der für tausend Mark einen Mord begehen wollte und der Libanese Scheich, der durch eine Scheinhinrichtung von sich reden machte.
Weggeschlossen, aufgegeben von der Welt da draußen, werden ihre Wut und ihr Frust jeden Tag größer und machen die drei Neunzehnjährigen noch gefährlicher für jeden, der zufällig ihren Weg kreuzt.

Als Dr. Michael Heilemann, der Gefängispsychologe, ihnen ein Anti-Aggressivitätstraining anbietet, sind sie dabei – doch eher um der Knasttristesse zu entkommen, als daß sie sich wirklich verändern wollen.

Aber Heilemann entpuppt sich als verrückter als sie selbst. Gnadenlos – so wie sie mit ihren Opfern waren, demontiert er ihr Selbstbild, kehrt ihr Innerstes nach außen und fördert verborgene Verletztheiten zutage. Erst als sie sich vor ihren eigenen Taten ekeln und sich bei ihren Opfern entschuldigen, ist Heilemann zufrieden.

Sieben Monate lang begleiteten Kameras die Reise der Jugendlichen zu sich selbst. Der Film „Gnadenlos" dokumentiert das Anti-Aggressionstraining im Hamelner Jugendgefängnis.

Dokumentarfilm. VHS 90 Min.
KICK FILM GmbH · Gotzinger Str. 48 · D-81371 München · Tel: 089/7471030 · Fax: 089/74710366 · www.kickfilm.de ·
E-Mail: kickfilm@kickfilm.de